인센티브 이코노미

인센티브 이코노미

1판 1쇄 발행 2024. 9. 26.
1판 2쇄 발행 2024. 11. 1.

지은이 유리 그니지
옮긴이 안기순

발행인 박강휘
편집 심성미 디자인 유향주 마케팅 이헌영 홍보 이한솔·강원모
발행처 김영사
등록 1979년 5월 17일(제406-2003-036호)
주소 경기도 파주시 문발로 197(문발동) 우편번호 10881
전화 마케팅부 031)955-3100, 편집부 031)955-3200 | 팩스 031)955-3111

값은 뒤표지에 있습니다.
ISBN 978-89-349-3486-8 03320

홈페이지 www.gimmyoung.com   블로그 blog.naver.com/gybook
인스타그램 instagram.com/gimmyoung   이메일 bestbook@gimmyoung.com

좋은 독자가 좋은 책을 만듭니다.
김영사는 독자 여러분의 의견에 항상 귀 기울이고 있습니다.

MIXED SIGNALS

인센티브 이코노미

사람을 행동하게 하는 시그널에 관하여

유리 그니지 지음

안기순 옮김

김영사

나의 누이 오리트와 아르자에게
사랑하는 마음을 담아 이 책을 바칩니다.

차례

내 행동을 따르지 말고
내 말을 따르라

아들 론이 부모와 대화가 통하는 나이가 되자 나는 정말 기뻤다. 다른 아이들과 마찬가지로 론도 슬슬 거짓말을 하기 시작했다. 우리는 거짓말을 하면 안 된다고, 정직이야말로 좋은 사람과 나쁜 사람을 구별하는 속성이라고 가르쳤다. 하지만 이런 도덕적 가르침 때문에 나는 곧 곤경에 빠졌다.

7월의 어느 화창한 날에 론을 데리고 디즈니월드에 가기 전까지는 전혀 문제가 없었다. 티켓을 사려고 줄을 섰는데 푯말이 하나 보였다. '3세 미만은 무료. 3세 이상은 117달러.'

우리 차례가 되었다. 매표소 직원이 미소를 띠며 론이 몇 살이냐고 물었다. 나는 "거의 세 살이요."라고 대답했다. 엄밀히 말하면 거짓말은 아니었다. 거의 세 살이었으니까. 하지만 달리 생각하면, 두 달 전에 세 번째 생일이 지났으니 거짓말이었다. 나는 여전히 미소를 짓고 있는 직원에게 돈을 내고 놀이공원에 들어갔다. 매표소에서 무슨 일이 있었는지, 30분 정도 지난 후에 무슨 일이 있었는지는 잠시 뒤에 이야기할 것이다.

론이 "아빠, 헷갈려요. 거짓말은 나쁜 사람만 한다면서요? 그런데 방금 아빠가 거짓말을 했잖아요!"라고 항의했다. 이때 나는 "내 행동을 따르지 말고 내 말을 따르라."면서 설득했지만 아들에게는 통하지 않았다.

이 부분을 읽으면서 내 도덕적 기준을 운운할 수 있지만 실제로 아이의 나이를 '깎는' 것은 나만이 아니다. '가족 휴가를 보낼 때 혜택을 받으려고 자녀의 나이를 속인 적이 있나요?'라는 제목으로 'Vacationkids.com'에 실린 글을 읽어보면 구글에서 이 질문의 검색 횟수는 20억 회가 넘는다.[1] 이 결과만 보더라도 나만 속이는 게 아님을 알 수 있지 않은가?

론은 내게서 두 가지 엇갈린 신호를 받았다. 나는 117달러라는 인센티브에 눈이 멀어 평소에 하던 말과 다르게 행동했다. 한마디로 이 책은 이처럼 엇갈린 신호를 피하는 방법을 다룬다. 인센티브가 등장하면 우리는 평소에 하던 말과 다르게 행동한다. 엇갈린 신호를 받은 론은 어떤 결론을 내려야 할까? 론은 어떤 메시지를 들었을까? 다음 놀이기구를 타러 갔을 때

"내 행동을 따르지 말고 내 말을 따르라."

어떤 일이 일어났는지 12쪽의 그림을 보자.

우선 인센티브가 신호를 보낸다는 개념을 이해하는 것이 핵심이다. 우리가 말로 전달하는 내용과 인센티브로 보내는 신호는 매우 자주 엇갈린다. 스스로 정직이 최선이라 생각한다고 누구나 쉽게 말할 수 있다. 말하는 데는 돈이 들지 않으니까. 하지만 이런 주장이 신빙성을 띠려면, 제값의 입장료를 지불하는 등 대가를 치러서 그 주장이 사실임을 입증해야 한다. 자기 말과 인센티브가 일치하면 신호는 신빙성을 얻고 쉽게 이해될 것이다.

신호를 제대로 이해하면 인센티브를 좀 더 효과적으로 설계할 수 있다. 예를 들어 디즈니월드는 나이를 속이는 사람의 수를 줄이기 위해 무엇을 할 수 있었을까? 간단한 방법으로 출생증명서처럼 아이의 나이를 입증할 수 있는 서류를 확인하면 된다. 하지만 이런 방법은 가족과 즐겁게 지내려고 디즈니월드를 찾은 사람들을 단속하는 모양새이므로 바람직하지 않다. 서류를 요구하면 거짓말하는 사람의 수를 줄일 수 있겠지만 많

론은 이렇게 받아들였다. '내 말을 따르지 말고 내 행동을 따라야 해.'

은 혼란과 부정적인 감정을 일으킬 것이다.

잠시 짬을 내서 해결책을 궁리해보자. 신호를 활용한 해결책이 하나 있다. 디즈니월드는 티켓을 살 때 아이가 반드시 옆에 있어야 한다고 요구할 수 있다. 그러면 내가 그랬듯 부모는 엇갈린 신호라는 딜레마에 직면한다. '아이 앞에서 거짓말을 할까, 아니면 117달러를 낼까?' 디즈니월드는 한술 더 떠서 아이에게 나이를 직접 물어볼 수 있다. "세 번째 생일이 지났니?" 부모는 매표소 직원에게 나이를 속이라고 아이에게 귀띔할 수 있지만, 안타깝게도 이것은 거짓말을 해도 된다는 강력한 신호를 아이에게 보내는 것이므로 나중에라도 값비싼 대가를 치러야 한다.

직장에서 발생하는 엇갈린 신호

인센티브가 엇갈린 신호를 보내서 의도한 것과 다른 결과를 낳은 사례가 많다. 앞으로 살펴보겠지만 대기업조차도 인센티브를 설계할 때 엇갈린 신호를 보내는 실수를 자주 한다.

CEO가 직원에게 팀워크의 중요성을 강조하면서도, 실적을 달성했을 때 제공하는 인센티브는 개인 성과를 근거로 설계한다고 치자. 결과는 간단하다. 직원은 CEO의 말을 무시하고,

인센티브 제도를 자기 나름대로 이해한 후에 개인의 성공과 금전적 이익을 극대화하려고 노력할 것이다. 엇갈린 신호를 피하려면 차라리 CEO가 인센티브를 전혀 사용하지 말아야 한다고 생각할지 모르겠다.

이 책은 두 가지 관점을 검토하고, 의도한 메시지와 일치하는 동시에 엇갈린 신호를 피하는 방향으로 인센티브를 설계할 수 있는 최적의 지점을 탐색할 것이다.

엇갈린 신호의 예를 살펴보자.

- 팀워크를 장려하면서 개인의 성과에 인센티브를 제공한다.
- 장기적인 목표를 장려하면서 단기적인 성공에 인센티브를 제공한다.
- 위험 감수와 혁신을 독려하면서 실패를 처벌한다.
- 품질의 중요성을 강조하면서 양을 기준으로 보상한다.

이 책이 겨냥하는 목표는 이처럼 엇갈린 신호를 피하고, 간단하고 효과적이며 윤리적인 인센티브를 설계하는 방법과 인센티브를 현명하게 사용하는 방법을 제시하는 것이다.

같은 정보로 다른 이야기를 만드는 법

아래 그림을 왼쪽에서 오른쪽으로 가면서 보자. 무엇이 보이는가?[2]

당신이 만든 이야기는 무엇인가?

   내 강연을 듣는 청중에게 이렇게 물으면 매우 창의적이고 흥미진진한 대답들이 나온다.

   우선 보이는 대로 대답하는 사람들이 있다. "원이 왼쪽 위 모서리에서 나타나서 가운데로 이동해요.""별이 그림 틀 바깥으로 움직이네요." 좀 더 창의적인 대답도 있다. "평범함이 재능을 누른다는 뜻이죠.""별보다 달이 되는 게 낫겠다는 뜻입니다.""강한 자만 살아남는다는 뜻이에요.""공이 거절당하고 있네요."

   청중은 추상적인 형태를 이해하려고 여기에 의미를 부여한다. 나는 대답에 흥미를 느껴서 다음에 무슨 일이 일어날지 추측해보라고 청한다. 이때도 청중은 어렵지 않게 이야기의 공백을 메운다. "걱정하지 마세요, 별이 다시 돌아와 중앙을 차지할 겁니다." "우리는 불공평한 세상에서 살아가는 법을 배웁니다." "원이 벌을 받고 있네요."

이러한 반응에 담긴 심리를 들여다보면 흥미롭다. 눈에 보이는 장면을 토대로 우리의 뇌는 이야기를 만들어내서 그림과 그림 사이의 공백을 메우는 경향이 있다. 그림을 단순하게 인식하는 것이 아니라 이야기를 꾸미고, 심지어 공정성과 처벌 같은 도덕적 가치를 덧붙인다.

이야기는 삶에 영향을 미치는 복잡한 사건들에 의미를 부여해 경험을 이해하도록 돕는다. 이야기는 사건을 기억하고 평가하고 세상을 이해하는 데 유용하다. 따라서 이야기를 만드는 능력을 키우는 것이 중요하고, 인센티브를 올바르게 실행하면 그렇게 할 수 있다. 코카콜라의 CEO인 더글러스 아이베스터를 예로 들어보자.

아이베스터는 1999년에 브라질 신문사 기자와 만나서 인센티브에 관한 아이디어를 의논했다. 자판기에 자동 온도 감지 장치를 장착하는 기술에 관한 아이디어였다. 아이베스터는 이 기술을 자판기에 적용하면 가격 책정 용도로 쓸 수 있을 것이라고 생각했다. 날이 더울수록 코카콜라 수요가 증가하므로 기온이 올라가면 코카콜라 가격을 인상해야 한다고 그는 주장했다.

추운 날의 콜라 가격은 1달러지만, 더운 날에는 1.50달러로 인상된다.

기본적인 경제학 개념을 여기에 적용해보자. 욕구가 상승하면 가격도 상승해야 한다. 평소 코카콜라 가격이 캔당 1달러라고 치자. 날이 더워지면 자판기가 자동으로 온도를 감지해서 가격을 1.50달러로 인상한다. 이러한 동태적 가격 책정dynamic pricing은 주변에서 심심치 않게 일어난다. 항공사와 호텔을 포함해 많은 산업에서 볼 수 있지 않은가? 하지만 온도 변화에 따라 가격을 다르게 책정한다는 소문이 나자 소비자는 달가워하지 않았다. 이런 현상을 포착한 언론은 아이베스터의 가격

책정 계획을 꼬집어 "충성 고객의 갈증을 이용하려는 비뚤어진 상술"이라고 비판했다.3

따라서 코카콜라는 이야기 만들기에 실패했다. 아이베스터의 실수는 이야기에 다른 해석이 발생할 여지를 남겨둔 것이었다. 그는 단순히 아이디어의 기술 측면만 언급하지 말고 이야기의 구조를 구상해야 했다. 다음 그림에 등장하는 아이디어를 살펴보자.

똑같은 현실을 묘사하더라도 두 가지 아이디어는 서로 다른

평소 콜라 가격은 1.50달러지만, 추운 날에는 1달러로 떨어진다.

이야기를 전달할 수 있다. 추운 날 인센티브를 할인 형태로 제공하는 선택지에 소비자가 반발하리라고 생각하기는 어렵다.

코카콜라의 실수를 되짚어보면 이야기를 통제하는 것이 얼마나 중요한지, 인센티브와 인센티브가 보내는 신호가 이야기를 어떻게 빈번하게 통제하는지 알 수 있다. 이 책에서는 인센티브를 사용해 이야기를 우리에게 유리한 방향으로 형성할 방법을 자세히 설명하려고 한다.

세상은 인센티브로 돌아간다

인간뿐 아니라 동물도 인센티브에 반응한다. 탄자니아에서 얼룩말을 사냥하는 사자를 생각해보자. 얼룩말을 기습하려면 사자는 바람을 맞이하며 있어야 한다. 사자가 잘못된 방향에서 접근하면 얼룩말은 모조리 도망가고, 결과적으로 사자들과 그 새끼들은 굶주릴 것이다. 얼룩말을 덮칠 때도 조심해야 한다. 얼룩말에게 매우 세게 걷어차여 다치거나 심지어 죽을 수도 있기 때문이다.

사냥할 때 이렇게 계산하며 사냥감에 접근하는 방식은 인센티브로 쉽게 설명할 수 있다. 사자는 자신도 먹이를 먹고 새끼들도 먹이고 싶지만, 먹이를 획득하는 과정에서 다치고 싶지는 않다. 먹이만 문제가 아니다. 다치는 경우에는 사자의 사회적 위계질서와 무리에서의 지배력이 위태로워진다. 사자에게는 먼저 나서서 공격하는 것이 좀 더 위험하긴 해도 사냥에 성공해서 용감한 사자로 인정받으면 나중에 사회적 지위로 보상받을 수 있다.

인간도 사자도 인센티브에 반응하지만 인센티브를 형성하는 방식은 크게 다르다. 사자를 비롯한 다른 동물은 인간과 마찬가지로 인센티브에 반응하지만 자신이 아닌 다른 동물을 위해 인센티브를 설계하지는 않는다. 탄자니아에 서식하는 사자가 멀리 떨어진 지역, 예를 들어 케냐에 서식하는 다른 사자를 위해 인센티브를 설계한다고 상상하기는 어렵다. 하지만 다른 동물과 달리 인간은 끊임없이 분주하게 인센티브를 구축하고, 다른 인간이 설계한 인센티브에 맞춰 살아간다.

인센티브를 형성하는 것이 중요하지 않다고 생각한다면 생각을 고쳐먹어야 한다. 20세기 들어 인센티브에 관한 경제 실험이 역사상 최대 규모로 실시되었다. 바로 공산주의였다.

공산주의의 핵심은 경제다. 부를 창출하고 공유하는 방법을 지시하기 때문이다. 개인이 부를 창출하더라도 창출된 모든 부를 정부가 소유하고 분배한다. 이러한 경제 구조 아래에서 노동량과 생산량을 늘리려고 설계한 인센티브는 개인이나 그 가족이 아니라 공동체를 이롭게 한다. 따라서 이런 인센티브 유형은 세계를 움직이는 데 그다지 큰 효과를 내지 못한다고 밝혀졌다.

이런 구조적인 실패가 드러난 유명한 사례가 있다. 1980년대 후반 소비에트 연방이 붕괴하기 직전 모스크바 관리가 빵을 유통하는 방식을 배우려고 런던에 갔다. 그 관리는 경제학자 폴 시브라이트를 만나 "런던에서 빵을 유통하는 담당자는 누구입니까?"라고 물었고, "없습니다."라는 대답을 들었다.[4] 국가가 빵을 원활하게 유통하려고 노력하지만 이를 통제하는 핵심 인물이나 조직은 없었던 것이다. 유통을 원활하게 하는 것은 개인별 인센티브였다.

영국인 제빵사는 집세를 내고 가족을 먹여 살리려면 돈을 벌어야 했으므로 아침 일찍 일어나 빵집에 출근해 열심히 일한다. 밀을 재배하는 농부, 가게에 빵을 배달하는 운전사, 빵을 판매하는 가게 주인도 마찬가지다. 시장 가격이 공급망에 있는 모든 사람에게 지속해서 동기를 부여하므로 이런 팀워크가 효과적으로 기능한다. 모스크바에서 빵 유통이 원활하지 않은 까닭은 담당자가 관리에 실패했기 때문이 아니라 인센티브를 체계적으로 실행하지 못했기 때문이다.

현금은 마음을 움직이는 유일한 도구가 아니다

시장을 움직이는 가장 중요한 도구는 돈의 창출이었다. (닭으로 이 책값을 치러야 했다고 상상해보라!) 돈은 삶을 훨씬 수월하게 만든다. 하지만 여기서는 돈이 아니라 중요한 신호의 상호작용에 관해 알아보려 한다. 한 발자국 뒤로 물러서서 인센티브에 접근하는 두 가지 방식을 생각해보는 것이 유용하다.

첫째, 인센티브로 북돋우려는 행동의 매력을 더욱 부각해서 직접적인 경제 효과를 거두는 데 초점을 맞추는 방식이다. 당신이 특정 행동을 하라며 내게 돈을 많이 줄수록 내가 그 행동을 할 가능성은 커진다.

둘째, 간접적인 효과에 초점을 맞추는 방식으로, 첫째 방식보다 복잡하며, 두 가지 구성 요소, 즉 사회적 신호social signaling와 자기 신호self-signaling로 구분할 수 있다.

사회적 신호는 다른 사람이 우리를 어떻게 생각할지에 관한 관심을 나타낸다. 우리는 다른 사람이 자신을 특정 방식으로 봐주기를 바란다. 그래야 우리 겉모습을 유지하거나 또는 우리가 투영하는 이미지가 자신의 핵심 가치와 신념을 진솔하게 반영한다고 생각하기 때문이다.

자기 신호는 사회적 신호와 개념이 비슷하지만 근본적인 차이가 하나 있다. 자기 신호는 우리 행동에서 자신에 대해 추론할 수 있는 사항에 관한 관심을 나타낸다. 우리는 특정한 자기 이미지, 예를 들어 자신이 착하고, 똑똑하고, 친절하고, 공정하다는 이미지를 유지하고 싶어 한다. 우리는 자기 정체성에 맞춰 행동할 때마다 자신을 더욱 긍정적으로 본다.[5]

이런 조합에 인센티브를 추가하면 어떤 현상이 일어날까? 두 가지 접근 방식을 가동해서 시나리오를 짜보자.

강추위가 몰아닥친 12월 아침, 이웃인 새라가 주머니에 깡통을 잔뜩 담아서 재활용센터로 가고 있다. 당신은 이 광경을 우연히 목격하고 이렇게 이야기를 구성한다. '와! 새라는 정말 훌륭해! 환경을 생각하고 보호하려고 기꺼이 시간을 내고 노력하잖아.' 새라는 자신이 환경을 아낀다는 사회적 신호를 다른 사람에게 보낸다. 이와 마찬가지로 재활용센터까지 가는 것은 긍정적인 자기 신호로 작용한다. 깡통을 그냥 쓰레기통에 버릴 수 있었는데도 매서운 바람을 뚫고 깡통을 재활용하기 위해 시간과 노력을 들였다. 그러면서 새라는 아마도 이런 자기 모습에 상당히 만족할 것이다.

같은 시나리오를 사용하되 이번에는 깡통을 재활용하도록 장려하는 인센티브 프로그램을 가동한다고 생각해보자. 깡통 하나를 재활용할 때마다 5센트를 받는 것이다.

새라의 행동이 훌륭하다는 원래 이야기가 이 시나리오에서도 유효할까? 나는 경제학 수업에서 돈은 적은 것보다 많은 것이 좋다고 배웠다. 따라서 돈을 받을 수 있으면 새라는 당연히 행복할 테고, 더욱 열심히 재활용하겠다고 마음먹을 것이다. 당연히 그러지 않겠는가?

인센티브는 경제적 이익을 창출할 뿐 아니라 신호와 이야기도 바꿨다. 새라는 이웃을 감동시켰던 행동을 똑같이 하지만 이번에는 보상으로 2달러를 받는다. 그러자 이웃이 새라를 헌신적인 환경 운동가로 보지 않고 푼돈에 연연하는 값싼 이웃으로 본다. 달리 표현하면 재활용이 보내는 사회적 신호를 인센티브가 바꾼 것이다.

인센티브는 사회적 신호를 바꿀 뿐 아니라 새라가 자신에 대해 느끼는 방식도 바꿀 수 있다. 새라는 재활용센터에 갈 때마다 기분이 좋아지는 대신에, 2달러를 받으려고 귀찮고 힘든 일을 굳이 감수해야 하는지 고개를 갸우뚱할지도 모른다. 달리 표현하면 재활용이 보내는 자기 신호를 인센티브가 바꾼 것이다.

대니얼 핑크는 이런 종류의 발견을 가리켜 자신의 저서 《드라이브》에서 이렇게 언급했다. "대부분 사람은 최고의 동기부여 방법이 돈 등으로 보상하는 것, 즉 당근과 채찍 접근법이라고 믿는다. 하지만 이것은 틀렸다."[6]

지나치게 단순화한 접근법은 틀리다는 의견에 전적으로 동의한다. 현금이 항상 왕은 아니다. 그렇다고 해서 인센티브가 통하지 않는다는 뜻은 아니다. 인센티브를 설계할 때 관건은 인센티브가 보내는 신호들을 가동하는 동시에 자기 신호와 사회적 신호를 목적하는 방향으로 강화하는 것이다.

아브라카다브라! 아브라카다브라?

어느 날 아침 눈을 떴는데 자신이 존경하는 사람에게 이메일이 왔다고 상상해보자. 이런 일이 2012년에 내게 일어났다. 나는 몸이 붕 뜨듯 기뻤다. 2005년에 노벨상을 받은 전설적인 경제학자 토머스 셸링이 보낸 이메일이었다. 내용은 이랬다.

당신이 쓴 인센티브 관련 논문을 읽다가 60년 전에 제가 겪었던 일을 떠올렸습니다. 저는 1950년 11월부터 1953년 9월까지 워싱턴에서 일했습니다. 처음에는 백악관에서 일하다가 상호안전보장국 국장실에서 근무했어요. 모두 사기가 높았고, 의사결정 과정에 참여한다고 느끼며 열심히 일했습니다.

금요일 오후에 회의하다 보면 어느 결에 저녁 일곱 시가 되곤 했습니다. 그러면 의장은 회의를 한두 시간 연장할지, 아니면 토요일 오전에 속개할지 물었습니다. 당시에는 어린 자녀를 둔 사람들이 많았어요. 그래서 그들은 다소 미안해하며, 퇴근 시간이 더 늦어지면 곤란하고 토요일 아침 아홉 시 정도면 시간을 낼 수 있다고 대답했죠. 반대하는 사람 없이 모두 좋다고 했습니다. 그렇게 우리는 기관 간 회의를 수십 차례 토요일에 했어요.

1952년 어느 날이었습니다. 이제부터 토요일에 근무하는 사람에게는 예외 없이 초과 근무 수당을 지급하라는 대통령의 행정 명령이 떨어졌습니다. 지금 생각하면 토요일 회의의 필요성을 증명하는 절차가 있었겠지만, 저는 그 절차가 무엇인지 알아볼 생각도 하지 않았어요. 그 후로는 토요일 회의에 참석해본 적이 없고, 제가 아는 한 다른 사람도 그랬거든요.

이 사례에 두 가지 동기가 개입했을 수 있다고 생각합니다. 하나는 우리 모두 의욕과 열정을 불태워 일했는데 앞으로 돈을 받는다고 생각하니까 이타적인 흥분이 싹 사라졌던 거죠. 나머지 하나는 초과 근무 수당을 받기 위해 토요일에 일하려 한다고 다른 사람들이 생각할까 봐 토요일 근무를 꺼렸던 겁니다.

셸링이 들려준 이야기에는 인센티브에 관해 아직 알려지지 않은 중요한 행동 관련 통찰이 가득 담겨 있다. 이 책에서는 이런 이야기를 소개하고 여러 해에 걸쳐 실시해온 엄격한 연구에 기반하여 이런 통찰을 끌어낼 것이다. 하지만 시작하기 전에 한 가지 분명히 짚어보자. 인센티브는 정확히 무엇일까? 간단히 말해서 인센티브는, 인센티브가 없으면 하지 않았을 행동을 하도록 동기를 부여하기 위해 사용하는 도구다.

인센티브 제도를 둘러싼 논의는 지나치게 뜨거워질 수 있다. 출석, 독서, 성적을 위해 학생에게 인센티브를 제공해야 할까? 재활용하는 양을 늘리거나, 헌혈하거나, 더 바람직한 시민을 양성하기 위해 인센티브를 제공해야 할까? 흡연을 줄이거나, 운동을 장려하거나, 더 나은 습관을 들이기 위해 직원에게 인센티브를 제공해야 할까?

누군가에게 인센티브를 제공하면 짜잔! 아브라카다브라! 마법처럼 성공이 뒤따르리라고 믿는 사람들이 있다. 그렇게 간단한 문제가 아니다. 인센티브가 행동을 형성하는 것은 사실이지만 인센티브는 마법이 아니다. 인센티브는 때로 엇갈린 신호를 보내고, 원래 설계한 목적과 상반되는 결과를 낳는다.

인센티브가 부도덕하고 심지어 비난받아 마땅하다면서 인센티브 제도 자체를 강력하게 반대하는 사람도 있다. 그들에게 인센티브는 사악한 기업이 열심히 일하는 사람을 속여서 원하지 않거나 필요하지 않은 물건을 사게끔 조작할 때 사용하는 도구다.

하지만 내 생각은 다르다. 인센티브는 본질적으로 좋거나 나쁜 것이 아니다. 사용하는 방식에 따라 도덕적일 수도 비도덕적일 수도 있다. 아이들을 담배에 중독시키는 용도로 사용될 수 있지만, 생명을 살리는 용도로도 사용될 수 있다. 통계와 계량 경제가 본질적으로 도덕적이거나 비도덕적이지 않고, 단순히 유용한 도구인 것과 마찬가지 이치다.

이 책을 본격적으로 시작하기 전에 분명히 짚고 넘어가야 할 점이 있다. 인센티브의 효과가 강력할 수 있다는 이유만으로 인센티브를 만능이라고 생각해서는 안 된다.

혼자 아이를 키우는데 일자리를 잃고 덩달아 아이의 건강보험까지 잃은 부모를 생각해보자. 이 부모가 다시 직장을 구하려는 동기는 아이의 건강보험이 걸려 있지 않을 때보다 훨씬 클 것이다. 하지만 이렇듯 치열한 구직 활동은 그에 따르는 대가를 치를 만큼 가치가 있을까? 자녀의 건강과 복지를 위험에 빠뜨리는 방식으로 인센티브를 제공해도 괜찮을까?

나는 모든 아이가 배경과 환경에 상관없이 건강 관리 시스템을 온전히 이용할 수 있어야 한다고 굳게 믿는다. 자녀에게 의료 서비스를 무료로 제공하는 것이 구직 활동을 하는 부모에게 나쁜 인센티브가 될 수 있더라도 나는 옳은 일이라고 생각한다. 다만 인센티브가 아무리 강력하더라도 정책 설계에서 유일한 선택지여서는 안 된다.

이 책에서는 내가 인센티브에 관해 연구한 내용을 살펴볼 것이다. 그 주제는 웹사이트에서 클릭률을 높이는 방법, 직원의 근속 기간을 늘리는 방법, 케냐의 마사이족이 지켜온 여성할례 관습을 약화하는 방법, 미국 학생들이 수학에 약한 이유를 파악하는 것에 이르기까지 다양하다. 앞으로 살펴보겠지만 인센티브는 다양하고 때로 예상하지 못한 방식으로 중요한 역할을 한다.

기업 임원, 부모, 교사, 연인을 포함해 누구나 인센티브 게임의 볼모다. 게임의 규칙을 이해하는 사람은 이익을 얻는다. 이책에서 설명하는 중요한 원칙들은 당신의 일뿐 아니라 사생활에도 스며들 것이다. 운동을 더 많이 하겠다, 휴가를 더 많이보내겠다, 더 생산적으로 일하겠다 등 오래전에 세운 개인적인목표를 아직 달성하지 못했는가? 그렇다면 자신에게 동기를부여해서 마침내 목표를 달성할 수 있는 비결을 이 책에서 찾을 수 있을 것이다.

이 책은 결코 '아브라카다브라'와 같은 주문을 알려주지 않는다. 하지만 이 책을 읽고 나면 해가 될 만한 실수를 피하면서매우 효과적인 인센티브를 설계하는 데 필요한 도구를 갖출수 있을 것이다.

1부

신호는 어떻게 시장을 장악하는가

올바른 신호는 소비자를 사로잡고 시장을 장악할 수 있지만, 잘못된 신호는 역풍을 일으켜서 역효과를 낼 수 있다. 이러한 교훈은 '사인펠드Seinfeld'(1990년대 미국에서 인기를 끌었던 텔레비전 시트콤—이하 대괄호로 묶은 내용은 옮긴이의 설명이다) 에피소드에 잘 드러난다.[1]

일레인의 생일이 다가오고 있어 어떤 선물을 장만할지 제리는 고민한다. 예전에 일레인과 사귄 적이 있으므로 선물 후보를 여러 개 떠올리면서 각 선물에 어떤 의미가 있는지 신중하게 따져본다. 일레인은 포장된 깜짝 선물을 제리에게 받고서 뛸 듯이 기뻐한다. 하지만 포장을 풀자 일레인의 표정은 순식간에 어두워지면서 결국 일그러진다. "현금? 나한테 현금을 선물이라고 준 거야?" 일레인은 과장된 어투로 반문한다. "네가 내 삼촌이라도 되는 거야?"

제리가 182달러라는 현금을 선물한 이유를 애써 설명하려고 하는데, 크레이머가 다가와 일레인에게 선물을 건넨다. 알고 보니 그 선물은 일레인이 찾고 있던 벤치다. 일레인은 매우 기뻐하며 크레이머를 끌어안고, 그 광경을 본 제리는 당황한다. 어째서 일레인은 금전적 가치가 훨씬 떨어지는 벤치를 선물로 받고 훨씬 더 행복해하면서 정작 182달러라는 후한 현금 선물에는 실망했을까?

제리는 자신의 선물이 보낼 신호에 관해 생각했지만 결국 서투른 선택을 했다. 일레인은 무엇을 선물할지 많이 생각하고 골랐다는 신호를 보내는 선물을 제리에게서 받고 싶었지만 현금은 정확히 정반대의 신호, 즉 게으르고 생각이 부족하다는 신호를 보냈다. 반면에 일레인은 크레이머의 비용 효율적인 선물을 좋아했다. 그 선물이 관심과 배려를 기울였다는 신호를 보냈기 때문이다.

누구나 제리와 같은 실수를 한다. 행동이나 제품의 액면가에 지나치게 신경을 쓴 나머지 결국 자신이 보내는 신호가 어떤 결과를 초래할지 무시하는 경우가 많다. 올바른 신호는 무엇이고, 바람직한 성과를 거두려면 그 신호를 어떻게 활용해야 할까?

다음 장들에서 신호 전달의 세계를 깊이 탐험하려고 한다. 먼저 신호의 유형을 설명하고, 흥미진진한 사례를 많이 조사해서 효과적인 신호가 발휘하는 영향력과 서투른 신호가 초래하는 끔찍한 결과를 살펴볼 것이다. 효과적인 신호만 사용하더라도 재앙을 피하고 승리를 맛볼 수 있다.

1

문신은 강력한 신호를 보낸다

나의 가치, 능력, 선호를 알리는 방식

내 담당 회계사인 짐은 에너지가 넘친다. 세금 신고 마감 일주일 전인 4월 8일이면, 나처럼 마감일이 코앞에 닥칠 때까지 세금 보고를 미루고 꾸물대며 무사태평으로 지냈던 고객들과 줄줄이 회의를 하느라 바쁘다. 짐이 미소를 잃지 않고, 감탄사가 저절로 나올 정도로 민첩하게 양식을 작성하는 동안, 나는 벽에 걸린 짐의 공인회계사 자격증을 훑어본다. 짐이 커다란 오토바이를 타고 아름다운 산길을 가로지르면서 찍은 사진에 시선이 멈춘다. 사진들을 보다가, 바쁘게 일하고 있는 짐에게 눈길을 돌린다. 샌디에이고 시내가 내려다보이는 14층 사무실에 앉아서 열심히 일하고 있는 그는 검은 머리카락에 희끗희

끗한 새치가 군데군데 섞인 마흔세 살 된 남자다.

나는 이처럼 상반되는 두 가지 이미지를 조화해보려고 하면서, 스트레스가 몰려오는 4월 세금 신고 기간에 어떻게 그토록 활력 넘치게 일할 수 있는지 물었다. 이중 생활을 꾸려나가는 비결을 들을 수 있을까 싶어서였다. 그날 운좋게 대답을 들을 수 있었다.

"2주 후면 연례 휴가를 떠납니다." 휴가 이야기를 꺼내면서 짐은 눈을 반짝였다. 휴가 계획을 이미 다 짜놨다고 했다. 먼저 할리의 먼지를 털고, 오토바이 재킷이 여전히 몸에 맞는지 입어보고, 부츠를 새로 장만하고, 머리카락을 밀 것이다. 그리고 목에 문신을 새겨 넣을 것이다.

짐과 친구들이 휴가 동안 술집에 들어가는 광경을 어쩌다 보더라도 그들이 좋은 오토바이를 타고 다니는 진짜 오토바이 족이 아니라는 사실은 즉시 알아차릴 수 있다. 짐은 말은 그렇게 했지만 목에 문신을 하지 않을 것이고, '헬스에인절스Hells Angels'(할리데이비슨을 타는 사람들로 구성된 오토바이갱)에 가입하지 않을 것이다. 설사 짐이 원한다고 하더라도 헬스 에인절스가 그를 회원으로 받아들일 리 만무하다. 한 달 동안 헬스에인절스 회원이 되었다가 아무 일도 없었다는 듯 전망 좋은 시내 사무실로 돌아올 수는 없다.

할리 오토바이 문화는 가장하기가 어렵다. 오토바이족은 할리를 취미가 아니라 생활 방식으로 사랑한다. 그들은 뼛속까지 할리인이다. 할리 셔츠를 입고, 할리 재킷을 걸치고, 할리 반지를 낀다….

이쯤 되면 오토바이족의 모습이 어떨지 머릿속에 떠오를 것이다. 하지만 이 물건들은 짐 역시 모두 갖고 있다. 짐과 친구들이 '진짜' 오토바이족처럼 자신들이 타는 할리 오토바이를 얼마나 사랑하는지는 쉽게 알아차릴 수 있다. 그렇다면 진짜 할리 오토바이족과 매년 한 달 동안 할리 문화에 젖는 짐과 같은 사람을 어떻게 구별할 수 있을까?

그러려면 경제학자들이 말하는 '값비싼 신호'를 살펴봐야 한다. 신호는 직원이나 기업 등이 다른 사람들에게 자신의 가치, 능력, 선호를 신빙성 있게 알리는 정보를 나타낸다. 오토바이족에게 이 신호는 진짜 오토바이족만 기꺼이 할 수 있는 것이어야 한다. 재킷과 부츠 같은 물질적인 상품이 보내는 신호는 약하다. 물건을 살 수 있는 사람은 많기 때문이다. 짐이 좋은 예다.

반면에 몸에 문신을 새기는 것은 훨씬 강한 신호를 보낸다. '진짜' 오토바이족이라면 휴가 동안만 지키는 일시적인 정체성이 아니라 매일 정체성을 나타내기 위해 문신을 새길 것이다. 문신은 오토바이 문화를 지키는 클럽 회원 자격을 나타내는 좋은 신호다. 직장 생활로 돌아가고 싶은 '가짜' 오토바이족에게는 문신을 해서 치르는 대가가 지나치게 크기 때문이다. 짐이 날개 달린 두개골 문신을 목에 새기고 나타났을 때 상사가 어떻게 반응할지 상상해보라. 반면에 문신을 새긴 진짜 할리 오토바이족은 직접적인 효용성을 얻는다. 다른 사람 눈에 문신은 오토바이족 문화의 일부이기 때문이다.

짐이 인센티브에 관해 내릴 수 있는 결정을 게임 트리에서 살펴보자. 게임 트리는 게임 이론에서 사용하는 도구이며, 인센티브가 상황을 바꾸는 방식을 식별하고 설명하는 용도로 쓰인다. 게임 트리는 사람들이 결정에 직면해서 자기 생각을 정리할 때 유용하게 쓸 수 있다. 이 책 전반에 걸쳐 게임 트리를 사용할 것이다. 우선 게임 트리를 사용해 짐이 내릴 결정을 이

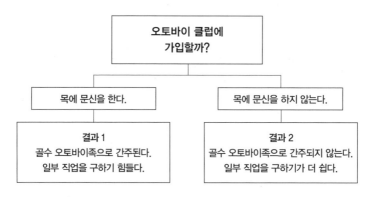

문신은 오토바이족의 효용성을 가리키는 신빙성 있는 신호다. 오토바이 문화에 관심이 많으면 '결과 1 〉 결과 2' → 문신을 한다. 그렇지 않으면 '결과 1 〈 결과 2' → 문신을 하지 않는다.

해해보자.

진짜 할리 오토바이족은 '결과 1'을 선택해서 목에 문신을 하고, 목 문신은 자신이 골수 구성원이라는 강한 신호를 보낸다. 이발처럼 원상태로 돌이킬 수 있는 선택은 목 문신만큼 신빙성 있는 신호를 보내지 못한다. 헨리 파렐은 〈워싱턴포스트〉에서 이렇게 설명한다.

> 상투와 문신은 다른 신호다. 상투는 설사 터무니없이 별나더라도 설득력이 없는 '값싼 신호'에 매우 가깝다. 상투를 튼 보헤미안이 마음을 바꿔서 따분한 인습적인 직업을 구하겠다고 마음먹으면 이발만 하면 된다. 하지만 문신은 없애기가 훨씬 어려우므로 훨씬 비싼 신호로 여겨진다.[1]

내 밑에서 수학하는 MBA 학생 켄이 문신과 관련해 직장에서 겪은 일을 들려줬다. 그는 뉴욕대학교에서 학부 과정을 밟는 동안 시내에 소재한 고급 호텔에서 주차원으로 일했다. 주차원들이 입는 검은색 긴 유니폼은 켄의 오른팔에 있는 문신을 가렸다.

켄은 대부분 팁이기는 하지만 벌이가 좋았고 일도 잘했기 때문에 겨울에는 아무 문제가 없었다. 그런데 뉴욕의 날씨가 점차 더워지면서 주차원 유니폼이 짧은 소매 셔츠로 바뀌자 문신이 밖으로 드러났다.

여름 유니폼을 입고 일한 지 며칠이 지나서 호텔 지배인이 켄을 사무실로 불렀다. "미안하군요, 켄." 그가 말을 꺼냈다. "하지만 문신을 한 채로는 우리 호텔에서 주차원으로 일할 수 없습니다. 호텔 정책에 위배되거든요."

지배인은 켄의 업무 성과에는 전혀 불만이 없었다. 다만 커다란 문신은 호텔이 손님에게 보내고 싶은 메시지가 아니었다. 지배인은 개인적으로는 켄에게 불만도 없고 문신에 반대하지 않지만, 호텔 앞에서 문신을 노출하는 자체가 문제라고 해명했다. 심지어 문신이 손님 눈에 띄지 않는 주방에서 일하는 것은 어떻겠냐고 물었다. 이것은 켄에게만 일어나는 일이 아니며, 그만큼 문신에 강한 신호 전달력이 있다는 뜻이다.

신호는 시간이 지나면서 의미가 바뀔 수 있다. 40년 전만 하더라도 넥타이를 매지 않은 사람을 고용하지 않으려고 하는 직장이 많았다. 하지만 요즈음 실리콘밸리에 있는 사무실에 가보면, 넥타이를 매고 있는 사람은 세상을 등지고 생활하는 고리타분한 인물로 낙인찍힐 수 있다.

이와 마찬가지로, 20년 전에 장식용 코걸이를 한 사람은 직장을 구하기 힘들었겠지만 요즈음에는 세련된 코걸이를 보고 눈 하나 깜빡하지 않는 직장이 많다. 문신도 마찬가지다. 얼마

전까지만 해도 문신은 선원과 범죄자의 전유물이나 다름없었다. 이와 대조적으로 오늘날 많은 젊은 '정상인'은 눈에 띄는 신체 부위에 버젓이 문신을 새기고 활보한다. 이처럼 신호는 시간이 지나며 바뀔 수 있다.

문신을 할지 말지만 신호에 영향을 미치는 것은 아니다. 문신을 새겨 넣는 부위도 신호를 바꾼다. 켄이 문신을 등에 했다면 손님들이 볼 수 없으므로 주차원으로 일하는 데 아무 지장이 없었을 것이다.

그럼 다른 신체 부위에 새긴 문신은 어떨까? 이런 문신은 어떤 신호를 보낼까? 다음 그림을 보면서 세 가지 유형의 문신을

문신을 새긴 부위에 따른 차이

살펴보자. 지역 상점이 신입 점원을 채용하려는 상황이다.

신호는 단순히 말로 하면 다른 사람이 아마도 믿지 않을 사적인 정보를 전달하는 유용한 도구다. 말은 값싼 신호이므로 메시지를 쉽게 가장할 수 있다. 신호는 메시지를 전달할 뿐 아니라 이 메시지에 신빙성을 부여한다. 신호가 지닌 이런 가치는 오토바이족이 선호하는 생활 방식에만 적용되는 것이 아니다.

기업에서 직원을 채용하는 상황을 예로 들어보자. 산더미처럼 쌓인 이력서를 읽고 면접을 진행하는 과정에서 지원자의 진짜 능력이나 성격이 드러날 수 있지만, 지원자는 이마저도 조작할 수 있다. 짐이 할리 관련 상품을 구비하고 있는 것이 좋은 예다. 그러니 고용주는 면접을 훌륭하게 치른 지원자라도 그들이 좀 더 신빙성 있는 신호를 보낼 때까지 계속 회의적인 태도를 취할 만하다.

마이클 스펜스는 고용 시장에서 발생하는 신호에 관한 모델을 고안한 공으로 1973년에 노벨상을 받았다.[2] 스펜스가 세운 모델에 따르면, 고용 시장에서 지원자는 자기 자질이 어떤지 알지만 잠재 고용주는 알지 못하는 정보 비대칭asymmetric information 상황이 발생한다. 이때 지원자는 신빙성 있는 방식으로 자신에 관한 중요 정보를 나타내는 값비싼 신호를 보내 정보 비대칭을 해결할 수 있다.

이때 신호가 지원자의 진짜 가치, 선호, 능력을 나타내는지 어떻게 알 수 있을까? 일부 정보는 고정되어 있어서 지원자가 조작할 수 없으므로 지원자의 능력을 알리는 귀중한 메시지로 작용하지 않는다. 나이, 인종, 성별이 그 예다. 반면에 신호는 지원자의 특징과 통제 가능한 선택을 통해 형성할 수 있는 정보다. 스펜스는 이력서에 적힌 항목 중에서 지원자를 더 깊이 파악할 수 있는 신호의 예로 교육을 들었다.

스펜스의 모델에서 지원자는 두 가지 유형, 즉 '좋은' 유형과 '나쁜' 유형으로 나뉜다. 좋은 유형은 모든 고용주가 찾고 있는 탁월한 능력을 갖춘 지원자다. 고용주는 단순히 자기소개서를 읽거나 면접을 보는 것만으로는 지원자가 어떤 유형인지 알 수 없다. 하지만 지원자는 이력서에 교육 정도를 써넣어서 자신의 진짜 능력을 알릴 수 있다. 수준 높고 질 좋은 교육에 투자한 이력은 지원자가 좋은 유형이라는 신빙성 있는 신호를 보내며, 고용주는 이런 지원자에게 더 많은 급여를 기꺼이 지급하고 싶어 한다.

언제나 그렇듯 모델은 실제 상황을 단순화하기 마련이다. 따라서 채용 결정 과정에서 신호는 단순화 도구로 사용되어 의사결정자들의 실수를 유도할 수 있다.

좋은 고등교육 기관에서 교육받은 이력이 어째서 신빙성 있는 신호일까? 그만큼 달성하기가 어렵기 때문이다. 이런 장기적인 목표를 달성하려면 시간과 노력, 열정을 쏟아야 한다.

나쁜 유형의 지원자와 비교할 때 좋은 유형의 지원자가 교육에 투자할 때 치르는 대가는 더 작다. 정의상 좋은 유형의 지원자는 더 똑똑하고 학습 의욕도 더 크기 때문이다. 나쁜 유형의 지원자는 아마도 공부가 극히 어렵거나 공부에 시간을 많이 투자해야 한다고 느끼지만, 좋은 유형의 지원자는 더 쉽게 공부하면서 보상은 더 많이 받는다.

스펜스가 세운 모델에 따르면, 미래의 급여 인상을 고려할 때 초기에 교육에 투자하는 것이 좋은 유형의 지원자에게는 가치가 있지만, 나쁜 유형의 지원자에게는 비용이 지나치게 많이 든다. 결과적으로 고용주는 교육에 투자한 지원자에 관한 중요한 정보를 습득한다. 좋은 유형의 지원자들만 교육을 받기 때문에 교육은 신빙성 있는 신호로서 가치가 있다.

과거 행동에서 적절한 신호로 작용하는 것은 교육만이 아니다. 면접을 보는 지원자 중에 전직 해군특수부대원이 있다고 상상해보자. 해군특수부대원이 되기 위해 받아야 하는 훈련은 신체적으로나 정신적으로나 대단히 힘들다. 또 유형에 따라서는 이 과정을 다른 사람보다 훨씬 더 힘들게 겪는 사람도 있다.

그래서 기업에서 모집하는 직책을 설명한 글에는 외떨어진 장소에 상륙해 적과 싸우는 것 같은 고도로 전문적인 임무가 포함되어 있지 않더라도, 전직 해군특수부대원이었다는 정보를 접한 고용주들은 지원자가 직원으로 일하기에 적절하고 가치 있는 근본 자질을 갖췄다고 판단할 수 있다.

교육이나 특수 훈련을 받았다고 밖에 알리는 것은 문신하는 것과는 매우 다른 방식으로 사적인 정보를 전달한다. 샌디에이고에 있는 내 집에서 10분 정도 차를 몰고 가면 저녁 식사비 정도만 받고 흔쾌히 문신을 해주는 곳이 열 군데가 넘는다. 하지만 자기 생활 방식에 맞지 않는데 문신을 해서 치러야 하는 대가는 그만큼의 금전적 가치를 훨씬 넘어선다.

그러므로 앞에서 살펴봤듯, 문신은 자신의 선호를 신빙성 있게 드러낸다. 교육 등에 투자하는 행위가 신뢰성을 획득하는 것은 그 투자를 하는 것이 힘들고 시간이 오래 걸리기 때문이다. 그런데도 이런 투자를 매우 성공적으로 해냈다면 당사자의 능력과 성격에 관해 가치 있는 신호를 보낼 수 있다.

요점

신호는 자신의 가치와 능력, 선호를 다른 사람에게 알리는 신빙성 있는 방식이다.

2

도요타는 승리할 수밖에 없었다

기업이 신호를 사용하는 방법

1장에서는 개인이 어떻게 자기 정보를 다른 사람에게 신빙성 있게 전달할 수 있는지 살펴봤다. 대규모 조직이나 기업은 어떻게 자신들에게 이로운 방향으로 신호를 전달할까? 개인이 자신의 선호, 능력, 특징을 나타내기 위해 신호를 사용한다는 사실을 인식하는 조직은 이런 통찰을 수익성 있는 전략으로 바꿀 수 있을까? 도요타는 2000년대 초반에 정확히 신빙성 있는 신호를 전달해 수익을 올리는 데 성공했다.

1999년에 도요타와 혼다는 불과 몇 달 간격으로 하이브리드 자동차를 미국 시장에 출시했다. 이것은 최초로 대량 생산된 하이브리드 자동차였으며 소비자의 많은 관심을 끌었다. 비록 초기에는 경쟁 구도가 잠시 형성되었지만 도요타는 몇 년 만에 시장을 장악하면서, 프리우스는 역대 최다 판매 자동차 대열에 올랐다. 혼다의 하이브리드 자동차는 패배했다. 그렇다면 도요타는 어떻게 그토록 많은 고객을 설득해서 하이브리드 자동차를 사게 했을까? 어째서 혼다는 실패했을까?

우리가 프리우스와 테슬라를 사는 이유

초기에 생산된 하이브리드 자동차는 연비를 제외하고 나머지 성능이 모두 뒤떨어졌다. 시장에 나와 있는 비슷한 가격대의 비하이브리드 자동차보다 가격은 비싸면서 속도·가속·승차감·안전성 모두 떨어졌다. 이처럼 성능이 열등한 자동차를 생산해서는 도요타가 고객을 확보하기 힘들 것이라고 누구나 쉽게 짐작할 것이다.

하지만 이런 단점은 보완해야 하는 난제로 부각되기는 했지만 기회가 되기도 했다. 도요타의 하이브리드 자동차가 객관적으로 성능이 '나쁘다'는 평가를 받고는 있지만, 친환경 자동차를 샀다는 사실만으로도 운전자가 환경을 생각한다는 의도를 강력하게 전달하기 때문이다.

초기에 하이브리드 자동차를 사기로 선택한 소비자는 자신이 환경에 관심을 기울이고 있으며, 환경에 이바지할 수 있다면 품질이 더 떨어지는 제품이라도 더 많은 돈을 내고 구매할 용의가 있다는 점을 충분히 부각했다. 그렇지 않다면 안전과 승차감을 희생할 이유가 없지 않을까? 교육에 투자하는 행위와 비슷하게 하이브리드 자동차를 살 때는 가격 대비 가치 측면에서 큰 비용을 지불해야 했지만, 환경에 기여한다는 주요 이점을 누릴 수 있었다. 소비자는 프리우스를 사겠다고 선택함으로써 자신이 환경을 보호하기 위해 많은 것을 기꺼이 희생한다는 점을 자신과 세상에 선언했다.

아래 게임 트리는 하이브리드 자동차를 사는 행위의 효용성을 나타낸다. 구매자는 어떤 신호를 보내길 원할까?

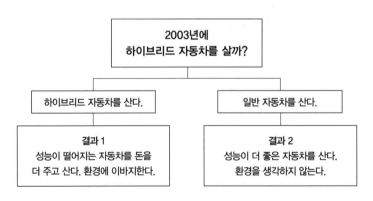

환경에 기울이는 관심이 충분히 큰 경우 '결과 1 〉 결과 2' → 하이브리드 자동차를 산다.
그렇지 않은 경우 '결과 1 〈 결과 2' → 일반 자동차를 산다.

오늘날 프리우스를 사는 행위는 이런 종류의 신호를 더는 보내지 않으며, 설사 보낸다고 하더라도 초기 하이브리드 모델을 살 때만큼의 효과는 없다. 이제 프리우스는 환경에 대한 관심과 상관없이, 소비자가 바람직하다고 여길 만한 전반적인 이점을 제공하면서 비하이브리드 자동차에도 밀리지 않는 경쟁력을 갖추고 있다. 우버 운전자는 프리우스가 승차감과 신뢰성을 제공하면서도 연료비를 상당히 절약해준다는 사실을 알고 있다.

따라서 오늘날에는 환경에 그다지 관심이 없더라도 프리우스를 선택하는 소비자가 많을 수 있다. 프리우스를 사더라도 안전과 승차감을 더는 크게 희생하지 않아도 되므로, 환경을 생각한다는 신호는 프리우스의 새로운 이점들에 가려 희석된다. 확실히 그렇다는 생각이 들지 않는다면 테슬라 구매를 통해 보내는 신호를 생각해보자. 이 신호는 정말 환경과 관계가 있는가?

성능이 떨어지는 차로 과시한다

초기 하이브리드 자동차는 성능은 떨어졌지만 소유자의 환경에 대한 입장을 신빙성 있게 전달했기 때문에 소비자에게 강력한 구매 동기를 부여했다. 환경을 생각한다고 주장할 의도로 성능이 떨어지는 자동차를 기꺼이 사는 소비자가 매우 많았으므로, 이런 현실을 파고든 시장이 생겨났다. 앞에서 이미 살펴봤듯 프리우스는 하이브리드 자동차 시장에서 여러 해 동안 도요타가 경쟁 우위를 점할 수 있도록 기여했다. 그렇다면 혼다는 놓쳤지만 도요타가 놓치지 않은 점은 무엇이었을까?

우선 두 기업의 매출을 간단히 살펴보자. 아래 그래프는 2000년에서 2010년 사이에 도요타와 혼다가 생산한 하이브리드 자동차의 미국 시장 판매량(전 세계 판매량은 비슷했다)을 나타낸다.[1]

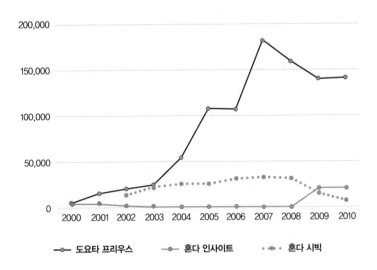

그래프에서 볼 수 있듯 두 기업이 매출을 끌어올리기까지는 시간이 좀 걸렸다. 혼다의 첫 하이브리드 자동차는 이인승 소형 자동차인 인사이트였으며 판매가 저조했다. 혼다는 잠재 구매자들이 이인승 자동차를 선호하지 않는다고 판단하고, 베스트셀러 자동차인 혼다 시빅을 토대로 새로운 하이브리드 자동차를 출시했다. 이처럼 직관적으로 디자인을 결정한 덕택에 엔지니어들은 훨씬 수월하게 작업할 수 있었다. 단순히 기존 모델을 수정해서 제품을 제작할 수 있었으므로 공급망을 관리하기도 훨씬 편했다.

반면에 도요타는 중대한 차이를 낸다고 입증된 다른 전략을 선택했다. 1997년에서 2003년 사이에 생산된 프리우스 1세대는 자사 베스트셀러인 코롤라를 기반으로 설계했다. 프리우스 2세대에서는 많은 측면을 개선했지만 한 가지 결정적인 변화를 시도해 성공을 이끌었다.

도요타는 프리우스 외관을 여느 다른 세단처럼 만들지 않고, 하이브리드 자동차임을 드러내는 작은 로고를 후면에 부착해서 오늘날 소비자의 눈에 익은 독특한 모습으로 재탄생시켰다. 따라서 새 디자인의 프리우스를 회사 주차장으로 몰고 들어가면 모든 사람이 하이브리드 자동차임을 알아차릴 수 있다. 자신이 환경에 지대한 관심이 있다는 사실을 나타내기 위해 프리우스를 사는 사람들에게 이런 차별성은 극히 중요하다.

하지만 다른 사람이 로고를 알아보지 못하면 그들에게 신호를 보내봤자 무슨 소용이겠는가? 작은 로고는 다른 사람이 인식하지 못하므로 신호로서 그다지 큰 역할을 하지 못한다. 그다지 유용한 신호가 아니라는 뜻이다. 다른 한편으로, 완전히 새롭게 디자인한 외관도 어디서나 누구에게나 인식되지 못하면 무용지물이다.

과연 프리우스 소유자는 자신들이 어떻게 행동하는지 정확히 알고 있을까? 아래 사진에서 프리우스에 부착한 비닐 스티커를 읽어보자. 프리우스 소유자는 자기 자동차가 독특하고, 보통 사람이 '멋있다'고 생각할 외관과 다르다는 사실을 **좋아한다**. 다른 사람들이 프리우스를 볼 때는 진심으로 환경을 생각

자부심 넘치는 프리우스 소유자

하는 사람만 이런 자동차를 사리라고 생각한다.

그래프로 알 수 있듯 2003년에 프리우스 2세대가 출시되면서 매출이 두드러지게 증가하기 시작했다. 물론 2세대는 1세대보다 성능이 더 좋았다. 인사이트와 비교해서 시빅도 성능이 개선됐지만, 하이브리드 자동차를 선택한 구매자 중에서 일부만 혼다 시빅을 샀다. 대부분은 외관이 독특한 프리우스를 원했던 것이다. 그만큼 다른 사람에게 주목받고 싶었기 때문이다.

이런 개념은 2007년에 〈뉴욕타임스〉가 오리건주 밴든에 소재한 CNW마케팅리서치에서 도출한 연구 결과를 인용하면서 입증되었다. 해당 연구에서 도요타의 프리우스 구매자의 57퍼센트는 '자신에 관해 진술해주므로' 그 차를 샀다고 대답했다. 반면에 36퍼센트만이 연료비 절약을 구매 이유로 꼽았고, 이보다 훨씬 적은 25퍼센트는 적은 배기가스 배출량을 언급했다. '하이브리드라면 대개 프리우스를 떠올린다.'는 정곡을 제대로 찌른 기사 제목이었다.

저자인 미슐린 메이너드는 서두에 이런 질문을 던졌다. "다른 하이브리드 모델들은 구매자를 찾으려고 허덕이는데, 도요타 프리우스가 유독 크게 성공한 이유는 무엇일까?" 메이너드는 이렇게 대답했다. "구매자들은 자신이 하이브리드를 몰고 있다는 사실을 모든 사람에게 알리고 싶어 하기 때문이다."[2]

메이너드는 자신의 추론을 뒷받침하기 위해 인터뷰를 실시해서 프리우스를 선택한 이유를 물었고, 전반적으로 비슷한 대답을 들었다.

- 제가 환경에 신경을 쓰고 있다는 것을 남들이 알아주었으면 좋겠어요.(조이 피즐리, 펜실베이니아주 필라델피아)
- 제가 주장하고 싶은 메시지를 남들에게 전달하기에는 캠리 하이브리드의 영향력이 너무 약하다고 느꼈습니다. 저는 가급적 가장 큰 영향을 미치고 싶었고, 프리우스가 더욱 명확한 메시지를 전달한다고 생각했습니다.(메리 개치, 사우스캐롤라이나주 찰스턴)

일반인만 이렇게 느끼는 것이 아니었다.

- 사람들은 프리우스를 타면서 처음으로 자동차를 이용해 친환경 진술을 할 수 있었습니다.(댄 베커, 시에라클럽의 지구온난화 프로그램 책임자, 캘리포니아주 샌디에이고)

2017년에 〈워싱턴포스트〉의 로버트 사무엘슨은 이런 현상에 '프리우스 정치학'이라는 매우 적절한 용어를 붙이면서, 사람들이 프리우스를 사는 이유는 환경 오염을 줄이려는 목적을 넘어서 과시하려는 의도가 있다고 주장했다.[3] 같은 해 혼다의 CEO는 이렇게 시인했다. "좀 더 대중적인 시빅과 비교할 때 시각적 차별성이 거의 없는 시빅 하이브리드를 출시한 것은 실수였다." 이렇게 도요타는 하이브리드 자동차 경쟁에서 승리했다.

요점

신호라는 관점에서 설명하는 방식은 고객을 끌어들이고 경쟁 시장에서 승리하는 데 견인차 역할을 할 수 있다.

3

"그것이 바로 나야!"

자기 신호와 사회적 신호의 가치

혼다 하이브리드를 구매하며 보내는 신호는 세간의 눈길을 거의 끌지 못했지만, 프리우스를 구매하며 보내는 신호는 세간의 눈길을 시끌벅적하게 끌었으므로 신호로서의 가치가 훨씬 컸다. 앞서 설명한 두 가지 유형의 신호, 즉 **자기 신호**와 **사회적 신호**의 차이를 떠올려보자. 지금까지는 사회적 이미지, 즉 다른 사람이 우리를 생각할 때 떠올리는 이미지를 개선하는 방식인 사회적 신호를 주로 다뤘다. 하지만 사람들은 자기 신호를 고려해 많은 선택을 한다. 또 자신에게 신호를 보내고, 자신이 좋은 사람임을 나타내는 행동을 함으로써 스스로 만족하거나 긍정적 효용성을 획득할 때가 많다.

자기 신호와 사회적 신호는 상당히 흥미롭지만 거의 눈에 띄지 않는 방식으로 상호작용을 한다. 늘 그렇듯 이런 상호작용을 연구하는 가장 명쾌한 방법은 실험이다. 나는 에일렛 그니지, 게르하르트 리너, 리프 넬슨과 함께 신호가 상호작용하는 방식을 이해하고자 일련의 실험을 수행했다.[1]

실험은 오스트리아 빈 중심지에 있는 파키스탄 뷔페 레스토랑인 데르비너디완에서 진행했다. 이 레스토랑이 독특한 점은 '고객이 가격을 매기는 방식PWYW: Pay-What-You-Want'을 선택한 것이다. 즉 고객이 식사를 하고 나서 식사 비용으로 얼마를 낼지를 결정한다. 심지어 한 푼도 지불하지 않아도 된다.

이 사업 모델을 진지하게 검토해보기 전에라도 최소한 어느 정도까지는 효과가 있으리라고 말할 수 있다. 과거에 이런 가격 정책 모델을 활용한 조직과 기업이 많았다. 예를 들어 라디오헤드는 웹사이트에서 PWYW 시스템을 사용해 앨범 '무지개 속에서In Rainbows'를 출시한 후에 엄청난 성공을 거뒀다. 해당 앨범은 빌보드 차트 1위에 오르고 전 세계적으로 수백만 장이 팔리면서, 실제로 앨범이 출시되기도 전에 이전에 발표한 앨범보다 더 많은 수익을 냈다.[2]

이 가격 책정 시스템에서 영감을 받은 레스토랑 주인들은 레스토랑을 개업하면서 새 고객을 유치할 목적으로 PWYW를 도입했다. 처음 몇 주 동안 고객이 실제로 지불한 금액은 고정 가격 예상치와 거의 같았으므로 PWYW를 그대로 유지하기로 했다. 초기에 고객의 평균 지불액은 해당 지역에 있는 비교 가능한 레스토랑과 비슷하게 5.50~7.00유로였다가 약간 감소했다. 하지만 PWYW를 선호해서 무리 지어 찾아오는 고객이 늘어나면서 평균 지불액 감소는 상쇄되었다.

우리가 현장 실험을 시작하기 3개월 전 지불액의 중앙값은 5유로이고, 최소는 0유로(많으면 하루에 서너 번)이며 최대는 50유로(한 차례 있었는데, 옆 건물에서 근무하는 지역 통신회사 관리자가 돈을 내면서 청구서에 "제 생각이 틀리지 않는다면 이것이 이곳 취지에 맞습니다"라고 썼다.)였다.

일반적으로 손님들은 식사비를 웨이터에게 직접 냈다. 드물기는 하지만 테이블 전체의 식사비를 한 사람이 지불한 경우에는 총액을 사람 수로 나누어 개별 지불액을 산출했다. 이 레스토랑은 어떻게 PWYW가 시스템을 오래 지속할 수 있는지 보여주는 많은 사례 중 하나일 뿐이다.

대부분 손님은 식사비를 내지 않고 레스토랑 문을 나설 엄두를 내지 않았다. 왜일까? 아마도 자신과 다른 사람에게 보내는 신호에 신경을 썼기 때문일 것이다.

우리는 사회적 신호와 자기 신호를 시험하고 분리하기 위해 현장 실험을 실시했다. 현장 실험은 행동 연구에서 중요한 도구다. 실험실 실험은 결론을 도출하기 위해 자연을 모방한 '순

수' 환경에서 실시하는 반면에, 현장 실험은 연구자가 세운 이론을 '야생' 환경에서 실시한다. 현장 실험은 자연적인 환경에서 이루어지므로 참가자들은 자신이 내리는 결정이 연구 대상이라는 사실을 모른다. 자연적인 환경에서 이해관계 집단을 표적으로 삼기 때문에 해당 맥락에 좀 더 잘 적용할 수 있는 결과가 산출된다.

현장 실험은 손님이 식사비를 익명으로 냈는지 여부를 기준으로 두 실험군으로 나누어 실시되었다. '관찰' 실험군은 설문지를 작성하고 카운터에 가서 웨이터에게 식사비와 설문지를 제출했다. 웨이터는 모든 손님을 동등하게 대하고, 손님이 지불한 액수를 기록해놓으라는 교육을 받았다. 가격 결정 과정은 이렇다.

관찰 실험군: 점심을 먹는다 → 설문지를 작성한다 → **웨이터에게 설문지를 주고 식사비를 낸다**

'익명' 실험군 역시 설문지를 받고 식사비로 얼마를 낼지 결정했다. 손님은 레스토랑을 나오기 전에 식사비와 설문지를 봉투에 집어넣고 출입구에 놓인 상자에 투입했다.

익명 실험군: 점심을 먹는다 → 설문지를 작성한다 → 설

문지와 식사비를 봉투에 넣고 밀봉한다

관찰 실험군은 평균 4.66유로를 냈다. 손님들이 식사비를 지불하는 이유는, 간단히 말해서 자신의 사회적 이미지를 신경 쓰기 때문이다. 돈을 받는 사람 앞에서 쩨쩨해 보이고 싶지 않은 것이다. 달리 표현하면 손님은 합리적인 금액을 지불함으로써 자신이 좋은 사람이라는 신호를 다른 사람에게 보내고 따라서 자신의 사회적 이미지를 향상했다.

그렇다면 익명 실험군은 어땠을까? 익명 실험군에서는 다른 사람에게 신호를 보내는 방식이 작용할 리 만무했다. 이렇게 생각해보자. 자신이 얼마를 지불하는지 아는 사람이 없다면 식사비를 내는 행위는 어떤 사회적 이미지도 만들지 않는다. 결과적으로 사회적 신호에만 신경을 쓰는 손님은 다음 그림에서 보듯 식사비를 내지 않을 가능성이 있다.

만약 익명 실험군도 자기 이미지에 신경을 쓴다면 어떨까? 맛있게 점심을 먹고 돈을 내지 않은 채 음식점을 나서면 기분이 나빠질 수 있다. 자신이 음식점의 관대한 조치를 악용하는 부류라고 생각하고 싶지 않기 때문이다. 그렇다면 누가 지켜보지 않더라도 자기 신호 전달에 참여해서 식사비를 지불할 가능성이 있다.

우리는 이런 실험 설계를 통해 사회적 신호와 자기 신호의

자기 신호: 나는 좋은 사람인가?

상호작용을 분리하고, 두 가지 신호가 실제로 작용하는 방식을 관찰할 수 있었다. 관찰 실험군에서는 두 신호가 결합한 효과를 분석할 수 있었지만, 익명 실험군에서는 자기 이미지의 고려를 분리해낼 수 있었다. 실험을 이렇게 설계하면 두 실험군을 비교 대조함으로써 이런 신호가 서로 강화하는지 여부를 파악할 수 있다.

잠시 생각하고 추측해보자. 사회적 압력을 걱정할 필요가 없는 경우라면, 그러니까 '익명' 실험군은 식사비를 더 적게 냈을까? 만약 두 가지 신호가 서로 강화한다고 가정하면, 익명 실험군 역시 식사비를 내기는 하지만, 관찰 실험군보다 적게 내리라고 예상할 것이다.

나중에 밝혀진 사실에 따르면 익명 실험군이 지불한 식사비는 관찰 실험군의 식사비보다 **많았다.** 보는 사람이 없을 때 손님은 통계상 의미가 있는 금액인 0.71유로를 평균적으로 더 냈다. 따라서 보는 사람이 없을 때 손님이 식사비를 더 적게 낸다는 개념은 분명히 배척할 수 있다.

손님들이 익명일 때 식사비를 더 많이 낸 이유는 무엇일까? 우리가 도출한 실험 결과는 사람들이 종종 자기 이미지를 개선하려고 돈을 낸다는 가설을 뒷받침할 뿐 아니라 사회적 신호와 자기 신호가 단순히 '합산'되는 것은 아니라는 사실을 입증한다. 두 가지 신호 모두 돈을 더 내라고 사람들을 압박하므로 두 가지 신호 모두 작용할 때는 예외 없이 더 강력한 효과를 내면서 사람들이 돈을 훨씬 많이 내리라는 잘못된 가정을 하기 쉽다.

우리는 이런 가정이 행동과 항상 일치하지는 않는다는 점을 발견했다. 두 가지 신호가 앞서거니 뒤서거니 작동하다 보면 상호작용을 하면서 결과적으로 가치가 바뀔 수 있다.

웨이터가 보고 있는 경우에 손님은 합리적인 금액을 지불함으로써 자신이 좋은 사람이라는 신호를 웨이터에게 보내고 싶어 한다. 하지만 다른 사람이 보는 것은 자기 신호의 가치를 떨어뜨린다. 다른 사람이 보고 있을 때 손님은 부분적으로는 웨이터에게 좋은 인상을 남기기 위해 돈을 낸다고 느끼므로 다른 사람에게 보내는 이런 신호는 손님의 자기 이미지를 향상하지 않는다. 자신이 좋은 사람이기 때문에 돈을 내거나 그래야 하기 때문에 돈을 내거나, 아니면 다른 사람이 자신을 부정적으로 생각할까 봐 돈을 낸다고 느끼기 때문이다.

다른 한편으로 자신이 얼마를 내는지 아무도 보지 않는 경우에 자기 신호는 더 강력해진다. 아무도 보지 않는데도 돈을 냄으로써 자기 이미지는 자신의 관대한 행동에서 비롯한 혜택을 충분히 받는다.

자기표현을 열망한다

우리의 실험 결과를 보더라도 신호들이 반드시 합산되는 것은 아니다. 사회적 신호를 보냈는데 자기 신호의 가치가 떨어질 수 있고, 자기 신호 자체가 더 강력한 효과를 낼 수도 있다. 우리 실험에 사회적 신호를 추가했을 때 지불액이 대체로 줄어든 것도 바로 이 때문이다. 하지만 도요타 프리우스의 경우에는 사회적 신호가 자기 신호를 밀어내지 않고 오히려 두 신호가 합산되었다.

브랜딩 전문가인 브래드 반아우켄은 '도요타 프리우스: 자동차의 자기표현Toyota Prius-Vehicular Self-Expression'이라는 제목으로 기사를 쓰고 프리우스 브랜드를 자기표현의 수단으로 사용하는 사람들에게 프리우스의 독특한 디자인이 어떻게 중요하게 작용했는지 설명했다.

마케터들은 두 가지 유형의 신호를 결합하기 위해 **자기표현**self-expression이라는 용어를 사용한다. 반아우켄은 이렇게 진술했다.

나는 첫 프리우스를 몰고 가다가 신호에 걸려서 허머〔단종된 미국 대형 SUV 브랜드로 연비가 상당히 낮았다〕 옆에 설 때마다 기분이 무척 좋았다. 허머 운전자를 거만하게 건너다보면서 '당신은 기름을 거리에 뿌리고 다니는 이기적이고 사치스러운 인간이구먼.'이라고 생각했다.

하지만 브랜드의 자기표현 기능을 이해하는 마케터의 입장에서 반대의 경우를 가정하면서 그 운전자가 나를 건너다보며 어떤 생각을 할지 상상했다. '환경을 보호한다고 당당하게 나서지 못하는 겁쟁이 같으니라고. 나는 당신 자동차를 벌레처럼 한번에 뭉개버릴 수도 있어.'라고 생각할지 모르겠다. 아니면 나를 '독선적인 환경운동가'라거나 허머 같은 자동차를 구매할 경제적 여유가 없

는 사람이라고 생각할 수 있다.[3]

전형적인 프리우스 소유자는 프리우스가 지니는 두 가지 측면을 즐겼다. 첫째, 자신에게 더욱 만족할 수 있었다(자신에게 보내는 신호). 둘째, 프리우스 클럽 회원 자격으로 허머 클럽 회원들을 조롱할 수 있다는 점에 행복을 느꼈다(다른 사람에게 보내는 신호). 두 가지 신호의 결합은 사회학과 마케팅에서 흔히 일어난다.

간단히 말해서 인간에게는 자기표현 욕구가 있으며, 자기 신호와 사회적 신호를 향한 열망이 자기표현 욕구를 부채질한다. 인간은 무엇을 입을지, 무엇을 먹을지, 무엇을 탈지를 선택하는 것을 자기표현의 기회로 사용한다.

그러나 인센티브를 사용하려면 자기 신호와 사회적 신호를 분리하는 것이 중요하다. 우리가 실시한 레스토랑 실험에서 알 수 있듯 신호는 항상 합산되는 것이 아니며, 신중하게 생각하지 않고 사용하면 목표를 비껴갈 수 있다. 두 가지 신호가 상호작용을 해서 합산되느냐 상충하느냐는 상황에 따라 다르므로, 인센티브 환경에 주의를 기울여야 한다. 인센티브를 제공한 상황에서 두 가지 신호가 어떻게 인식되느냐를 파악하는 것이 인센티브를 설계할 때 중요한 요소일 수 있다.

이때 중요한 점의 하나는 표적 집단을 파악하는 것이다. 허머 운전자는 프리우스 운전자와 매우 다른 신호를 보내고 싶어 한다. 프리우스의 개선된 디자인이 성공할 수 있었던 비결은 적합한 집단에 인센티브를 부여한다는 목표에 충실했기 때문이다. 이 점에 관해서는 잠시 후에 자세히 살펴볼 것이다. 지금은 인센티브와 신호가 실제로 자신의 선택에 어떻게 영향을 미칠 수 있는지 이야기해보자.

헌혈에 대가를 지급한다면?

정기적으로 짬을 내서 헌혈하는 변호사 제인을 예로 들어보자. 헌혈은 불편을 약간 감수해야 하기는 하지만 자기 신호를 강화한다는 점에서 이로울 수 있다. 제인은 헌혈하는 것에 만족할 뿐 아니라 헌혈은 다른 사람을 위해 불편을 감수하는 것이라고 느낀다. 또 친구들과 저녁을 먹는 자리에서 자신이 헌혈하고 있음을 언급해서 친구들에게 사회적 신호를 보내는 것도 즐긴다. 비용 편익을 따져보면, 시간을 쓰고 불편해서 잃는 것보다 기분이 좋아지면서 얻는 것이 더 많다. 제인만 그런 것이 아니다. 전 세계적으로 헌혈 건수는 연간 약 1억 회에 달한다.[4]

물론 제인이 벌이는 착한 사마리아인 운동에 모든 사람이 동조하는 것은 아니다. 제인과 같은 법률사무소에서 일하는 조를 예로 들어보자. 제인은 변호사이지만 조는 비서로 일한다. 따라서 급여는 제인보다 훨씬 낮고, 돈이 좀 더 필요하므로 수입을 보충하려고 퇴근 후에 우버 운전자로 일한다. 조는 헌혈을 하지 않는다. 왜일까?

첫째, 시간이 나더라도 헌혈하기보다는 돈을 더 벌기 위해 우버 운전을 할 것이다. 둘째, 헌혈에 그다지 관심이 없을뿐더러 설사 헌혈을 하더라도 자신에게 그다지 만족하지 않을 것이다.

헌혈의 경제학은 매우 흥미롭다. 헌혈 시장에서는 매년 수십억 달러가 오가지만 정작 혈액 기증자들은 돈을 받지 못한다. 미국 병원들은 혈액 한 단위당 약 50달러를 지불하고, 그 비용을 환자들에게 청구한다.[5] 혈액은행은 언제나 더 많은 혈액이 필요하고, 혈액을 모으는 비용보다 훨씬 많은 돈을 병원에 청구한다. 수요가 공급보다 많다. 이러한 경우에 경제적 해결책은 간단하다. 혈액 기증자에게 돈을 지불하면 공급이 늘어날 것이다. 그렇다면 헌혈할 때마다 돈뭉치를 받으면 어떨까?

혈액은행 직원이 당신에게 다가와 혈액 기증자를 대상으로 인센티브 제도를 설계하려는데 도와달라고 요청했다고 해보자. 머릿속에 직관적으로 떠오르는 생각은 간단하다. 해결책은 헌혈하겠다는 사람에게 보상하는 것, 예를 들어 50달러를 주는 것이다.

결국 혈액은행은 더 많은 돈을 병원에 청구할 수 있지 않는가? 그렇게 되면 제인은 헌혈하려고 혈액은행을 찾아갈 때 기분이 훨씬 더 좋아야 하고, 조는 자동차를 몰고 가서 잠깐 주차한 후에 헌혈을 하고 얼마간 돈을 벌 수 있다. 대체 무엇이 문제일까?

신호들이 충돌할 수 있다. 금전적 보상은 혈액 기증자의 은행 계좌에 영향을 미치고 헌혈이 보내는 신호를 바꾼다. 제인이 결정하는 과정을 담은 게임 트리를 보자.

'결과 1'에서 볼 수 있듯 금전적 인센티브가 없는 상황에서 제인은 자신에게 보내는 긍정적인 신호에 만족한다. 하지만 헌혈하고 50달러를 받으면 상황이 바뀐다(결과 2). 제인은 친구들과 저녁을 먹는 자리에서 자신의 훌륭한 행동을 더는 언급할 수 없다. 급여가 적기 때문에 헌혈을 하는 것이라고 볼 가능성

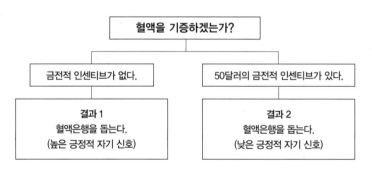

돈은 어떻게 자기 신호를 밀어내는가

이 다분하고, 기분이 더욱 언짢은 것은 50달러를 받고 헌혈하는 것은 쩨쩨한 일이라고 친구들이 생각할 가능성이 크기 때문이다.

서문에서 예로 들었던 재활용 문제로 돌아가 보자. 그저 인센티브를 바꿨을 뿐인데 새라는 훌륭한 환경보호론자에서 쩨쩨한 이웃으로 전락했다. 헌혈 대가로 50달러를 받으면 제인은 새라와 마찬가지로 동기를 의심받을 수 있다. 제인은 좋은 사람이라서 헌혈할까, 아니면 돈을 받기 위해 헌혈할까?

역설적으로 제인은 '결과 1'을 선호하므로, 금전적 대가가 걸려 있으면 오히려 헌혈을 중단할 수 있다. 반면에 조는 (금전적 인센티브가 충분하다면) 인센티브 설계자가 의도한 대로 헌혈하고 그것도 자주 헌혈할 가능성이 있다. 조는 애당초 헌혈 자체가 보내는 긍정적인 신호에 그다지 관심이 없었기 때문이다.

리처드 티트무스는 1970년에 낸 저서 《선물 관계: 인간의 피에서 사회 정책까지The Gift Relationship: From Human Blood to Social Policy》에서 이런 효과를 지적했다.[6] 티트무스는 미국과 영국의 헌혈 시스템을 비교했다. 당시에 미국 혈액은행은 혈액 기증자에게 돈을 지불했지만 영국은 지불하지 않았다. 그는 이처럼 인센티브 제도가 다르기 때문에 혈액 기증자의 유형이 달라졌다고 주장했다.

혈액 기증자의 성향을 살펴보면, 영국에서는 '제인 유형'의 비율이 더 높고, 미국에서는 '조 유형'의 비율이 더 높았다. 결과적으로, 돈이 필요한 마약 중독자들이 헌혈을 많이 했던 미국에서는 혈액의 질이 더 낮고, 혈액이 B형 간염에 감염되어 있을 가능성이 더 컸다.

이렇듯 두 국가에서 기증자 유형의 비율이 다른 것은 헌혈 관련 규범이 바뀌었기 때문이라고 티트무스는 설명했다. 인센티브 제도에 따라 제정한 규범이 이야기를 완성하고, 그 규범이 두 가지 신호, 즉 기증자의 행동을 두고 자신과 다른 사람이 생각하는 것에 영향을 미친다.

현재 혈액 시장에 가동하는 인센티브를 명쾌하게 설명하는 사실이 있다. 부유한 국가의 기증자들에게 물으면 대다수는 순수하게 이타적인 이유에서 헌혈한다고 대답한다. 지역사회, 친구, 친척을 돕고 싶다는 것이다.[7] 실제로 이런 국가에서 수집하는 혈액의 75퍼센트 이상은 자원하는 기증자에게서 나온다.[8] 사실 고소득 국가는 대개 티트머스 등의 주장에 근거해서 기증자들에게 돈을 지불하는 계획을 고려하지 않고 헌혈 관련 규범이 금전적 형태로 바뀌는 것을 원하지 않는다.

인센티브가 헌혈에 미치는 전반적인 영향은 대개 인센티브의 크기와 유형에 따라 다르다. 인센티브를 소액 현금 형태로 제공하면 규범은 바뀔 수 있고, 제인 유형의 기부자에게 미치는 역효과가 조 유형의 기부자에게 미치는 설득력보다 클 수 있다. 이 경우라면 동기가 바뀌지 않도록, 인센티브를 전혀 제공하지 않는 편이 낫다.

하지만 헌혈에 현금 인센티브를 허용하지 않는 국가도 비금전 인센티브는 제대로 실행하는 경우에 효과가 있다고 생각한다. 비금전 인센티브를 받더라도 기증자들이 헌혈 동기를 의심받아 불쾌감을 느끼는 사태가 발생하지 않기 때문이다. 인센티브 유형(금전 유형에서 비금전 유형으로)과 크기(현금 50달러에서 1달러짜리 펜으로)를 모두 바꾸는 것은 조 유형의 기증자에게 여전히 영향을 미치지 않을 수 있다. 하지만 현장 실험 결과를 보면 제인 유형의 기증자를 더 자주 기증하도록 설득하거나, 기증자 대열에 '거의 다가선' 사람들을 움직일 수 있다.

한 연구에서는 훈장과 사회적 보상(이탈리아 마을에 배포되는 지역 신문에 기부를 칭찬하는 형태로)을 사용했다.[9] 다른 연구에서는 오스트레일리아에 거주하는 제인 유형의 기증자에게 '혈액 서비스Blood Service'라는 기관의 로고를 새긴 펜을 주었다.[10] 이런 연구 결과는 작은 선물 형태의 인센티브가 장기적으로 부정적인 영향을 미치지 않으면서 단기적으로는 긍정적인 영향을 미칠 수 있음을 시사한다.[11]

감사의 뜻으로 주는 작은 선물이 기증자에게 헌혈 동기를 부여하는 이유는 무엇일까? 물론 제인에게는 펜이 더 필요하지 않다. 하지만 회의하는 도중에 무심코 펜을 꺼내 들어서 자신이 혈액 기증자라는 신호를 다른 사람에게 간단하게 보낼 수 있다. 또 펜은 자기 신호를 향상해준다. 펜을 집을 때마다 자신이 얼마나 좋은 사람인지 상기하는 것은 좋은 경험이다.

요점

신호는 사람들이 자신에 관해 느끼는 방식(자기 신호)과 다른 사람에게 인식되는 방식(사회적 신호)을 바꾼다.

2부

엇갈린 신호는
어떤 혼란을
일으키는가

우리의 선택과 행동은 자기 가치에 관한 메시지를 다른 사람에게 보낸다. 콜센터 관리자가 직원들에게 "우리 기업은 고객 관리를 가장 중요하게 생각합니다."라고 강조한다. 이것은 기업의 가치에 관해 다른 사람에게 보내는 신호다. 이제 응답한 통화 횟수를 기준으로 직원에게 급여를 지급하는 인센티브를 가동한다고 해보자. 이 인센티브는 관리자가 추구하는 가치에 관해 매우 다른 신호를 보낸다. 즉 고객 관리 질을 희생시키면서 업무 속도가 빠른 것을 부각한다. 이렇게 엇갈린 신호를 받은 직원들은 관리자의 진정한 가치와 기대가 무엇인지 혼란스러워한다.

이처럼 엇갈린 신호가 유발하는 문제는 '무엇에 보상해야 할까?'라는 질문으로 요약할 수 있다. 성과에는 여러 측면이 있지만 보상은 그중에서도 일반적으로 가장 측정하기 쉬운 측면을 기준으로 제공된다. 단순한 '일면적' 보상은 노동자들에게 '임금을 지불하는 업무에만 집중하고 다른 업무는 모두 무시하라.'는 분명한 메시지를 전달한다.

예를 들어, 공장 노동자가 생산하는 셔츠의 수를 측정하기는 쉽다. 하지만 생산한 셔츠의 수만을 기준으로 직원에게 보상한다면 셔츠의 품질은 어떻게 될까? 노동자들은 실밥이 곧고 대칭을 이루고 있는지 확인하면서 주의를 기울여 작업할까? 판매액만을 기준으로 임금을 지불한다면 판매량은 늘겠지만, 고객이 서비스에 느끼는 만족도는 떨어질 수 있고 그러면 앞으로 그 기업 제품을 구매할 가능성은 줄어들 것이다.

경제학자들은 이러한 '멀티태스킹' 조건에서 행동에 인센티브를 부여하는 최선의 방법을 찾아내려고 분투한다.[1] 다른 차원들(예: 질)이 너무 복잡해서 측정할 수 없다는 이유로 한 가지 차원(예: 양)에만 인센티브를 부여한다면 어떨까? 성과를 기반으로 제공하는 인센티브인 '성과 의존형 인센티브'도 피하는 편이 나을 것이다. 성과의 다른 차원들을 중요하게 부각해서 문제를 피하는 현명한 방법들이 있다. 2부에서는 이런 문제와 그 해결책을 설명할 것이다.

여기서 중요한 교훈이 있다. 행동이나 결과에 보상하기 위해 인센티브를 사용할 때는 다른 목표들 사이에 생기는 긴장에 인센티브가 어떻게 영향을 미치는지 이해하고 통제해야 한다. 그렇지 않으면 상충하는 메시지를 보내게 된다. 종종 기업들은 인센티브로 뒷받침되는 강력하고 명쾌한 메시지를 보내지 않고, 거의 무의미한 '메시지'를 보낸다. 기업이 보내는 메시지가 서로 상충하는 사례를 다음 표에서 살펴보자.

장려하는 대상	실제로 인센티브를 부여하는 대상
• 질	• 양
• 혁신	• 안전한 선택과 처벌이 따르는 실패
• 장기 목표	• 단기 성공
• 팀워크와 협동	• 개인적인 성공

기업이 장려하는 대상과 실제로 인센티브를 부여하는 대상이 달라지면서 보내는 엇갈린 신호를 찾아보자. 4~7장에서는 이러한 엇갈린 신호 각각의 사례를 차례로 살펴보고, 엇갈린 신호에서 파생한 문제를 기업이 어떻게 피할 수 있을지 설명할 것이다. 표에 열거한 사례에서

신호는 임원이 직원에게 무엇을 기대하는지에 관한 해석이라는 점에 주목하라. 즉 신호는, 인센티브를 설계한 사람들이 무엇을 기대하는지 직원들이 해석하도록 한다.

4

운전자가 사고를 내고
의사가 실수를 한다

질을 희생하고 양만 채울 때

음, 이를테면 옳은 일은 실천하기가 힘들고, 나쁜 일을 하는 게 전혀 수고롭지 않은 데다가 임금도 똑같이 받는다면 옳은 일을 하라고 배워봤자 무슨 소용이겠는가?

(마크 트웨인,《허클베리 핀의 모험》)

마흔다섯 살의 수전은 100여 명이 일하는 콜센터에서 관리자로 승진했다. 수전은 2년 전 입사해서 지금은 팀원들의 인센티브를 설정하는 업무를 맡고 있다. 팀원 잭은 스물아홉 살이고 여자 친구와 함께 살고 있으며 지역 법과전문대학원에 다닌다. 잭은 성공하는 변호사가 되고 싶다는 꿈을 꾸면서 생계

수단으로 콜센터에서 일한다.

요즈음 수전은 콜센터에 적합한 성과 측정 도구를 찾지 못한 탓에 노력에 따른 보상 수준을 결정하지 못하고 의기소침해 있다. 잭의 노력 정도를 온전히 측정할 수는 없지만 인센티브 구조를 바꿔서 잭에게 더욱 열심히 일하도록 동기를 부여하고 싶다.

처음에는 많은 고용주가 선택하는 극단적인 방법인 고정 임금제를 실시하는 방안을 고려했다. 이 선택지를 사용하면 잭은 출근해서 전화에 응답만 하면 급여를 받는다. 하지만 근무 시간이 잭의 노력을 충분히 대변할까?

고정급을 받으면 잭은 매일 적당히 게으름을 피우면서 느긋하게 전화에 응답하고, 사이사이에 수시로 커피를 마시고 페이스북을 하면서 여덟 시간을 때울 수 있다. 근무 시간이 노력을 가늠하는 좋은 측정 기준이 아니라면 수전은 어떤 기준을 사용해야 할까? 잭이 처리한 통화의 수일까? 잭이 도운 고객의 수일까? 잭이 마시는 커피의 양일까?

수전이 많은 고용주와 마찬가지로 근무 시간이 아니라 전화 통화 수를 측정 기준으로 삼는다고 해보자. 통화 수가 잭의 노력과 비례하고 측정하기 쉽다면 잭이 틈틈이 페이스북을 하든 말든 수전은 신경 쓸 필요가 없다. 잭이 돈을 더 많이 벌고 싶다면 전화 통화를 더 많이 할 테니까.

이 논리는 간단하게 들린다. 그렇지 않은가? 수전이 신경 쓰는 유일한 지표가 통화 수라면 문제는 간단하다. 그렇다면 수전이 잭에게 보내고 싶은 메시지는 '가급적 통화를 많이 하라.'일까? 만약 통화 품질에도 신경을 쓴다면 실망할 수 있다.

잭이 처리하는 통화는 어떤 유형일까? 쉽게 빨리 처리할 수 있는 통화가 있는 반면에 시간이 걸리고 처리하기 힘든 통화도 있다. 통화 횟수를 기준으로 임금을 받는다고 했을 때, 잭은 지나치게 복잡하고 시간이 걸리겠다고 예측되는 전화는 '우연히' 끊어도 괜찮다는 신호를 받는다. 이런 행위는 고객이나 센터에 이롭지 않을 것이다. 또 되도록 빨리 통화를 끝내려고 할 것이므로 전화한 고객에게 예의를 차리거나 인내심을 발휘하지는 못할 것이다.

따라서 4장에서는 질 같은 다른 차원들에 관심을 기울일 때, 단순히 양을 기준으로 인센티브를 부여하는 행위가 어떻게 문제를 일으키는지 설명하려고 한다.

수전과 잭의 경우에서 알 수 있듯, 업무의 질을 평가하는 것보다 완수한 과제나 조립한 제품의 수를 측정하는 것이 쉽다. 이때는 많은 기업이 그렇듯 양을 기준으로 직원에게 인센티브를 부여하고 싶은 유혹을 느낀다. 하지만 이런 측정 기준은 질에 진심으로 관심을 기울이는 기업(예: 긍정적인 고객 리뷰가 자사 성공에 필수적인 기업)에 문제를 일으킨다. 잘못된 신호를 보내기 때문이다.

기업은 얼마든지 질의 중요성을 거듭해서 강조할 수 있지만, 오직 양을 기준으로 보상하는 인센티브를 설정하면 결국 정반대 신호를 보내게 된다.

악용되는 인센티브

민간 기업과 마찬가지로 정부도 엇갈린 신호를 보내는 실수를 한다. 19세기 중반에 미국 정부는 최초의 대륙 횡단 철도를 건설하기 시작했다. 건설 담당 부서는 유니언퍼시픽철도에 이 엄청난 프로젝트를 맡기면서 최대한 효율적으로 철도를 건설하라고 지시했다. 그러면서 양을 기준으로 인센티브를 설계해서 건설된 철로의 길이에 비례해서 비용을 지급하기로 했다.

1860년대 들어 열정적인 토머스 듀랜트가 사업에 뛰어들었다. 의사 출신 듀랜트는 사업을 시작하면서 유니언퍼시픽 주식을 200만 달러 넘게 사들이고 사장을 지명하면서 기업 지배권을 장악했다. 그는 철로 건설에 투입할 독립 도급업체로 크레디트모빌리에오브아메리카를 '고용'했다. 하지만 크레디트모빌리에는 이름뿐인 회사였고, 실소유자는 유니언퍼시픽 투자자들이었다.

듀랜트는 정부를 속여서 건설비를 부풀리는 방식으로 수천만 달러를 빼돌릴 목적으로 크레디트모빌리에를 전면에 내세웠던 것이다. 비용을 부풀리는 방법의 하나는 불필요한 철로를 추가하는 것이었다. 철로를 더 많이 건설할수록 기업은 돈을 더 벌 수 있었기 때문이다.[1]

이것은 애당초 철로 길이를 기준으로 인센티브를 부여하기로 했을 때 정부가 의도한 결과는 분명 아니었다. 양에 인센티브를 부여하는 방식 자체는 문제가 될 것이 없지만, 건설된 철로 길이는 질의 대용일 뿐 효율적인 공사의 척도가 아니다. 공사 기간을 지정하더라도 질이 무시되는 상황을 낳을 수 있으므로, 질의 통제와 시간적 구성요소(예: 철로 길이는 서류상으로 쉽게 부풀릴 수 있으므로 이를 기준으로 비용을 지급하지 않고 철로를 제시간에 완성하는 조건으로 고정 비용을 지불한다)를 결합했다면 더 나은 인센티브를 설계할 수 있었을 것이다.

인센티브를 잘못 설계해서 질을 희생하고 양을 늘린 결과는 돌이킬 수 없었다. 화석 복구를 예로 들어보자. 19세기 중국 고생물학자들은 발굴지에서 화석을 찾기 위해 지역 농부들을 모집하고, 발굴한 화석 **조각**의 수를 기준으로 보상하는 방식으로 농부들에게 인센티브를 제공하기로 했다.

고생물학자들은 양을 기준으로 보상하면서 정확하게 양을

얻었다. 약아빠진 농부들이 화석을 발견하고는 이를 여러 조각으로 부쉈던 것이다. 이렇게 하면 수입은 상당히 늘릴 수 있지만 화석의 과학적 가치는 당연히 떨어졌다. 인센티브가 단순하면 좋지만, 고생물학자들이 제공한 인센티브는 지나치게 단순했다. 이 경우에는 인센티브에 다른 차원, 즉 화석의 크기를 추가했다면 이익을 얻었을 것이다.

단순한 인센티브를 다른 인센티브로 바꾸지 않고 차원을 추가하는 까닭은 무엇일까? 소비에트 연방은 이 질문에 대한 대답을 어렵게 배웠다.

소비에트 연방에서 국영 유리 공장들은 유리의 무게를 기준으로 관리자와 직원에게 임금을 지급했다. 노동자들은 거의 불투명해질 정도로 극히 무거운 유리를 생산했다. 공장장들은 이러한 현상을 감지했지만 인센티브에 차원을 추가하지 않고, 그냥 무게 기반 인센티브를 크기 기반 인센티브로 바꿨다. 즉 생산된 유리의 제곱미터를 기준으로 임금 지급 방식을 전환했다.

이 새 인센티브는 무거운 유리 문제는 해결했지만 다른 문제를 낳았다. 생산된 유리가 지나치게 얇아지면서 운반하거나 설치하는 과정에서 많이 깨졌던 것이다.[2]

문을 닫기도 전에 버스가 서둘러 출발하는 이유

이 모든 이야기를 살펴보면 결과물의 차원을 한 단계 높이도록 사람들을 밀어붙이는 경우, 의도하지 않게 다른 차원들에 영향을 미치는 것을 알 수 있다. 따라서 자신이 장려하고 싶은 대상에 인센티브를 부여하고 있는지 확인해야 하고, 이러한 효과를 이해하는 것이 인센티브를 제대로 사용하는 열쇠다. 시카고대학교의 경제학자 오스탄 굴스비는 잡지 〈슬레이트〉에 기고한 글에서 이 점을 지적했다.[3]

굴스비는 통근할 때 험난한 고속도로 교통 체증을 피하려고 노력한다. 다른 경로를 모두 알아두었다가 고속도로가 막히면 방향을 틀어서 통근 시간을 절약하는 법을 익혔다. 세계 어느 곳이든 운전자들은 이러한 상황이 남의 일 같지 않다며 공감할 것이다.

단, 버스 운전사들은 예외다. 버스 운전사들은 교통 체증이 저절로 해소되기를 기다릴 뿐 더 빠른 경로를 찾지 않는다. 고속도로에는 정류장이 없기 때문에 더 빠른 경로로 이동하더라도 정류장에 서야 한다는 제약을 지키지 않아도 되는데도 그렇게 한다. 고속도로의 교통 체증으로 지연이 발생하기 때문에 버스는 대체 교통수단보다 매력이 한참 떨어진다.

그런데도 버스 운전사들은 어째서 지름길을 이용하지 않을까? 더 빠른 경로를 찾기 어렵기 때문일까? 그렇지는 않을 것이다. 설사 길을 모르더라도 현재 교통 상황을 고려해 가장 빠른 경로를 알려주는 GPS 기반 앱을 사용하면 되니까.

질문을 좀 더 적절한 표현으로 바꿔보자. 버스 운전사들이 **인센티브를 받지 못하는데** 어째서 최단 경로를 찾아 이동하려고 노력하겠는가? 버스 운전사들은 근무 시간당 임금을 받는다. 정해진 운행 경로를 일단 돌고 나면 다시 종점으로 돌아가 교대 근무를 마칠 때까지 계속 운전한다. 인센티브의 조직 방식 때문에 버스 운전사들은 지름길을 선택하고 더 많은 승객에게 서비스를 제공할 동기를 느끼지 않는다.

2015년에 실행한 연구에서 라이언 존슨, 데이비드 라일리, 후안 카를로스 무노즈는 칠레의 버스 운전사들이 인센티브를 민감하게 인식하고 인센티브의 구조 변화에 신속하게 반응한다고 밝혔다.[4]

그들은 미국 버스 운전사들과 마찬가지로 시급을 받기 때문에, 가장 빠른 경로를 찾고 승객 수를 늘리려는 동기가 없다. 오히려 '시간을 끌고' 뭉그적거려도 괜찮다는 신호를 받는다. 하지만 근무하는 동안 운송한 승객 수를 기준으로 임금을 받도록 인센티브 구조를 바꾸자 운전사들은 경영진이 무엇에 신경을 쓰는지 신호를 받고 자신의 행동을 극적으로 바꿨다. 이렇게 바뀐 인센티브 구조는 시간이 지연되지 않게끔 운전사에게 동기를 부여한다. 그래서 운전하면서 더 빠른 길을 찾고, 휴식 시간을 줄이고 운전 시간을 늘린다.

텔아비브에서도 칠레와 비슷한 현상이 나타나지만, 단순히 승객 수를 기준으로 인센티브를 제공할 때 발생하는 문제가 더욱 뚜렷이 드러난다. 번화한 노선 가운데 일부 노선에서 미니 버스와 일반 버스가 경쟁하는데, 미니 버스는 개인 운전자가 운행하면서 버스 요금을 자기 주머니에 챙겨 넣는 반면에 일반 버스는 시급을 받는 운전사들이 운행한다.

나는 텔아비브에 가면 미니 버스를 즐겨 타는데, 현장에서 일어나는 전략적인 행동을 관찰할 수 있기 때문이다. 미니 버스 운전사들은 친구들과 무전으로 연락하면서 쉴 새 없이 전략을 짜고, 어느 지역에 잠재 승객이 더 많은지를 파악해 이동할 장소를 계획한다. 버스 시간표도 추적해서 버스보다 항상 몇 초 앞서 도착하기 때문에 버스 정류장에서 기다리고 있는 승객을 태울 수 있다.

다음 그림이 전달하는 이야기를 살펴보자. 대개 미니 버스 운전사들은 전략적으로 움직이므로 서비스를 더 신속하게 제공한다. 하지만 더욱 빠른 것은 물론이고 훨씬 공격적으로 운전하기 때문에 많은 승객이 승차감이 떨어진다고 느낀다. 미니 버스 운전사들은 승객이 승차해서 좌석에 앉기도 전에, 심지어는 차 문이 완전히 닫히기도 전에 출발한다. 그러니 일단 미니

누가 시간당 임금을 받고, 누가 승객당 임금을 받을까? 승객이 재촉당하면서 승차하는 지, 서두르지 않고 천천히 승차하는지는 운전사에게 어떤 인센티브를 주느냐에 따라 다르다.

버스에 탄 승객들은 서둘러 좌석에 앉아야 한다.

같은 맥락에서 칠레에서 수행한 연구에 따르면, 버스 운전사들이 빨리 운전하고 승객 수를 늘리라고 인센티브를 제공받는 경우에는 사고 횟수가 늘어나고 승객이 느끼는 승차감은 떨어진다고 한다.

운전사에게 돈을 지불하는 방법을 선택할 때 기업은 다음 중 무엇이 더 중요한지 생각해야 한다. 효율성일까, 아니면 안전과 승차감일까? 상대적인 중요성을 결정하고 나면, 자사의 목표와 운전사의 목표가 일치하고 엇갈린 신호를 보내지 않는 인센티브를 선택할 수 있다. 또는 동시에 질도 추구할 수 있는 창의적인 해결책을 찾을 수 있다. 승차 공유에 관한 대규모 실험에서 방법을 찾아보자.

운전자에게 평점을 매길 때

먼저, 친절한 동네 택시 회사를 들여다보자. 샘은 이 택시 회사에서 운전하고 시급을 받는다. 이렇게 고정 임금을 받는 샘에게는 승객을 태울 수 있는 최적의 장소가 어디인지 전략적으로 생각할 강력한 동기가 없고, 그 이유를 쉽게 짐작할 수 있다. 또 샘은 택시를 몰고 다니면서 승객을 찾지 않고 오랫동안 점심을 먹는다. 게으름을 피운다는 사실이 밝혀지지 않는 한 샘은 얼마나 오래 일했든, 얼마나 열심히 일했든 상관없이 같은 액수의 임금을 받는다.

우버를 운전하는 케이트를 샘과 비교해보자. 케이트와 동료 우버 운전자들의 입장은 샘과 정반대다. 우버 운전자들은 승차 당 임금을 받고, 수입에서 일정 비율의 수수료를 떼어 우버 플랫폼에 지급한다. 따라서 케이트의 수입은 운전하는 양에 좌우

된다. 운전을 많이 할수록 돈을 더 많이 버는 것이다. 케이트와 동료 우버 운전자들은 텔아비브의 미니 버스 운전사들과 비슷하게 속도와 거리를 고려해 승차를 최적화하려는 동기가 더욱 강하므로, 택시 회사에서 일하는 샘과 동료 택시 운전사보다 더 열심히 일할 것이다.

케이트는 직업이 갖는 서비스 측면을 무시하고 더 많은 승객을 유치하느라 전력을 기울이겠다고 선택할 수 있다. 따라서 승차 공유 기업들은 이런 위험성을 이해하고 해결책을 찾았다. 즉 인센티브에 차원을 하나 더 추가해서 **승객에게 운전자의 평점을 매기게 하는 것**이다.

승객은 별 하나에서 다섯 개 범위에서 운전자에게 평점을 매길 수 있다. 승객이 우버 승차를 예약할 때 과거의 승객들이 운전자에게 매긴 누적 평점이 화면에 뜬다. 이때 평점이 낮으면 승객은 다른 운전자를 예약할 수 있다. 게다가 승객이 우버 운전자에게 낮은 평점을 줄 때는 안전, 청결, 예의 등 그 이유를 표시하게 되어 있다.

평점에 따른 이해관계는 크다. 우버의 알고리즘이 평점을 추적하고, 특정 기준을 충족하지 못한 운전자는 더는 우버에서 운전할 수 없다.

이 평점 시스템은 좋은 서비스를 제공하도록 운전자에게 동기를 부여하기 위한 단순한 해결책이었다. 이렇게 하면 사용자 경험과 고객 서비스에 초점을 맞출 수 있기 때문이다. 평점 시스템은 비용이 저렴하고 효과가 있지만, 승차당 인센티브를 대체한 것은 아니라는 점을 주목하자. 승차 공유 기업들은 원래의 인센티브 구조에 평점 시스템을 **추가함으로써** 효율적으로 운전하면서도 좋은 서비스를 제공하도록 운전자에게 동기를 부여하는 방법을 찾았다.

전통적인 택시 운전사들에게는 이런 시스템이 없다. 고정 임금을 받는 운전사는 제쳐두고, 독립적으로 일하거나 총수입에서 일부를 받는 운전사들까지도 승차감과 안전을 희생하면서 속도를 높여서 승차 횟수를 최대화하도록 동기를 부여받는다. 승객이 공식적으로 항의하지 않는 한 운전사에게는 좋은 서비스를 제공할 외재적 동기가 없다.

샘과 마찬가지로 전통적인 택시 운전사들은 어차피 회사에 고용되어 일하므로 자신들이 제공한 서비스에 대해 어느 정도 보상을 받고, 회사의 명성도 손상하지 않으리라고 생각할 것이다. 이는 어림도 없는 소리다. 니콜 탬은 〈하와이비즈니스매거진〉에 자신의 승차 경험을 써서 승객의 입장을 대변했다.

나와 친구는 주차장에서 승객을 기다리던 택시를 잡았다. 승차 시간은 짧았지만 내내 덥고 불쾌했다. 운전자의 태도는 험악했고, 7인승 승합차는 낡았고 곰팡내가 났으며, 지저분할 뿐 아니라 휴지와 비닐봉지가 여기저기 널려 있었다. 나는 휴대전화를 꺼내 앱으로 접속해 운전자에게 형편없는 평점을 매기는 것으로 불쾌한 감정을 분출하고 싶었지만, 불평할 수 있는 유일한 방법은 택시 면허 번호를 적어놨다가 택시 회사에 전화해 구두로 불만을 토로하는 것이었다.

하지만 우버와 리프트를 이용할 때는 운전자들이 대부분 정중하고 실내도 지저분한 경우가 거의 없다. 또한 하차 직후에 앱에 들어가 평점을 올릴 수 있다.[5]

하지만 이제는 상황이 달라졌다. 승차 공유 앱이 생기면서 치열한 경쟁에 휘말린 택시 회사들이 고객 서비스에 주목하기 시작했다. 10억 회 이상의 승차에서 수집한 자료를 분석해 〈애틀랜틱〉에 발표한 보고서에 따르면 승차 공유 회사들이 시장에 진출한 이후로 뉴욕과 시카고의 택시리무진위원회에 제기된 고객 불만 건수가 꾸준히 감소했다.[6] 왜 그랬을까?

자료를 통해 불만 감소 원인을 추적해보면 택시 운전사들이 새로운 경쟁 압박을 받으면서 승차 품질을 개선하기 위해 노력하기 시작했기 때문이다. 일부 도시에서는 택시 회사들이 승차 공유 앱에 맞서기 위해 자체적으로 평점 앱을 출시하고 있다.

환자보다 의사에게 더 좋은 치료

이 책을 쓸 때 연구 조교였던 윌은 최근 구매한 전기 스케이트보드를 타고 시내를 누비고 다녔다. 윌은 종종 시속 30킬로미터까지 짜릿하게 내달리면서 속도와 아드레날린을 즐긴다. 몇 주 동안 한계를 넘나들며 속도를 즐기다가 결국 장애물에 부딪혀 무릎을 다치면서 무모한 행동에 대한 대가를 치렀다.

윌은 치료받으려고 응급실을 찾았다. 의사는 즉시 여러 건의 정밀 검사를 처방했다. 검사 결과를 확인한 의사는 윌에게 2주 뒤에 다시 검사받으러 내원하라고 말하면서, 작은 수술을 받아야 할 수 있다고까지 언급했다. 또 수면제와 진통제도 다량 처방했는데, 몇 주 동안 녹초가 되기에 충분한 용량이었다. 윌은 처방받은 약을 4분의 1 정도만 복용했을 뿐인데 다친 무릎은 열흘 정도 휴식하고 나서 완전히 나았다.

윌과 비슷한 경험을 한 사람들을 주위에서 흔히 볼 수 있다. 2015년에 응급실 의사 435명에게 자신들이 처방하는 검사에 대해 질문하자, 검사 결과가 치료법을 결정하는 데 도움이 되지 않으리라는 사실을 알면서도 검사를 지나치게 많이 한다고 시인한 의사가 83퍼센트를 넘어섰다.[7]

어째서 의사들은 불필요한 검사와 치료를 과잉 처방할까? 의료 서비스 제공자는 서비스별 수가제FFS: Fee-For-Service에 따라, 결과가 아니라 제공하는 서비스를 기준으로 돈을 지급받기 때문이다. 환자가 검사와 수술을 많이 받을수록 의료 서비스 제공자는 돈을 더 많이 받는다. 이러한 시스템 아래에서 의사들은 설사 실질적으로 도움이 되지 않더라도 치료와 서비스를 과도하게 처방하는 방향으로 동기를 부여받는다.

메디케어가 도입된 1960년대 중반에 시작한 FFS는 미국에서 여전히 지배적인 의료 서비스 지급 방식으로 쓰이면서 1차 진료 총수입의 90퍼센트 이상을 차지한다.[8] 의사가 윌 같은 환자에게 "문제가 있는지 알아보기 위해 심전도를 찍어볼까요?"라고 말하기는 쉽다.

FFS하에서 의료 서비스 제공자와 병원은 환자가 검사받을 때마다 돈을 번다. 그것도 많이 번다. 미국 국립의학원은 불필요한 절차로 미국 의료 서비스 산업이 매년 7,650억 달러를 낭비한다고 추정한다. 연간 의료 서비스 총지출의 약 4분의 1에 해당하는 금액이다.[9]

FFS가 과잉 치료를 유발하는 유일한 원인은 아니지만 낭비를 부채질하는 것은 사실이다. FFS는 종종 의사들을 부추겨서 간단한 해결책을 무시하고, 의사가 직접적으로 보상받을 수 있는 더욱 복잡하고 값비싼 치료를 선택하게 만든다.

이런 인센티브 구조는 미국의 일인당 의료 서비스 지출액이 다른 부유한 국가보다 평균적으로 거의 두 배가 많은 원인의 하나다. 게다가 천문학적 금액을 지출하는데도 결과는 더 나쁘다.[10] 이런 인센티브 구조에는 양은 고려되지만 질은 고려되지 않는다.

과잉 치료를 부추기는 인센티브와 FFS가 존속하는 원인은 무엇일까? 그중 한 가지는 일반적으로 보험사가 비용의 대부분을 지급하기 때문이다. 내 딸이 최근에 수술을 받았는데 그 비용이 6만4천 달러였다. 다행히 내가 근무하는 대학교의 건강보험으로 대부분을 지급했고, 나는 본인 부담금 250달러만 지불하면 되었다. 본인 부담금을 제외한 비용은 내 건강보험사에 가입한 모든 회원에게 분산된다.

딸이 병원 일인실에서 치료를 받아서 상당히 좋기는 했지만, 우리 가족이 부담해야 하는 병원비가 더 많았고 수천 달러를 절약할 수 있었다면 당연히 다인실을 선택했을 것이다. 우리에게는 건강보험이 있어서 다행이었지만 파산을 신청한 미국인의 3분의 2는 재정적으로 몰락한 주요 원인으로 의료 문제를 꼽는다.[11]

의료비를 본인이 고스란히 지급해야 하는 환자들은 거액의 구매를 결정하는 사람들과 마찬가지로 여러 선택지를 알아보려고 애썼을 수 있지만 기존 의료 시스템이 이러한 자유를 허용하지 않는 경우가 많다. 예를 들어 집을 수리하고 싶다면 몇몇 업자에게 견적을 받아서 비용 대비 효과가 가장 큰 업자를 선택할 것이다. 하지만 다른 사람, 예를 들어 보험사가 수리비를 지급한다면 소비자는 아마도 다른 선택지를 알아보려는 노력을 적게 할 것이다. 이와 비슷하게 보험사가 치료비를 지급한다면 환자는 비용과 상관없이 가능한 한 최고의 치료를 받고 싶어 한다. 치료를 많이 받는 것이 더 좋다고 느낄 수 있지만 반드시 그런 것은 아니다.

제인과 애슐리를 생각해보자. 둘 다 출산 예정일이 임박한 건강한 임신부다.

제인은 지역 병원에 가서 의사와 최적의 분만 방법을 의논한다. 의사는 자연 분만을 해도 아기가 안전할지 판단하기 위해, 특히 태아 심장 추적 검사를 해서 위험을 분석해야 한다고 제인에게 말한다. 위험 분석 및 심장 추적 검사 후 의사는 비정상 소견이 있다면서 제왕절개 분만을 강력하게 권고한다.

애슐리가 다른 병원에서 상담할 때도 의사는 자연 분만을 해도 아기가 안전할지 판단하기 위해 태아 심장 추적 검사를 해볼 것을 권한다. 분석한 후에 나온 결과는 제인과 마찬가지로 비정상 소견을 보인다. 하지만 애슐리의 의사는 다른 결론을 내려서, 임신부에게 상황을 설명하고 태아 심박수를 추가로 추적하면서 자연 분만을 시도해보자고 말한다.

제왕절개는 분만 시 부상 위험을 낮출 수 있으며, 산모에게 전치태반이나 제대탈출증처럼 생명을 위협하는 위험 요소가 있는 경우에는 바람직한 방법일 수 있지만 대부분 선호되는 방식은 자연 분만이다.[12] 제왕절개 분만은 평균적으로 산모 사망률이 더 높고, 출혈량이 더 많고, 감염 가능성이 더 크다. 또 이후 분만할 때 더 많은 문제를 일으킬 수 있고, 회복 기간이 더 길다.[13]

그렇다면 어째서 제인의 의사는 제왕절개 수술을 받으라고 권했을까? 알고 보니 애슐리의 의사는 제왕절개 수술을 하더라도 재정적 보상을 추가로 받지 않지만, 제인의 의사는 제왕절개 수술을 할 때마다 상당한 액수를 보상받는다. 그렇다고 해서 의사가 환자의 건강에 신경을 쓰지 않는다는 뜻은 아니다.

책의 후반부에서 설명하겠지만 의사는 환자에게 가장 이로운 방향으로 행동한다고 믿도록 자신을 속인다. 계산을 해보면 제왕절개 수술을 할 때 인센티브를 받는 의사들은 건당 몇 백 달러씩 더 번다. 또 제왕절개 수술 건당 수천 달러를 더 버는 병원 입장에서도 제왕절개 수술을 권하는 것이 경제적으로 이익이다.[14] 이러한 구조 아래서는 의사 개인이 받는 인센티브 외에도 병원이 의사들에게 제왕절개 수술을 하라고 권고하는 하향식 압력도 존재한다.

자연 분만과 비교하면 제왕절개 분만에 들어가는 기본 의료 비용은 비슷하지만 보상은 훨씬 큰 경향이 있다. 연구 결과를 보더라도 상환 수수료의 차이는 제왕절개 분만에 상당히 긍정적인 영향을 미친다.[15] 달리 표현하면 제왕절개 분만과 자연 분만에 따른 상환 수수료의 차이가 클수록 의사가 제왕절개 수술을 시행할 가능성이 크다.

이렇듯 인센티브의 관점을 설명하기 위해 의사들의 의사결정 과정을 단순화해서 게임 트리에 표시했다. 이것은 환자에게 돌아가는 비용과 이익을 무시하는 극단적인 입장을 나타낸다. 제인과 애슐리의 의사가 같은 비정상 소견을 접하고도 완전히 다른 결정을 내린 것도 이 때문이다. 정상 범위를 벗어나는 요인을 발견한 경우에 제인의 의사는 좀 더 수익이 큰 제왕절개 분만을 권고하는 결정을 쉽게 정당화할 수 있지만, 어떤 선택지를 따르더라도 추가 금전적 이익이 없는 애슐리의 의사가 자연 분만을 포기하려면 더 많은 증거가 필요하다.

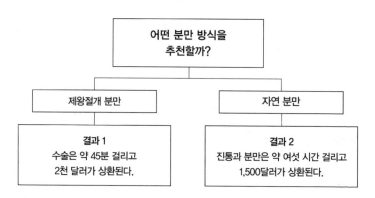

인센티브를 받는 의사의 분만 추천 방법. '결과 1'은 시간이 덜 걸리고 금전적 이익은 더 크다. → '결과 1'을 선택한다.

제인과 애슐리의 사례를 사용한 시나리오는 실제 자료를 기반으로 한다. 오늘날 제왕절개 분만으로 태어나는 아기는 세 명 중 약 한 명꼴로, 1990년대 다섯 명 중 약 한 명에서 크게 늘어났다.[16] 의사들이 산모에게 제왕절개 수술을 시행하는 행위가 올바른 정보를 근거로 객관적인 결정을 내린 결과라면 전혀 문제가 되지 않지만, 많은 의사가 내리는 결정은 인센티브와 제도적 압박에 영향을 받는다.

의사들이 내리는 결정은 금전적 인센티브 말고 환자의 지식에도 영향을 받는다. 제인은 교육을 받았지만 분만에 대한 지식은 거의 없거나 전혀 없다고 치자. 반면에 애슐리는 독립적인 판단을 내리는 데 필요한 의학 지식을 갖춘 의사라고 치자. 의사들은 의사 산모를 일반 산모와 다르게 대할까? 최근 연구에서 정확하게 이런 비교를 했고 대답은 '그렇다'였다. 의사 산모가 불필요한 제왕절개 수술을 받을 확률은 낮고, 일반 산모보다 제왕절개 수술을 받는 비율도 7.5퍼센트 낮다.[17]

환자의 의학 지식과 금전적 인센티브의 상호작용은 흥미롭다. 제왕절개 수술로 보상받는 병원에서는 제인처럼 의사가 아닌 일반 산모의 제왕절개 분만 비율이 더 높다. 그렇다면 의사 산모는 어떨까?

대부분 의사는 산모에게 제왕절개 수술을 권고해서 금전적 이익을 얻을 수 있지만, 관련 지식을 갖춘 환자에게 불필요한 권고를 하면 환자의 만족도를 떨어뜨릴 수 있다. 이런 맥락에서 애슐리 같은 의사 산모는 의사에게 돌아가는 보상에 영향을 받지 않고 스스로 분만 방식을 선택하는 것으로 보인다. 그러므로 인센티브를 받는 의사의 경우 관련 지식이 부족한 산모에게는 집중적인 치료 방법을 마음 편하게 추천하지만, 의사 산모에게는 이를 자제한다. 따라서 환자의 지식은 효과적인 중화제로 작용한다.

환자가 지닌 지식에 따라 치료 방식이 달라지면서 다른 중대한 결과를 낳기도 한다. 제인 같은 일반 산모와 신생아와 비교할 때, 애슐리 같은 의사 산모와 신생아는 병원 자원을 더 적게 사용하면서도 사망률은 더 낮다. 애슐리의 경우에 병원비는 더 적고, 회복 기간은 더 짧으며, 흡입 분만(태아의 머리에 컵을 흡착하고 견인해 태아를 만출하는 방법) 가능성은 더 적다.

의사들이 모든 환자를 의학 정보에 정통한 의사 환자로 생각하고 대한다면 제왕절개 수술 비율을 줄이고 병원비를 20억 달러 절감할 수 있다. 하지만 산모 대부분이 의사만큼 의학 정보에 정통하지 않으므로 여전히 과잉 진료를 받을 가능성에 노출되어 있다.

FFS가 유발하는 또 하나의 중요한 문제는 의료 서비스 제공자들이 질병이나 부상을 예방하는 데 투자하도록 동기를 부여받지 못한다는 것이다. 예방에 투자해야 투자 수익률을 훨씬 높일 수 있다는 것은 누구나 알고 있다. 벤 프랭클린이 말했듯 "1온스의 예방은 1파운드의 치료만큼 가치가 있다." 좀 더 최근에 버락 오바마는 "예방과 공중 보건에 대한 투자가 너무 적다."라고 주장했다.[18]

예방 가능한 원인으로 사망한 사람은 연간 90만 명으로, 미국 연간 총사망자의 거의 40퍼센트를 차지하는 것으로 추정된다.[19] 하지만 의사나 병원에 투입되는 돈 중에서 사람들의 건강을 유지할 목적으로 투입되는 돈은 거의 없고, 주로 사람들이 아플 때 치료하는 용도로 많은 돈이 들어간다!

비비언 리는 최근 출간한 저서 《장기적 해결책: 모두에게 효과적인 전략을 사용해서 미국 의료 서비스의 위기를 해결하자 The Long Fix: Solving America's Health Care Crisis with Strategies That Work for Everyone》에서 이런 역학의 몇 가지 예를 제시한다.

이 책은 샹커 베탄텀의 팟캐스트 '히든브레인'에서 소개한 일화를 인용했다.[20] 해당 팟캐스트는 과잉 진단과 치료로 발생하는 의학적 실수의 주요 원인이 FFS라고 강조한다. FFS는 치료의 양을 늘리는 데 초점을 맞추기 때문에 치료의 질을 떨어뜨리는 것이 분명하다.

저자는 두통을 앓는 환자를 예로 든다. 의사는 환자가 이따금 앓는 두통이 언젠가 저절로 사라지리라고 99.9퍼센트 확신한다. 뇌종양일 가능성은 매우 희박하지만 두통은 엄연히 존재한다. 유럽이라면 이런 환자들에게 아마도 간단한 약물 치료를 시도하면서 경과를 계속 지켜볼 것이다. 하지만 미국에서는 의사가 소송에 말려들까 봐 겁을 내는 동시에 가족이 불안해할 수 있으므로 뇌 MRI를 처방할 것이다. 그러면 병원과 의사는 2천 달러를 벌고, 모든 사람이 만족한다. 하지만 이런 검사에는 비용이 발생한다. 또 모호한 소견이 나오는 경우에 환자는 불필요한 절차를 또 밟아야 할 수 있다.

의료 분야 전반에 걸쳐서 이해 상충과 불균형한 재정적 보상을 어떻게 줄일 수 있을까? 서로 다른 인센티브를 제공하는 대안적 지급 모델이 몇 가지 있다. 예를 들어 '균일 할당 모델 capitation model'은 치료 중인 전체 환자 수를 기준으로 의사에게 돈을 지급한다. 이 시스템에서는 담당 환자들의 건강을 유지하기 위해 의료 서비스 제공자들에게 인센티브를 제공한다.[21]

일부 보험사가 이 시스템을 이해하고 채택했다. 내가 함께 일했던 세계 최대 보험사의 하나인 휴마나는 메디케어 회원 일인당 고정 보험료를 받았다. 회원이 건강을 유지하는 동안에는 회원들이 납부하는 보험료로 돈을 벌었다. 그래서 휴마나는 매년 독감 예방 접종을 포함해서 예방 차원의 의료 서비스를 받도록 회원들에게 인센티브를 제공하려고 노력한다.

다른 예방관리의 예로 병원 재입원을 막는 노력을 들 수 있다. 퇴원한 환자가 한 달 안에 재입원할 때는 매우 비싼 비용을 치러야 한다. 우리가 연구를 통해 도출한 결과에 따르면, 간호사를 환자의 집으로 파견해 환자가 잘 지내고 있는지, 처방한 약을 제때 먹고 있는지를 확인하는 등 간단하고 비용 효과적인 치료를 제공하면 재입원 사태를 많이 방지할 수 있다. 그러나, 이 지급 모델을 실시하는 경우에 자원은 절약할 수 있지만, 질과 양 사이에 상충 관계가 발생한다. 의사는 전체 환자 수를 최대로 늘리기 위해, 각 환자를 최선을 다해 치료하기보다는 최대한 짧게 치료하는 방향으로 동기를 부여받는다.

한 가지 대안은 의사들에게 추가 인센티브 없이 월급을 주는 것이다. 이러한 모델을 적용하면 과잉 치료나 과소 치료를 선호하는 의사들의 편향된 경향은 줄어들지만, 의사들을 더욱 열심히 진료하게 만드는 금전적 동기는 부족해진다. 이것은 시급을 받는 택시 운전사들의 경우와 비슷하다. 이러한 시스템으로 보수를 받는 의사는 단순히 시간을 보내며 일한다.

다른 인센티브 모델로 성과별 지급P4P: Pay-For-Performance이 있다. 이 모델에서 의사는 지표 중심 결과, 양질의 의료, 환자의 만족도를 기준으로 보수를 받는다. 이 모델은 다른 모델들보다 복잡하지만 자료를 분석해보면, 질과 양의 상충을 막을 수 있고, 중요한 가치 기반 기준에 따라 의사에게 보수를 지급하도록 동기를 부여함으로써 환자의 만족도를 전반적으로 향상한다.[22]

앞에서 언급한 분만 사례에서, 이제 의사들은 가장 편리하고 수익성이 높은 분만 방법을 선택하지 않고, 지표 중심 결과와 환자의 만족도를 최대화하기 위해 각 산모에게 맞추어 분만 방법을 결정하도록 동기를 부여받는다.

현재 미국 의료 산업은 의료 서비스 제공자들을 P4P 프로그램 쪽으로 유도하면서 가치 기반 의료로 점차 이동하고 있다. 병원 대부분이 여전히 FFS 모델을 적용하고 있지만, P4P 프로그램을 가동하면서 예전에는 보상받지 못한 요소에 관심을 기울이는 병원이 늘어나고 있다.

이런 현상에서 배우는 교훈은 명쾌하다. 인센티브는 인간의 생사 결정에 영향을 미칠 수 있다. 승차 공유 앱이 평점 시스템을 추가하거나 병원이 결과 지표를 추가하는 것처럼 인센티브에 다른 차원을 추가함으로써 잠재적인 품질 손실을 늘 통제해야 한다. 그렇게 하면 양에 신경을 쓰면서도 질 역시 중요하게 생각한다는 신호를 보낼 수 있으므로 엇갈린 신호에서 발생하는 문제를 바로잡을 수 있다.

한 경제학 교수가 이 점을 훌륭하게 집약한 이야기를 내게 들려주었다. 교수는 자녀들의 행동을 바로잡기 위해 인센티브를 사용했다고 했다. 딸에게 배변 훈련을 하면서 딸이 변기를 사용할 때마다 젤리빈을 주었다. 몇 년 뒤 교수는 둘째에게 배변 훈련을 하기 시작했고, 변기를 사용하도록 남동생을 도와줄 때마다 딸에게 간식을 주었다. 그러자 딸은 자기에게 이로운 방향으로 인센티브 제도를 이용했다. 어떻게 했을까? 딸의 말을 빌려보자.

"가만히 보니까 물이 많이 들어갈수록 많이 나왔어요. 그래서 동생에게 물을 계속 먹였죠."[23]

요점

양을 기준으로 보상하더라도 질을 양보해서는 안 된다.

5

아무도 모험하지 않는다

혁신을 장려하면서 실패를 처벌할 때

실수를 절대 하지 않았다는 말은 새로운 일을 결코 시도하지 않았다는 뜻이다.(알베르트 아인슈타인)

토머스 에디슨이 전구에 적합한 필라멘트 재료를 찾으려고 기울인 노력은 정말 감동적이다. 서로 다른 재료 2천 종을 시험하고 나서 에디슨의 조수는 이렇게 투덜댔다. "그렇게 애를 썼는데 모두 헛수고였어요. 배운 것이 전혀 없어요. 이러다가 전기를 제대로 사용할 수 있을지 자신이 없습니다."[1]

에디슨은 그동안의 실패가 헛되지 않았다고 말한다. "그렇지 않네. 우리는 숱하게 시도하며 많이 배웠네. 좋은 전구를 만드는 데 사용할 수 없는 재료가 2천 종이 있다는 사실을 알지 않았나?" 이후 에디슨이 어떤 성공을 거뒀는지는 잘 알려져 있다. 에디슨은 이렇게 설명했다.

나는 성공하기 전에 6천 종이 족히 넘는 식물을 시험했고, 필라멘트로 쓰기에 가장 적합한 재료를 찾아 세계를 샅샅이 뒤졌다. 전등을 만들려고 엄청난 양의 연구를 수행했고 매우 정교한 실험을 거쳤다. 나는 결코 낙담하지 않았고 성공하리라는 희망을 포기하지 않았다. 하지만 내 조수들이 모두 그랬다고는 말할 수 없다.[2]

많은 기업의 성공은 혁신에 달려 있고, 혁신하려면 불가피한 실패를 수반할 위험성을 얼마간 감수해야 한다. 그래야 시장에서 좋은 평가를 받는 새로운 제품이나 서비스를 출시해서 혁신에 성공할 수 있다. 기업은 궁극적으로 그럴 만한 가치가 있는 위험을 감수한다. 단 한 번의 시도가 성공하면 다른 시도들의 실패를 보상하고도 남는다.

성공한 기업과 실패한 기업을 가르는 기준은 흔히 실패에 대처하는 방식과 유망한 아이디어가 무산되었을 때 이에 대처하는 방식이다. 직원에게 혁신하도록 장려하고 나서 새로운 접근 방식이 실패했다고 처벌하면 이 기업은 직원들에게 엇갈린 신호를 보내는 것이다.

실패를 처벌하는 경우에 직원은 위험을 감수하면서까지 새로운 아이디어를 시도하려고 하지 않는다. 더욱 바람직하지 못하게는 실패를 숨기려고 해서 실패를 통해 교훈을 얻을 기회를 놓친다. 기업이 실수를 인정하고 실패에 관해 토론하며 배우는 문화를 조성하면, 위험을 더 많이 감수하고 실패를 더 많이 할 수는 있지만, 궁극적으로는 더 많은 성공을 거둘 것이다. 직원에게 탐색을 허용하고 덜 다듬어진 아이디어라도 장려하는 문화를 구축하는 것이 성공으로 향하는 길이다.

솔직히 말해서, 행동하는 것은 말하는 것처럼 쉽지는 않다. 높은 성과를 거두고, 성취를 지향하고, 경쟁적인 개인이 번성하는 동시에, 자기 실수를 스스럼 없이 털어놓고 공개적으로 분석하는 환경을 조성하는 것은 힘들 수 있다. 하지만 이때 기억할 사항이 있다. 실패를 기꺼이 인정할 수 있다고 누구나 느끼는 문화에서는 애당초 실수할까 봐 느끼는 두려움이 적다. 대담한 혁신은 이런 환경에서 피어난다. 최악의 경우라도 직원들은 자기 아이디어가 통하지 않는다고 인정할 것이고, 다른 직원이 새 대안을 제안할 것이므로 과거의 실패에서 미래의 돌파구를 찾을 수 있다.

이스라엘 공군은 훈련과 노력을 기울여 이런 독특한 유형의 문화를 성공적으로 구축하고 있다. 그들은 혁신을 장려하고,

엇갈린 신호를 보내지 않으려고 주의하면서, 실패를 처벌하지 않는다. 초기 훈련 단계부터 조종사들은 실수에서 배우는 것이 미래에 비슷한 실수를 방지하는 데 결정적으로 중요하다고 배운다.

전투기 두 대가 좁은 간격을 유지하며 특정 지역을 통과하느라 사고가 일어날 뻔한 상황을 가리키는 '아차 사고near accident'의 경우를 생각해보자. 이스라엘 공군은 아차 사고를 실제 사고처럼 다룬다. 그러면서 조종사들은 아차 사고와 실제 사고의 차이는 단순히 운의 차이라는 사실을 배운다. 이렇게 이스라엘 공군은 실수를 심각하고 공개적으로 다뤄서, 미래에 비슷한 사고를 피하는 방법을 배우고 개선한다. 이때 효율적인 학습을 위해서 조종사들은 설사 지휘관들이 미처 감지하지 못하고 넘긴 실수라도 공개하고 공유해야 한다.

좀 더 구체적으로 1973년 욤키푸르전쟁[제4차 중동전쟁]에서 싸운 이스라엘 공군을 예로 들어보자. F4 전투기 두 개 편대가 다마스쿠스에 있는 시리아 사령부를 공격하기 위해 출발했다. 시리아군을 저지하는 데 중대한 영향을 미칠 임무를 수행하기 위해 출격한 것이다.

각 사인조 전투 편대는 노련한 조종사가 지휘했다. 운이 따랐는지 아니면 그 반대인지 어쨌든 그날 날씨는 공습하기에 끔찍했다. 구름층이 작전 지역 전체를 덮었으므로 전투기는 그

구름층 아래나 위로만 비행할 수 있었다. 구름층 아래로 비행하면 목표물은 볼 수 있겠지만 지상에 있는 적군의 눈에 쉽게 띄어서 공격받기 쉬울 터였다. 그렇다고 구름층 위로 비행하면 더 안전하기는 하겠지만 목표물의 위치를 볼 수 없었다.

한 지휘관은 날씨를 보고 두 가지 방법 모두 좋지 않다고 판단해서 비행 방향을 돌려 임무를 중단했다. 다른 지휘관은 구름층 위로 비행하기로 했는데, 순전히 요행으로 목표물 바로 위를 가린 구름에서 틈을 발견했다. 이 편대는 틈 사이로 공격을 감행해 목표물을 파괴할 수 있었다. 결과를 보고받은 사령관은 **두 지휘관 모두** 칭찬하면서 두 가지 결정 모두 타당했다고 말했다.

사령관이 보낸 메시지는 명쾌했다. 두 지휘관 모두 작전이 실패할 경우에 처벌받을까 봐 두려워하지 않고 자유롭게 결정을 내렸던 것이다.

물론 실패나 실수를 무턱대고 장려하는 것은 아니며 그래서도 안 된다. 나쁜 의도, 부주의, 경험이나 능력의 부족 때문에 발생한 실수는 어떤 조직에도 건설적인 영향을 미치지 않는다. 조직이 권장해야 하는 것은 새로운 아이디어와 방향을 시험할 때 위험을 감수하는 태도다. 새로운 방향이 부분적으로 나쁜 영향을 미칠 것처럼 보이더라도, 일단 탐색해보면 결국 이로운 것으로 밝혀질 수도 있다.

높은 실패율은 혁신과 관계가 있으므로 실패율을 줄이는 것이 항상 능사는 아니다. 《천재의 기원Origins of Genius》에서 딘키스 사이먼튼은 가장 창의적인 사람이 가장 많은 아이디어를 시도하기 때문에 가장 많이 실패한다고 주장한다.[3] 창의적인 천재의 성공률은 평범한 천재의 그것보다 높지 않다. 그만큼 더 많이 시도하기 때문이다. 그래서 조직심리학자 밥 서튼은 실패하는 것을 처벌하지 말고, 행동하지 않는 것을 처벌하라고 기업에 제안한다.

가장 창의적인 사람과 기업이라고 해서 실패율이 더 낮은 것은 아니다. 그들은 경쟁자보다 대가를 더 적게 치르면서 실패를 더 빨리 끝내고, 아마도 실패에서 더 많은 교훈을 얻는다. 이렇게 하지 못하게 가로막는 가장 큰 방해물은 무엇일까?

사람들은 일련의 행동에 공개적으로 전력을 기울이고 시간과 에너지를 많이 쏟고 나면, 사실이야 어떻든 스스로 가치 있는 일을 하고 있다고 확신하기 시작한다. 이런 잘못된 확신을 바로잡는 한 가지 방법은 실패하고 있는 프로젝트에서 가급적 일찍 손을 떼도록 인센티브를 제공하는 것이다.[4]

피터 킴은 머크에서 연구개발 책임자로 임명되었을 때 이런 아이디어에 깊은 관심을 두고, '사장死藏 수수료kill fee'〔원래는 미사용 원고의 집필료를 의미했다〕 개념을 도입했다.[5] 업무를 시작하고 나서 킴은 자사의 많은 연구자가 실패를 인정하지 않고 잠재적인 결과를 감내해야 하는 상황을 회피하려고 계속 막다른 골목으로 돌진하고 있다는 사실을 깨달았다.

이처럼 대가가 많이 따르는 행동을 줄이고자 킴은 실패하고 있는 프로젝트를 일찌감치 중단하고 새로운 창의적인 아이디어로 옮겨가는 연구자에게 보너스를 지급하기로 했다. 신호가 엇갈리는 문제를 해결하기 위해 인센티브를 완전히 바꾸기로 하고, 실패를 처벌하지 않고 오히려 실패에 보상하기로 한 것이다.

멘로이노베이션스도 같은 논리를 수용해서 '실수를 더 빨리 끝내라.'라는 슬로건을 자사 문화의 일부로 삼았다. 멘로이노베이션스는 실수가 혁신의 일부라는 점을 간파하고, 실패를 빨리 끝내는 것에 보상함으로써 새 아이디어를 실험하도록 직원을 장려했다.

알파벳의 연구개발 '엑스X' 부서 책임자인 아스트로 텔러는 테드 강연에서, 자기 팀이 생각해냈지만 결국 실패한 많은 아이디어에 관해 설명했다. 그러면서 자기 팀이 실행했다가 실패를 깨닫는 즉시 과감하게 끝장낸 나쁜 아이디어들을 떠올리면서 자부심을 느낀다고 말했다.

직원들에게 소리 지르며 실패를 빨리 끝내라고 강요하면 안 됩니다. 직원들이 저항하고 걱정할 테니까요. '실패하면 나는 어떻게 되지? 사람들이 나를 비웃을까? 해고당할까?'

중요하고 위험이 따르는 업무를 추진하도록 직원들을 격려하는 유일한 방법은 저항이 가장 작은 경로를 터주는 것입니다. 이곳 엑스에서 저희는 실패해도 안전하다고 느끼게 하려고 노력합니다.

팀들은 증거가 나타나기가 무섭게 자신들의 아이디어를 끝장냅니다. 보상을 받기 때문이죠. 그러면 동료에게 박수를 받고, 관리자, 특히 저는 그들과 포옹을 하고 그들을 격려합니다. 게다가 그들은 엄청나게 빠른 속도로 승진합니다. 저희 회사는 팀원이 두 명인 작은 팀부터 팀원이 서른 명인 큰 팀까지, 실패 중인 프로젝트를 중단한 팀에 속한 팀원 전원에게 보너스를 지급합니다.[6]

텔러가 이끄는 팀이 진행한 프로젝트는 대부분 실패했지만, 실패를 빨리 끝내는 팀에 보상하는 문화는 자율주행 자동차를 일찍 개발하기 시작하는 등 엄청난 성공을 이끌었다. 다른 기업들도 이런 선례에서 교훈을 얻고 그 뒤를 따랐다.

예를 들어 인도의 거대 기업인 타타그룹은 혁신이 사업 확장에 유용하다는 점을 인식하고 혁신을 도모한다. 은퇴를 앞둔 라탄 타타 회장은 실패한 최고의 혁신적 아이디어에 보상하려고 '용감한시도상Dare to Try'을 만들고 '실패는 금광이다!'라고 선언했다. 타타는 이런 방식으로 혁신을 추구하면서 실패도 성공과 마찬가지로 보상받아야 한다는 신호를 보냈다.[7]

성공이 혁신의 가장 큰 장애물

거대 기업이 지나치게 보수적인 사고방식을 고수하다가 정상에서 굴러 떨어지기도 한다. 업계를 지배하던 블록버스터가 추락해 파산한 것은, 변화를 피하고 실패를 두려워하는 태도가 어떻게 사업을 침체시키고 결국 기업을 사라지게 만드는지 보여주는 대표적인 예다.

1985년에 데이비드 쿡이 설립한 블록버스터는 미국 최고의 비디오 체인점으로 급부상하면서 비디오 대여 시장을 장악했다.[8] 1990년대 후반 시장 가치가 30억 달러를 넘어섰고, 미국에 9천 개 이상의 매장을 두었다. DVD업계를 장악한 이 거대 기업의 주요 수익 모델은 대여료 외에도 고객에게 불이익을 주는 방식에 의존해서 연체료를 거두는 것이었다. 전성기에는 등록 고객 6,500만 명에게서 연간 8억 달러의 연체료를 거둬들였다.[9]

연체료는 개인적으로도 상당한 액수에 도달하기도 해서 블록버스터의 이런 처벌 정책에 반감을 드러내는 성난 고객이 많았다. 넷플릭스 설립자인 리드 헤이스팅스도 그런 고객 중 하나였다. 블록버스터에 연체료로 40달러를 청구받고 분노한 헤이스팅스는 1997년에 영화 대여 회사를 직접 세우기로 결심했다. 이렇게 설립된 넷플릭스는 새로운 디지털 플랫폼을 갖추고 구독 기반 사업 모델을 구축하며 빠르게 성장했다. 구독료를 매달 20달러를 지불한 구독자들은 반납 기한이나 연체료 없이 원하는 수만큼 영화를 빌릴 수 있었다. 넷플릭스는 구독자들이 DVD를 보고 나서 반납하면 새 DVD를 보내줬다.

2000년에 들어 넷플릭스의 온라인 플랫폼이 초반에 성공하자, 헤이스팅스는 댈러스로 날아가 블록버스터와 제휴 협상을 시작했다. 헤이스팅스는 넷플릭스가 블록버스터의 온라인 부문을 운영하고, 블록버스터가 자사 매장에서 넷플릭스 서비스를 홍보하는 협상안을 제시했다. 당시 블록버스터 CEO 존 안티오코는 콧방귀를 뀌면서 이 협상안을 거절했다. 잘 알려졌듯 마지막으로 웃은 사람은 안티오코가 아니었다.[10]

그 후 상황이 어떻게 흘러갔는지는 알려진 대로다. 넷플릭스는 소매 매장을 설립할 필요가 없었으므로 막대한 비용을 절감하고 수백만 명의 가입자를 확보하는 동시에 온라인 플랫폼을 혁신해 2007년에 혁신적인 스트리밍 서비스를 통합할 수 있었고, 결국 2010년대 초에 전 세계적으로 엄청난 성공을 거뒀다.[11] 넷플릭스는 2009년에 1억 1,600만 달러를 벌어들였지만, 블록버스터는 5억 1,600만 달러의 적자를 냈다. 블록버스터는 고통스러운 내리막길로 들어섰고 결국 한 군데를 제외하고 소매 매장 전부를 폐쇄했다.

블록버스터는 무엇 때문에 전환에 실패했을까? 때로는 현재 거두고 있는 성공이 가장 큰 걸림돌이 될 수 있다. 넷플릭스가 DVD 대여 사업에서 벗어나 자사의 혁신 영역을 개발하는 동안, 블록버스터는 수익성은 높지만 내리막으로 접어든 현재 상태를 고집했다. 블록버스터는 실패하고 있는 사업을 살리려고 다양한 전략을 시도했으나 대부분 옆길로 비껴가며 위험을 회피하는 전략을 구사했다.

블록버스터에는 태세를 전환해 사업을 능률적으로 수행할 기회가 있었지만 이사진이 실패를 지나치게 두려워했다. 이사진이 받은 신호는 전통적인 모델을 유지하는 방법을 찾아야 한다는 것이었다. 그들에게는 변화를 모색할 동기가 없었다.

안티오코는 넷플릭스의 인수 제안을 거절하고 나서 몇 년 뒤에야 넷플릭스가 엄청나게 위협적인 존재라는 사실을 비로

소 깨달았다. 그래서 연체료 사업 모델을 중단하고 새로운 세대의 디지털 서비스 요구에 부응할 수 있는 온라인 플랫폼에 막대한 투자를 하자고 이사진을 설득했다. 하지만 이사진은 당시에도 여전했던 상당한 수익에 눈이 멀어서 비용이 많이 드는 전환 과정을 외면했다.

당시 블록버스터 회장으로 전환 반대를 주도했던 짐 키스는 전환 계획을 실시할 경우 2억 달러의 비용이 발생하고, 연체료 사업 모델을 중단하면 추가로 2억 달러의 수익이 감소할 것이라고 강조했다. 키스가 내세운 무시무시한 추정액에 설득당한 이사진은 안티오코가 제안한 진보적인 계획을 거부하고 결국 2005년에 그를 해고했다. 안티오코가 해고당한 이유는 블록버스터가 여태껏 고수해온 운영 방식에서 크게 벗어나는 창의적인 변화를 제안했기 때문이다.

뒤이어 CEO로 취임한 키스는 회사를 살리려고 안티오코가 시도했던 마지막 노력을 뒤집고 단기 수익을 증가시키려고 했다. 안전한 계획을 벗어던지지 못하고 사업 침체에 빠진 블록버스터는 몇 년 뒤 파산했다.

실패일까, 기회일까

이처럼 잠재적인 실패를 두려워하는 기업이 있는가 하면, 비범한 기업가 정신과 유연성을 발휘하는 기업이 있다. 영국 재계 거물인 리처드 브랜슨 경은 1970년대에 버진 브랜드를 설립하고, 그 후 버진그룹 아래 400개 이상의 기업을 세웠다. 버진 브랜드가 1980년대 이후로 빠르게 성장하는 동안에도 브랜슨은 결코 모험을 멈추지 않았다. 브랜슨은 미디어, 모바일, 화장품, 의류, 항공, 자동차 등 다양한 영역으로 사업을 확장했다.[12]

일부 시도는 실패했다. 예를 들어, 1994년에 탄산음료 제조업자가 수제 탄산음료를 가지고 브랜슨을 찾아왔다. 그 맛에 감탄한 브랜슨은 자기 아이가 다니는 학교에서 수제 탄산소다, 코카콜라, 펩시콜라를 놓고 블라인드 테스트를 실시했다. 그 테스트에서 압도적인 수가 수제 탄산소다를 선택하는 것에 힘입어 브랜슨은 버진콜라를 출시해서 탄산음료 산업을 공략하기로 마음먹었다. 다윗이 골리앗에 도전하듯 버진콜라는 코카콜라와 펩시에 도전해 이내 영국에서 예상을 뒤엎고 깜짝 놀랄 만한 인기를 끌었다.

브랜슨은 기세가 등등해져 같은 해 미국에 버진콜라를 출시했다. 그러면서 타임스퀘어에 탱크를 몰고 들어가 코카콜라 캔으로 쌓아 올린 벽을 버진콜라 캔으로 쏘아 무너뜨리는 공연을 펼쳐서 언론의 관심을 끌었다.

이런 기세는 업계 거물 기업들이 반격을 시작하면서 이내 꺾였다. 버진콜라가 전 세계 소매점 진열대에서 사라지기 시작했다. 나중에 알고 보니 코카콜라가 버진콜라의 출시를 차단하려고 소매업체에 '거절할 수 없는 제안'을 했던 것이다.

브랜슨은 이러한 '체계적인 무릎 쏘기' 전략에 휘말리면서 곧 버진콜라의 종말을 선언했다. 브랜슨은 이 과정에서 많은 돈을 잃었고, 소비자들은 아마도 맛있는 탄산음료를 잃었을 수 있다. 하지만 브랜슨은 코카콜라의 방해 공작과 버진콜라의 실패에 분노하지 않고 낙관적인 태도를 견지하면서 당시 모험에서 귀중한 교훈을 끌어냈다.

그는 당시에 실패하고 나서 "자사가 모든 경쟁사보다 명백히 우월한 사업에만 뛰어들어야 한다."라는 교훈을 얻었다고 말했다. 또 "사업을 성공시키려면 이를 악물고 필사적으로 싸워야" 하지만, "그 사업이 성공하지 못하겠다고 판단하면 다음 날 깨끗이 잊고" 새로운 모험을 시작했다.[13]

브랜슨은 혁신하려는 노력을 결코 포기하지 않았고 실패하면 오히려 새로운 기회로 생각하고 전진했다. 기업가 정신을 끊임없이 발휘하는 비결이 무엇이냐는 질문을 받자, 브랜슨은 과거를 후회하느라 너무 많은 시간을 허비하지 말라는 어머니의 가르침 덕분이라고 대답했다. 브랜슨은 자신과 팀은 실수와 실패를 하더라도 결코 낙담하지 않는다고 덧붙였다. "그 대신 모험하다가 실패하더라도 기회를 찾고, 시장에 있는 다른 틈을 이용할 수 있을지 모색하려고 한다."[14]

이처럼 위험을 추구하는 정신은 자사의 구석구석과 직원의 가슴속에 하향식으로 스며들어 건강하고 혁신적인 기업 문화를 조성한다.

혁신을 장려하고 싶다면 위험을 감수하도록 팀에 동기를 부여해야 한다. 이것은 팀이 실패할 수 있고 거듭 실패할 수 있지만 그래도 괜찮다는 뜻이다. 팀에 위험을 감수하라고 말하고 나서, 정작 실패했을 때 처벌하면 안 된다. 그러면 혁신은 줄어들고 자원은 더 많이 낭비될 것이다. 불리한 증거가 속속 나오더라도 직원들은 처벌을 피하려고 자기 아이디어를 고집스럽게 가동하려고 할 것이다. 이에 관한 메시지는 크고 분명하다. 위험을 감수하라고 격려하고 실패에 보상하라.

요점

혁신과 위험 감수를 원한다면 실패를 처벌함으로써 엇갈린 신호를 보내지 말고 실패에 보상하라!

6

주가와 시험 성적이 오른다

장기 목표를 지향하면서 단기 결과에 보상할 때

경쟁사를 제거하고 가격을 인상하는 것은 경제학의 기본 전술이다. 하지만 이런 행동은 소비자의 불만을 불러일으킬 뿐아니라 불법일 수 있다. 다음 예를 살펴보자. 2012년 6월에 바자보이스Bazaarvoice는 파워리뷰스PowerReviews를 인수했다. 그러자 바자보이스의 주가는 급등하여 주당 20달러를 넘어섰고, 임원들은 주식으로 9천만 달러를 벌었다.[1] 바자보이스가 파워리뷰스를 인수한 이유는 무엇일까? 경쟁사를 없애기 위해서였다.

바자보이스는 미국에서 제품 평점과 리뷰 플랫폼을 제공하는 상업적 공급업체 중에서 지배적인 위치를 점유하고 있으며,

가장 위협적인 경쟁 상대가 파워리뷰스였다. 인수 거래가 성립되기 전에 파워리뷰스가 공격적인 가격 경쟁을 벌였으므로, 바자보이스는 늘 경쟁 압박에 대응해야 했다. 바자보이스와 파워리뷰스가 경쟁하면서 많은 소매업체와 제조업체가 상당한 가격 할인을 받을 수 있었다. 바자보이스는 파워리뷰스를 인수함으로써 경쟁에 마침표를 찍으려고 했다.

하지만 바자보이스의 전성기는 오래가지 못했다. 2013년 1월에 미국 법무부가 독점금지법을 가동하면서 바자보이스에 파워리뷰스를 포기하라고 지시했고, 결과적으로 바자보이스의 주가가 주당 7달러 아래로 떨어지면서 주주들은 큰 손실을 보았다.[2]

바자보이스 임원들이 잘못된 정보를 입수한 탓에 정부의 제재를 예상하지 못했을까? 분명히 아니다. 그들은 위험을 예상했고 감수하기로 선택했다. 사내 서류를 검토해보면 바자보이스 경영진은 시장에서 파워리뷰스의 역할을 기술하면서 자신들이 위험을 인지하고 있었음을 분명히 드러냈다. 모르고 그런 것이 아니었다면 바자보이스 임원들은 어째서 그런 행보를 보였을까? 그들은 정확히 9천만 달러를 벌 수 있다는 신호를 보았고, 자사에 어떤 장기적 결과가 발생할지 알면서도 단기 이익을 취했다.

주주들이 새 CEO를 고용한다고 상상해보자. 새 CEO에게 자신들의 목표를 말하면서 자사의 장기적인 성공이 중요하다고 강조한다. 새 CEO에게 그럴 능력이 있다고 확신하면서 그가 좋은 성과를 낼 수 있도록 인센티브를 주고 싶어 한다. 하지만 이때 새 CEO에게 제공할 보상의 상당 부분을 주가 변동에 근거해 지급하기로 한다고 치자. 이것은 주가 변동이 단기적인 성과에 근거할 수 있음을 간과한 처사다.

이런 인센티브의 성격을 고려할 때 새 CEO가 단기 결과를 좇는 행동, 즉 '단기주의short-termism' 행보를 집중적으로 보이더라도 놀라지 말아야 한다. 그는 단기적으로 수익을 내지 못하겠다고 판단하는 경우 자원을 다른 데로 돌릴 수도 있다. 예를 들어 기업이 자사 제품의 배달을 아웃소싱하는 상황을 가정해보자. 사업을 능률적으로 운영하려면 자체적으로 트럭을 보유하는 계획에 투자하는 편이 자사에 이익일 수 있지만, 단기적으로는 손실을 감수해야 하고 게다가 수익을 낼 때까지 시간이 오래 걸린다.

그렇다면 새 CEO가 자기 일자리와 보너스를 잃을 위험을 감수하면서까지 트럭을 새로 확보하는 계획에 투자할까? CEO는 단기 이익을 늘리는 것을 목표로 삼고 있으므로, 장기적으로 성과를 내더라도 당장 비용이 발생하는 새로운 기술에 투자하지 않을 것이다. 즉 자사의 장기적인 성공을 희생시키고 단기 수익 목표를 달성하는 데 유용한 결정을 내릴 것이다.

단기주의 행보의 징후를 살펴보자. 엇갈린 신호를 받은 임원들은 단기적 이익을 희생해야 하는 상황이 벌어졌을 때, 차라리 장기적 가치를 창출하는 프로젝트를 지연시키거나 백지화하겠다고 말할 것이다.[3]

바자보이스 사례로 알 수 있듯 단기주의도 기업의 위험 감수에 영향을 미칠 수 있다. 최근 한 논문은 CEO에게 동기를 부여하기 위해 단기적인 인센티브를 사용하는 방식에서 발생하는 문제를 깊이 있게 다뤘다. 해당 논문에 따르면 다음 분기에 주식이 본인에게 귀속되도록 설정된 경우(예: 다음 해에 주식을 완전히 소유하도록 설정된 경우)에 CEO는 단기적인 인센티브를 받는 것으로 여겨진다.

논문 저자들은 단기적인 인센티브가 투자 성장의 감소와 유의미한 상관관계가 있다고 설명한다. CEO가 불완전 주식을 제공받은 경우를 분석해보면 두 분기 동안 주식 수익은 좀 더 상향하는 경향을 보이지만, 그 후부터는 더욱 하향하는 경향을 보인다. 달리 표현하면 CEO는 단기적인 인센티브를 좇아 행동해서, 기업의 지속적인 성공을 희생시키는 근시안적인 결정을 내린다.[4]

기업 주가가 몇 분기 동안만이라도 저조하면 CEO는 해고된다. CEO는 주주들이 듣기 좋아하는 말이라는 것을 알기 때문에 미래를 위해 투자하겠다고 말한다. 하지만 장기적으로 자신의 고용 상태를 유지하고 싶어 하므로 시선은 늘 현재에 고정되어 있다. 인센티브를 설계할 때는 단기적으로 좋은 결과를 원하지만 장기적인 성공에도 관심이 있다는 점을 강조하는 방향으로 CEO에게 동기를 부여해야 한다.

CEO가 장기적인 성공에 더욱 관심을 기울이게 만드는 방법의 하나는 CEO에게 제공할 주식을 좀 더 오래 에스크로 계좌에 위탁하는 것이다.[5] 에스크로는 사전에 합의한 의무를 이행할 때까지 두 당사자를 대신해 제삼자에게 자산을 위탁하는 과정이다. 기업 경영진에게 에스크로는 보상으로 주식을 받은 임원이 자신의 의무 임기를 마친 후 주식을 팔 수 있도록 보장한다.[6] 미국 기관투자가평의회는 이렇게 권고한다.

> 임원 보상은 장기적인 주주 가치를 구축하고 장기적인 전략적 사고를 증진하려는 목적에 따라 인재를 유치하고 보유하며 그들에게 인센티브를 제공하는 방향으로 설계되어야 한다. CII는 '장기'를 최소 5년으로 간주한다. 임원 보상은 일반적으로 자사 소유주에게 돌아가는 장기적인 수익에 비례해야 한다. 성과를 측정하는 광범위한 척도에 근거해서 임원에게 보상하는 것은, 그렇게 함으로써 장기적인 주주 수익에 논리적으로 기여할 때 적절할 수 있다.

일부 기업에서 강조하듯 장기간에 걸친 시간 조건부 불완전 주식(예: 5년 후에 귀속되기 시작해 고용 종료 이후 시간을 포함해 10년 후에 완전히 귀속되는 주식) 제도를 활용하면 위험과 보상의 균형을 적절하게 맞출 수 있으며, 특히 주주와 임원의 제휴를 강력하게 형성할 수 있다.[7]

이런 제안의 목표는 장기적인 결과보다 단기적인 결과에 쏠리는 비중을 줄이는 것이다. 조건부 불완전 주식 제도가 가동할 때 임원은 단기적인 결과를 목표로 삼지 않고, 주주들과 같은 관점으로 긍정적이든 부정적이든 장기적인 성과를 평가하게 된다.

재임 기간을 보장하라

주주와 CEO의 목표를 일치시키는 또 하나의 방법은 CEO에게 보장한 임기를 연장하는 것이다. 그러면 실적이 단기적으로 저조할 때 자신이 해고되는 것에 대한 CEO의 우려를 덜어준다. 단기 재임 기간에서 파생하는 문제는 정치권에서 쉽게 찾아볼 수 있다. 재임 기간은 장기적인 계획에 영향을 미친다.

예를 들어 주지사가 다리나 철로를 새로 건설하는 등 인프라에 투자할지 말지를 결정해야 할 때를 가정해보자. 인프라에 투자하면 장기적으로는 사고를 예방하고 심지어 상당한 이익을 거둬들일 수 있다. 열차를 유치하면 관광객을 끌어들여서 지갑을 열게 만들 수 있기 때문이다. 하지만 주지사에게는 2년 안에 치르는 다음 선거에서 당선되고 싶다는 단기적인 인센티브가 있다. 재선에 실패하면 자신의 정치 생명이 끝날 것이라고 생각하므로 재선에 성공하는 데 매진할 강력한 동기를 가동한다.

이렇듯 강력한 단기 인센티브를 고려하면 주지사가 최소 10년은 걸려야 혜택이 가시적으로 나타날 열차에 투자할 이유가 있을까? 열차를 유치하려면 시행 기간이 더 짧은 프로젝트들에서 자원을 끌어와야 하고 심지어 세금을 인상해야 할 수도 있다. 이런 정책들은 시민에게 그다지 인기를 끌지 못할 테고 따라서 주지사의 재선에 타격을 줄 것이다. 게다가 새 열차는 아마도 주지사가 공직에서 쫓겨난 뒤에야 도입될 것이므로 노력의 열매는 후임자에게 돌아간다.

우리가 정치인에게 주고 있는 엇갈린 신호를 어떻게 바로잡을 수 있을까? 해결책은 간단해 보인다. 재임 기간에 걸린 제한을 없애는 것이다. 그러면 주지사는 4년마다 재선을 걱정하지 않고 자신이 열매를 거둘 수 있으므로 미래를 위한 투자에 집중할 수 있다. 하지만 정계에서 재임 기간 연장은 그다지 좋은 안이 아닐 수 있다. 기존 문제에서보다 더 비싼 대가를 치를 가능성이 있기 때문이다.

임기를 4년으로 제한하는 정책이 단기적인 계획에 인센티브를 부여하기는 하지만, 개인적으로 나는 재임 기간의 제한을 없애기보다는 4년 임기 체계를 유지하는 방안을 선호한다. 우리는 지도자가 유권자들의 뜻을 물어야 하는 민주주의 세계에 살고 있기 때문이다. 정계는 그렇다고 치고, 재임 기간을 연장해서 장기적인 성공에 인센티브를 부여하는 것은 일반적으로 비용이 그다지 많이 들지 않는다.

농구 코치들이 특정 경기에 출전할 선수들을 고르는 방식을 생각해보자. 그들은 MVP를 내보내는가, 아니면 유망하지만 경험이 부족한 젊은 선수들을 내보내는가? 미숙한 젊은 선수들을 경기에 내보내면 아마도 팀이 당장 승리할 가능성은 줄어들지만, 선수들은 필요한 경기 경험을 쌓을 수 있다. 만약 코치가 시즌 첫 몇 경기의 성적을 기준으로 시즌 중간에 해고당할 가능성이 있다면, 아마도 안전하게 경기를 치르려고 경험이 풍부한 선수들을 출전시킬 것이다. 하지만 첫 시즌 동안 자리를 보장받는다면 팀 전체의 실력을 향상하는 방향으로 좀 더 투자할 것이고, 아마도 이런 노력은 장기적인 성과로 이어질 것이다.

시험에 대비시키는 수업

단기 인센티브는 비즈니스 분야와 정치 분야 너머로도 널리 보급되어 있다. 공립학교 시스템 아래에 있는 모든 교실에도 영향을 미친다. 전통적으로 공립학교 교사는 경험, 교육 수준, 근무 기간을 기준으로 급여를 받는다. 하지만 최근 들어서는 인센티브 구조, 즉 성과급이 활발하게 논의되고 실행되고 있다. 교사의 급여와 보너스를 학생의 성적을 기준으로 결정하는 것이다.[8]

지난 10년 동안 미국 스무 개 이상의 주가 교사들에게 일종의 성과급을 지급했고, 교사인센티브기금Teacher Incentive Funds, 즉 성과 기반 계획을 지원하는 연방 보조금 프로그램 덕택에 성과급을 받는 교사 수는 늘어나고 있다.[9] 해당 프로그램의 기금 지출액은 2009년에 9,700만 달러에서 2010년에는 4억 8,700만 달러로 1년 만에 다섯 배가 증가했다.[10] 그 후 10년 동안 연간 기금 지출액은 2016년에 2억2,500만 달러 등 수억 달러 수준을 유지하고 있다.[11]

성과급 제도는 '낙제학생방지법No Child Left Behind Act' 제정으로 더욱 날개를 달았다. 2002년에 제정된 이 법은 표준 기반 교육 개혁을 도입하면서, 주 정부가 연방 교육 기금을 받으려면 매년 전국적으로 표준화 시험을 실시하는 등 학생 평가 방법을 개발하고 결과를 보고해야 한다고 규정했다. 연방 정부가 요청하는 표준을 학교가 충족하지 못하면 지원금 감소와 교사 급여 삭감 등의 처벌을 받을 수 있다.[12]

이런 조치는 가뜩이나 지원금이 부족한 가난한 공립학교에 불균형적으로 영향을 미칠 수 있다. 지원금 축소는 성적 하락을 더욱 부채질할 수 있고 따라서 지원금이 또 삭감되는 악순환을 낳을 수 있다.

이처럼 이해관계가 얽힌 상황에서 성과급 인센티브 구조가 효과를 발휘할까? 직관적으로 생각할 때, 아이들을 더욱 열심히 가르치라고 교사들을 격려하고 교사라는 직업에 부적합한 사람들을 걸러내려면 좋은 교사들에게 보상해야 한다. 그래야 학교가 의욕 있는 교사를 더 많이 유치하고 장기적으로 학업 성취도를 끌어올릴 수 있다.

이런 제도는 시행 과정에서 문제를 일으킬 수 있다. 학교가 학생의 성적과 교사의 급여를 연결하려면 성적을 객관적으로 측정해야 한다. 그래서 학교는 표준화 시험을 사용해 성적을 측정하고, 교사에게는 '시험에 대비하는 수업'이라는 단기 목표를 제시한다.

그렇다면 과연 교사들이 표준화 시험에서 우수한 성적을 내도록 학생들을 가르치려고 노력하는 것은 바람직한 현상일까? 시험에 지나치게 비중을 두는 것은 학생의 장기적인 학습에 몇 가지 부정적인 결과를 초래한다. 의무 시험을 잘 보도록 학생들을 준비시키는 것에 치중하는 교육과정은 지식과 기술의 범위를 좁히고, 따라서 학습을 즐기고 자료를 전체적으로 이해하도록 학생들을 가르치지 못한다.

미국 공립학교 교사인 레이철 터스틴은 학생들을 표준화 시험에 대비시키느라 1년 중 몇 주를 쓰고 있으며, 시험 지침을 숙지시키고 준비와 복습을 시키느라 정작 학습에 써야 할 중요한 시간을 포기해야 한다고 말한다. 게다가 학교는 성적을 객관적으로 정량화할 수 있는 수학, 읽기, 쓰기 과목을 학생들에게 가르칠 시간을 확보하려고 한다. 그러다 보니 이런 과목들을 가르치지 않는 터스틴은 그 시간을 확보하기 위해 자신이 가르치는 과목을 희생해야 하므로 표준화 시험은 '삼키기어려운 쓴 알약'이라고 토로한다.[13]

터스틴만 이렇게 생각하는 것이 아니다. 2016년 교육정책센터의 보고서를 보면 교사의 81퍼센트는 학생들이 표준화 시험을 준비하느라 지나치게 많은 시간을 쓴다고 생각한다. 대개 교사는 학생들에게 자료를 숙지시키는 데 유용한 상호작용적인 활동을 포기하고 "단지 주어진 시간 안에 내용을 다루기 위해 주제들을 철저하게 발가벗겨야" 한다고 호소한다.[14]

교사는 시간을 쥐어짜야 하므로 자신의 창의성과 학생 참여를 끌어낼 여력이 없다. 교육과정은 간소해지고 압축되고 건조

해져서 학습에 대한 학생들의 흥미를 현저히 떨어뜨린다. 이렇듯 모양틀로 과자를 찍어내듯 천편일률적인 교수법과, 진보적인 핀란드식 교육법을 비교해보자. 핀란드 교사는 학생에 맞춰 개별적으로 수업 계획을 세우고, 교과서를 스스로 선택할 수 있다. 표준화 시험을 실시할 의무가 없으므로 창의적으로 자유롭게 학생을 가르칠 수 있다.

핀란드는 표준화 시험을 강제로 시행하지 않고, 교사의 급여를 학생의 성적과 묶지 않는데도 국제학업성취도평가PISA: Programme for International Student Assessment에서 꾸준히 정상을 유지하고 있다. 반면에 57개 선진국 고등학생을 대상으로 실시하는 이 평가에서 미국 학생은 높은 순위에 오르지 못하고 있다. (PISA에서 발생하는 문제에 관해서는 13장에서 다룰 것이다.)

핀란드 교육 시스템의 성공은 무엇을 시사할까? 의무 시험 때문에 지속적으로 압박을 받고 이 시험 대비에 집중하는 것이 미국 학생들의 성적을 끌어올리는 데 도움이 되지 않는다는 것이다. 뛰어난 시험 성적 외에도 고등학교 중퇴율은 현저하게 낮아서 미국이 약 25퍼센트인데 비해 핀란드는 1퍼센트 미만이다.[15]

교사와 학교에 인센티브를 사용하는 문제를 둘러싸고 지지하는 입장과 반대하는 입장이 맞선다. 지지자들은 교사에게 동기를 부여하는 것이 중요하고 이런 인센티브가 통한다고 주장한다. 반대자들은 단기적 인센티브가 교육의 장기적 목표를 해친다고 주장한다. 성과별 인센티브가 교사에게 엇갈린 신호를 보내기 때문이다. 이 인센티브는 학생들의 학습 과정에 재정적 신호를 추가한다.

많은 교사는 학생의 성장을 촉진하는 등 내재적 가치로 인해 동기를 부여받지만, 성과별 인센티브는 잠재적으로 해로운 메시지를 보낸다. 즉 장기적인 목표를, 시험에서 단기적인 성공을 거두는 목표로 대체해야 한다는 메시지를 보낸다.

이런 논쟁으로 잘 알 수 있듯 인센티브에 관해 결정을 내릴 때는 단순히 인센티브 효과를 조사하는 정도에 그치지 않고 좀 더 광범위한 상황을 고려해야 한다. 사람마다 추구하는 가치는 다를 수 있다. 이런 경우에 경제학자들이 추구하는 목표는 경제적 추론을 사용하고, 각 시스템이 얼마나 잘 돌아가는지에 관한 자료를 수집하는 것이다.

나는 존 리스트와 함께 《무엇이 행동하게 하는가: 마음을 움직이는 경제학》에서 의사결정자에게 정보를 제공할 목적으로 설계한 이런 실험을 일부 다뤘다.[16] 특히 어떤 상황에서든 효과를 내는 만능 인센티브는 존재하지 않으므로, 실험을 실시해서 어떤 유형의 인센티브와 신호가 어떤 공동체에 통하는지 결정할 수 있다. 경제학자들은 단기 목표와 장기 목표 사이에서 형성되는 상충관계를 설명할 수 있다. 그러면 정책 입안자들은 각 시스템의 장단점을 이해하고 이런 상충관계와 실험 데이터를 근거로 결정을 내려야 한다.

만약 장기적인 성과를 생각하라고 동기를 부여하고 싶다면, 단기적인 인센티브에 지나치게 큰 비중을 두지 말아야 한다. 단기적 성공을 거둘 가능성은 줄어들 수 있지만, 장기적 목표를 달성하는 데 유용하다면 그래도 괜찮다. 팀에 장기적인 관점에서 일하라고 말하고 나서 단기적인 결과가 좋지 않을 때 처벌하지 말아야 한다. 인센티브 시간표가 당신이 세운 최종 목표와 일치하는지 확인해야 한다.

요점

장기적인 성공에 동기를 부여하고 싶다면 단기적인 성공에만 인센티브를 제공하지 마라.

7
"그 공은 내가 찰 거야!"

팀워크를 말하면서 개인을 칭찬할 때

100배 우수한 직원과 선수

페이스북 설립자인 마크 저커버그는 2010년에 한 인터뷰에서 소셜 네트워크를 도구로 사용해 사용자 관련 정보를 찾는 기업인 프렌드피드를 4,700만 달러에 인수한 일을 언급했다. 프렌드피드의 제품은 그 정도 가격을 지불할 만큼 가치가 있어 보이지 않았다. 실제로 저커버그가 탐낸 것은 프렌드피드의 직원들이었다. 어째서 그렇게 많은 인수 대금을 치렀느냐는 질문을 받고 저커버그는 이렇게 대답했다.

업무를 이례적으로 탁월하게 수행하는 직원은 업무를 꽤 잘 수행하는 직원보다 그냥 조금 나은 정도가 아닙니다. 100배 더 낫습니다.

저커버그의 이런 견해는 넷스케이프의 설립자이자 실리콘밸리의 저명한 벤처 투자자 마크 안드레센의 견해에서도 되풀이된다. "생산성이 높은 직원과 일반 직원이 할 수 있는 업무의 격차가 점점 커지고 있습니다. 훌륭한 프로그래머 다섯 명이 평범한 프로그래머 1천 명을 완전히 능가할 수 있어요."[1]

'이례적으로 탁월한' 재능의 중요성을 알 수 있는 예로 미국 미식축구 쿼터백인 톰 브래디가 있다. 브래디는 뉴잉글랜드 패트리어츠에서 20시즌 동안 뛰면서 많은 성과를 거뒀고, 소속 팀이 슈퍼볼에서 여섯 차례 승리하는 데 기여했다. 브래디는 의심할 여지없이 미국 미식축구 역사상 최고의 선수로 널리 인정받고 있다.[2] 뉴잉글랜드팀에서 끝까지 뛰다가 은퇴하고 싶었던 브래디는 2019년 시즌을 끝내고 구단과 장기 계약을 맺으려고 협상에 나섰다.

하지만 구단주인 로버트 크래프트도 코치 빌 벨리칙도 나이 든 선수하고는 단기 계약을 맺고 싶었기에 망설였다.[3] 그래서 브래디는 당시 세계 최강팀을 떠나 단 한 번도 내셔널풋볼리그NFL 강팀으로 꼽히지 못한 탬파베이버커니어스로 이적했다. 해당 팀은 브래디가 합류하기 오래전인 2002년 슈퍼볼에서 단 한 차례 우승한 전력이 있었다.

이후에 어떤 일이 일어났는지는 잘 알려져 있다. 브래디는 탬파베이에서 뛴 첫 시즌에 캔자스시티치프스를 상대로 출전해 슈퍼볼 우승을 이끌었다.

물론 스타 선수를 보유하는 것만으로는 부족할 때가 있다. 축구 역사상 최고 선수 중 한 명으로 꼽히는 리오넬 메시를 예로 들어보자. 당시 메시가 뛰었던 FC바르셀로나의 공식 홈페이지에는 이렇게 적혀 있다. "메시는 세계 최고의 선수다. 완벽한 기술을 구사하는 데다가 이타심, 속도, 침착함, 목표가 결합해 최고의 선수로 성장했다."

메시가 활약한 16시즌 동안 FC바르셀로나는 리그와 토너먼트에서 24차례 이상 승리하면서 세계 최고 클럽의 하나로 자리매김했다. 또 메시는 개인적으로도 전례 없는 성과를 거둬서 역사상 어느 선수보다 많은 상을 받았다.[4]

기량이 뛰어난 축구 선수가 대부분 그렇듯 메시도 월드컵과 코파아메리카 같은 국제 경기에서 국가대표팀(메시는 아르헨티나 팀)으로 뛰었다. 메시는 소속 클럽에서 훌륭한 기량을 발휘하는 데도 국가대표로 출전한 주요 토너먼트에서는 한 번도 우승하지 못했다.〔2020년 이후 국가대표로 출전한 국제 대회에서 결국 우승했다.〕 도대체 왜 그랬을까? 그래도 메시는 스타 선수 아닌가?

2018년에 〈가디언〉은 '메시는 엉망진창이고 아르헨티나 집단에 맞지 않는 것 같다Messi's in a Mess and Doesn't Seem to Fit into the Argentina Collective'라는 제목의 기사에서 이렇게 썼다.

> 우리는 메시가 대단하다는 사실을 알고 있지만 그를 생각하면 혼란스럽고 슬프다. 메시는 정말 순수한 바르셀로나 출신이지만 지금 아르헨티나와 함께 뛰고 있는 메시는 엉망진창이다.
>
> 무엇이 빠졌을까? 화합일까? 믿음일까?
>
> 메시는 집단에 맞지 않는 것 같다. 아르헨티나 국가대표팀은 재능 있는 공격수들과 노련한 선수들을 정말 많이 보유하고 있지만 이들에게서 최고의 기량을 뽑아내는 방법을 모르는 것 같다. 그들은 허우적거리고 있다. 시스템에 문제가 있을까? 아니면 정신이 해이하기 때문일까?[5]

결국 최고 스타 선수라고 하더라도 팀 없이 이길 수 없을 때가 있기 마련이다. 메시와 다른 아르헨티나 선수들 사이에 궁합이 맞지 않았을 수도 있다. FC바르셀로나는 메시의 놀라운 재능에 맞추었으므로 메시의 경기 스타일에 더욱 적합할 수도 있다. 두 팀 모두 똑같이 훌륭한 팀이고 메시를 뒷받침했지만,

메시 자신이 국가대표팀으로 출전했을 때 똑같이 탁월한 기량을 펼치지 않았을 수도 있다.

1978년 월드컵에서 우승한 아르헨티나팀의 주장 대니얼 파사렐라는 이렇게 언급했다.

> 메시는 어떤 팀에도 많은 것을 안길 수 있는 위대한 선수다. 하지만 바르셀로나팀에서 뛸 때 메시가 보이는 태도는 다르다. 메시는 바르셀로나팀에서 뛸 때 더 나은 기량을 보인다. 이따금 이런 현상이 일어난다. 특정 팀에서는 잘 뛰고 팀의 사랑도 받지만, 어떤 팀에서는 뭔가 마음이 편하지 않고 맞지 않는 것이다. 원인이 무엇인지는 모르지만, 마음속으로 그렇게 느끼는 것은 틀림없다.[6]

팀별 인센티브와 개인별 인센티브

메시의 사례는 개인의 재능에만 주목해서는 안 된다고 경고한다. 조직이 팀워크의 중요성을 강조하면서 개인별 인센티브를 제공하면 어떤 일이 벌어질까? 개인별 인센티브의 장점은 많다. 보상이 개인의 성과와 직접적으로 관계가 있으므로, 조직은 개인에게 더욱 열심히 일하도록 동기를 부여하고, 높은 성과를 달성하는 개인을 계속 보유하는 동시에 더욱 유능한 인재들을 끌어들인다. 또 종종 팀의 성과보다 개인의 성과를 측정하는 것이 더 간단하다.

개인을 더욱 노력하게 만들고 싶으면 개인별 인센티브를 설정하는 것도 좋은 방법이다. 하지만 개인별 인센티브를 설정한 상태에서 팀 노력의 중요성을 강조하면 엇갈린 신호를 보내게 된다. 이 경우 직원은 어떤 신호를 따를까? 팀 노력이 중요하다는 말을 따를까, 아니면 돈을 따를까? 당연히 돈을 따를 것이다.

팀의 노력과 성과에 신경을 써야 할 때 개인별 인센티브 제도를 실시한다고 가정해보자. 이때 발생하는 단점은 앞에서 언급한 장점보다 클 수 있다. 개인별 인센티브는 팀의 성과가 아니라 개인의 성과에 집중하라고 직원들을 격려한다. 이런 경향은 경쟁을 불러올 수 있고 심지어 상대적 성과를 높일 요량으로 방해 행위를 유발할 수 있어서 협동을 해친다.

팀워크를 장려하고 싶다면 목표를 달성했을 때 팀 전체에 제공하는 팀별 인센티브를 사용해야 한다. 조심스럽게 설계한 팀별 인센티브는 협업하고, 효과적으로 의사소통하고, 더 강력한 공동체 의식을 북돋우도록 개인에게 동기를 부여할 수 있다.

기업에서 멘토링을 제공하는 관행을 생각해보자. 신입사원의 성공은 더욱 경험 많은 동료들에게 받는 멘토링의 질에 힘입을 때가 많다. 만약 기업이 개인별 인센티브에 초점을 맞춘다면 경험이 풍부한 직원들은 굳이 자신의 귀중한 시간을 써서 신입사원을 도와주려고 하지 않을 것이다. 설사 그들이 멘토링하는 것을 좋아하고 또 하고 싶어 한다고 하더라도, 조직이 개인별 인센티브를 제공하는 것은 개인의 성과에만 집중하라는 신호를 보내는 것이다. 게다가 멘토링의 질에도 영향을 미칠 수 있다. 경험이 풍부한 직원들이 훈련시키는 신입사원이 미래의 경쟁자로 바뀔 수 있기 때문이다.

멘토링이 기업에 안기는 이익이 매우 큰 경우가 많으므로, 엇갈린 신호를 보낸다면 조직은 비싼 대가를 치를 것이다. 그 대신에 조직이 팀 성과에 근거해 인센티브를 제공하면, 경험이 풍부한 직원에게 동기를 부여해서 신입사원을 돕는 것이 조직이 원하는 것이라고 이해하고 신입사원을 돕는 일에 시간을 쓸 것이다.

하지만 팀별 인센티브는 '무임승차'를 부추겨서 역효과를 낼 수 있다. 다른 팀원들이 미진한 부분을 채워줄 것으로 기대하면서 노력을 아끼는 팀원들이 생길 수 있다. 이렇게 행동하는 팀원의 수가 일정 수준에 도달하면 팀별 성과에 타격을 줄 것이다. 또 팀원 사이에 목적 달성에 기여하는 정도가 다르면 분노와 긴장이 커질 수 있고, 팀이 목표에 도달하지 못하면 서로 비난하기 시작한다.

개인별 인센티브와 팀별 인센티브의 올바른 균형은 상황에 따라 달라진다.

팀끼리 장애물 경주를 한다고 생각해보자. 한 명의 주자가 결승선을 먼저 통과하는 팀이 우승한다. 여기서는 개인별 인센티브가 통한다. 팀은 최고의 재능을 갖춘 주자를 데려와서 경주에서 뛰게 하고, 그들에게 보상하고 싶어 한다. 그러는 동시에 기업은 팀 전체가 힘을 합해 가장 빠른 주자를 지원해주기를 원한다. 따라서 팀별 인센티브 몇 가지를 추가하고 싶겠지만 이것이 팀을 움직이는 동력은 아니다.

이제 팀원 전체가 결승선을 먼저 통과해야 우승하는 장애물 경기를 생각해보자. 이때는 팀에서 가장 느린 팀원에게 승패가 달려 있다. 팀 전체가 경쟁하지만, 가장 느린 주자가 상대 팀에서 가장 느린 주자보다 빨리 결승선을 통과하는 팀이 승리한다. 이런 종류의 경쟁에는 매우 다른 인센티브가 필요하다. 즉 가장 빠른 주자가 아니라 가장 느린 주자를 돕도록 팀원 전체에 동기를 부여하는 인센티브가 필요하다.

이러한 예는 연구개발 경주에서 흔히 찾아볼 수 있다. 일부 연구개발 상황에서는 탁월한 개인이 경쟁에서 이길 수 있는 탁월한 아이디어를 생각해내야 한다. 또 다른 연구개발 상황에서는 장거리 경주에서 이기기 위해 팀이 여러 차원의 연구를 수행하기 위해 협력해야 한다.

지나친 경쟁 혹은 안일한 무임승차

가격 경쟁이라면 대기업이 시장 점유율을 차지할 목적으로 가격을 인하하는 전략을 떠올릴 수 있다. 코카콜라와 펩시가 벌이는 콜라 가격 전쟁 덕분에 탄산음료 가격이 낮게 유지된다. '맥도날드, 버거킹, 웬디스 사이에 전쟁이 벌어지고 있다: 소비자에게 멋진 소식이다A War Is Breaking Out between McDonald's, Burger King, and Wendy's: and That's Great News for Consumers' 같은 제목의 기사를 읽을 때 소비자는 행복하다.[7]

이런 대기업들을 '단일 주체'로 생각해야 할까, 아니면 팀으로 생각해야 할까? 기업 자체는 하나의 행복한 대가족이 아니다. 가격 책정 방식을 둘러싸고 사내에 긴장, 경쟁, 갈등이 일어날 수 있다. 종종 무시되기는 하지만 이런 기업에 있는 내부 조직 상황과 이해관계의 상충 가능성이 행동을 일으키는 주요 역할을 한다.

나는 게리 본스타인과 함께 이런 극적인 상황을 더 깊이 들여다보고, 조직이 타 기업들과 경쟁하는 방식과 그에 따른 시장 가격에 조직 구조가 어떻게 영향을 미치는지 파악하고 싶었다.[8]

한 항공사가 새 비행기를 구매하려 한다고 생각해보자. 이 시장에서 주요 경쟁자는 보잉737과 에어버스A320이다. 간단하게 설명하기 위해 항공사의 구매 결정은 가격에만 근거한다고 가정하자. 이 시장에서는 두 경쟁자가 상대편 비행기의 가격을 깎는 방식으로 경쟁한다. 또 보잉의 CEO는 에어버스의 CEO를 깎아내리려 하고, 반대의 경우도 마찬가지다.

또는 좀 더 복잡하고 좀 더 현실적인 조직들이 경쟁하는 시장을 생각해보자. 각 조직은 비행기에 들어가는 여러 부품(엔진, 항공 전자 기기)을 생산하는 기업들로 연합을 형성한다. 연합에 속한 각 기업은 부품 가격을 독립적으로 설정하며, 이때 비행기 가격은 개별 기업들이 요구하는 가격의 합이다. 보잉 연합의 모든 기업은 경쟁력 있는 가격을 책정하고, 에어버스에 대항한 경쟁에서 승리하느냐에 공동으로 이해관계를 갖는다. 또 개별 기업은 연합이 거두는 이익에서 자사의 몫을 최대화하는 데도 관심을 기울인다.

보잉이 제너럴일렉트릭에서 엔진을 구매하는 경우를 살펴보자. 보잉은 737에 들어가는 엔진을 다른 기업에서 생산하는 엔진으로 간단히 바꿀 수 없다. 엔진 제조사를 바꾸려면 비용이 많이 들고 시간도 오래 걸릴 것이다. 따라서 제너럴일렉트릭의 목표는 엔진 가격을 보잉이 계약을 따낼 수 있을 정도로 낮은 한도 안에서 최대한 높여 청구하는 것이다.

게리와 나는 실제로 보잉과 에어버스를 상대로 실험할 수 없기 때문에 두 기업의 경쟁을 모방한 실험실 게임을 설계했다. 우선 보잉과 에어버스를 각각 상징하는 A팀과 B팀이 경쟁하는 시장을 만들었다. 각 팀에는 세 선수(예: 엔진, 항공 전자 기기, 구성 요소와 부품)가 있다. 이 '선수'들은 우리 실험에 참여하고 자신들이 내린 결정에 근거해 돈을 받는 학생들이다. 우리는 선수들에게 2달러와 25달러 사이에서 가격을 책정하라고 요청했다. 팀의 가격은 세 선수의 가격을 단순히 합한 것이다.

A팀에서 선수 1이 10달러, 선수 2가 15달러, 선수 3이 5달러로 가격을 책정했다면 A팀의 가격은 30달러(10+15+5)다. 그런 다음 A팀의 가격을 경쟁에 부친다. 총가격이 더 낮은 팀이 경쟁에서 이기고 책정 가격을 지급받는다(동점이면 두 팀이 나눠서 지급받는다). 이 예에서 B팀의 총가격이 30달러 미만이면 B팀이 이기고, 30달러 이상이면 A팀이 이긴다. 이러한 단순한 게임에서 각 팀은 이익을 극대화하기 위해 경쟁자보다 낮은 가격을 유지하는 한도 내에서 가격을 최대한 높게 책정하고 싶어 한다.

이때 팀이 거둔 이익을 선수 셋에게 분배하는 방식 두 가지를 비교해보면 흥미롭다.

팀별 인센티브를 받는 경우에는 우승에 따른 이익은 균등하게 분배되어 각 선수는 전체 이익의 정확히 3분의 1씩 받는다. 앞선 예에서 A팀이 이기면 모든 선수는 각자 10달러씩 받는다.

개인별 인센티브를 받는 경우에, 승리 팀의 각 선수는 자신들이 책정한 가격을 받는다. 앞선 예에서 선수 1은 10달러, 선수 2는 15달러, 선수 3은 5달러를 받는다. 상상할 수 있듯 선수들에게 개인별 인센티브를 제공하면 역동성이 완전히 바뀐다. 가격 경쟁은 가격 인하를 부추길 것으로 예상된다.

하지만 개인별 인센티브를 받는 경우에 각 선수는 무임승차 기회를 가지며, 실제로 무임승차하려는 유혹을 느낀다. 팀의 다른 선수들이 낮은 가격을 책정하면 나머지 선수는 더 높은 가격을 책정하고도 여전히 이길 가능성이 있다.

A팀의 예에서 선수 3이 '사람이 좋고' 그다지 높지 않은 가격을 요구한 덕택에 선수 2는 15달러를 챙길 수 있었다. 반면에 이익을 균등하게 분배하는 팀별 인센티브를 사용하면 무임승차 기회를 없앨 수 있다.

우리는 참가자들에게 이 게임을 매번 다른 팀과 모두 100번 하게 하고 역동성을 관찰했다. 우선 개인별 인센티브를 제공하면 가격이 급격히 떨어지는 것을 막을 수 있을 것이라고 예측했다. 실제로 그랬다. 팀별 인센티브를 제공한 경우에 게임을 100번 한 후 산출한 평균 가격은 12달러 미만이었던 반면에 개인별 인센티브를 제공한 경우에 평균 가격은 30달러로 2.5배였다.

이 실험은 조직이 팀별 인센티브를 선택하느냐 개인별 인센티브를 선택하느냐에 따라 내부 역동성의 변화를 보여주는 간단한 예다.

극적인 효과를 원하는가? 직원에게 개인별 인센티브를 제공하고 서로 경쟁하게 하라. 좀 더 평화로우면서, 가능하다면 의욕이 과열되지 않는 조직을 원하는가? 그러면 팀별 인센티브를 사용하라. 어떤 결정을 내리든 팀 안에서 사용할 인센티브 구조는 당신이 달성하려는 목표에 부합해야 한다.

누가 공을 찰 것인가

당신이 2019년 맨체스터유나이티드 소속 프로 축구 선수이자 공격수인 알렉시스 산체스라고 상상해보자. 잉글랜드 축구 리그 시스템에서 최상위 경쟁인 프리미어리그의 시즌 세 번째 경기가 펼쳐지고 있다. 상대 팀이 조직적인 공격에 실패하는 즉시 당신은 공을 가로채서 신속하게 역습에 나선다. 필드를 가로질러 상대편 골대를 향해 빨리 전진한다. 페널티 구역 바로 밖까지 접근하면 중요한 결정을 내려야 한다. 남아 있는 수비수 두 명 주위로 이동해 직접 득점을 시도할 수 있다.

직접 슈팅할 때 골 성공 확률이 40퍼센트라고 해보자. 직접 슈팅할 게 아니라면 14미터 밖에서 앞이 트여 있는 동료 폴 포그바에게 공을 패스할 수 있다. 이때 골 성공 확률을 60퍼센트로 판단했다고 해보자.

당신은 어떻게 하겠는가? 팀의 관점에서 생각하면 패스로 골을 넣을 가능성이 더 높으므로 동료에게 공을 패스하는 편을 선호할 것이다. 그런데도 산체스가 포그바에게 공을 패스하는 것을 주저한다면 그 이유는 무엇일까?

팀의 성공이 모든 인센티브를 좌우한다면 선택하기가 쉬울 것이다. 하지만 실상은 그렇지 않다. 당시 맨체스터유나이티드에서 가장 연봉이 높은 산체스가 체결한 계약의 보너스 조항에 따르면, 산체스는 골을 넣을 때마다 7만5천 파운드를 받고 어시스트에 성공할 때마다 2만 파운드를 받는다.9

이러한 유형의 개인별 인센티브는 팀 전체의 성공과 선수 개인의 보상 사이에 상충관계를 형성한다. 선수의 관점에서 생각하면 공을 패스하는 것이 팀에 더 이롭더라도, 골과 어시스트에 따른 보너스의 격차를 감안하면 직접 슈팅을 시도하는 것이 훨씬 유리할 수 있다. 산체스의 관점을 좀 더 설명하기 위해 그의 결정 과정을 게임 트리로 표시했다.

이런 유형의 개인별 인센티브는 동기가 상충하는 문제 외에도 팀 내부의 분열을 초래할 수 있다. 2019년 10월에 열린 경기에서 산체스와 포그바는 누가 페널티킥을 찰지를 놓고 경기장에서 다툼을 벌였다. 팀의 다른 최다 득점자인 포그바는 골

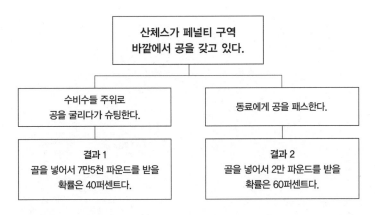

산체스가 페널티 구역
바깥에서 공을 갖고 있다.

수비수들 주위로
공을 굴리다가 슈팅한다.

동료에게 공을 패스한다.

결과 1
골을 넣어서 7만5천 파운드를 받을
확률은 40퍼센트다.

결과 2
골을 넣어서 2만 파운드를 받을
확률은 60퍼센트다.

산체스의 효용성: 결과 1의 기대치는 3만 파운드(7만5천 파운드의 40퍼센트)이고, 결과 2의 기대치는 1만2천 파운드(2만 파운드의 60퍼센트)다. 기대치는 '결과 1 > 결과 2' → 산체스는 직접 슈팅하기로 선택한다.

을 넣을 때마다 5만 파운드를 받고 어시스트에 성공할 때마다 2만 파운드를 받는다. 자신들이 받을 인센티브를 알고 있으므로 두 사람 다 득점 보너스를 원했으리라고 충분히 예상할 수 있다.[10]

또 이러한 분열은 개인의 의견 차이에 그치지 않고 팀으로 확대된다. 영국의 한 전국 신문은 포그바와 산체스가 받는 보너스와 클럽의 나머지 선수들이 받는 보너스의 격차가 커서 팀 내부에 분노와 불만족을 유발했다고 보도했다.[11] 팀 분위기가 나빠지면서 개별 계약 보너스는 역효과를 일으켜서 팀 동료들 사이에 반감이 생겨난 것이다.

팀별 인센티브와 개인별 인센티브: 어디 한번 해보자

대규모 개인별 인센티브에 잠재적인 단점이 있는데도 맨체
스터유나이티드는 천문학적인 골 보너스를 지급하는 기록을
남겼다. 관련 수치를 찾아보면, 로멜루 루카쿠는 구단에서 활
동한 첫 4년 동안 시즌마다 23골을 터뜨려서 1천만 파운드를
받았다.[12] 즐라탄 이브라히모비치는 2017년 시즌 동안 골당
최대 18만4,900파운드를 받아서 골 보너스로 모두 369만 파
운드 이상을 벌었다.[13]

개인별 인센티브를 제공하는 것은 맨체스터유나이티드를

포함해 대부분의 대형 클럽에서 매우 흔하다. 예를 들어 리버풀에서 포워드로 뛰는 호베르투 피르미누가 2016년에 체결한 계약에 따르면 시즌 동안 골을 넣을 때마다 보너스는 점점 인상되어서 16골을 넣은 후에는 골당 8만5천 파운드까지 받았다.[14] 또 어시스트가 골로 이어질 때마다 3만1천 파운드를 벌었으나, 이 금액보다 그가 같은 시즌에 직접 다섯 골을 넣어 벌어들인 금액이 훨씬 크다.[15]

이와 대조적으로 일부 팀은 개인 성적보다 팀의 승리가 중요하다고 강조한다. 가령 미국 최상위 프로 축구 리그인 메이저리그사커MLS는 골이나 어시스트에 성공할 때마다 선수들에게 같은 금액의 보너스를 지급하는 방식으로 개인의 이익과 팀의 성공 사이에 발생하는 갈등을 최소화한다.[16] 이런 계약은 신호를 일치시켜서 팀과 개인의 목표가 같다는 메시지를 보낸다. 하지만 골을 많이 넣는 스타 선수들이 개인적인 성공에 불균형적으로 많이 보상하는 팀을 선호할 수 있다는 단점이 있다.

이런 인센티브 문제는 프로 축구에만 발생하지 않는다. NFL 선수들도 개인별 인센티브와 팀별 인센티브를 통합해서 받는다. 프로 축구와 마찬가지로 팀의 목표는 분명하다. 경기에서 이기고, 플레이오프에 진출하고, 리그에서 높은 순위에 오르는 것이다. 하지만 경영진은 팀별 인센티브를 주는 것만으로는 선수 개개인에게 동기를 부여할 수 없다고 대부분 믿는다. 따라서 많은 선수에게 전진한 야드 수, 시도당 야드 수, 터치다운 등 경기 통계에 근거해 개인별 성과급을 제공한다.[17]

2007년 볼티모어레이번스 소속 수비수인 터렐 서그스는 색 sack의 목표치를 충족했을 때 550만 달러라는 엄청난 보너스를 받는다는 조항을 달아 계약을 맺었다.[18] 미식축구의 규칙에 익숙하지 않은 사람을 위해 설명하자면 색은 쿼터백이 전방 패스를 하기 전에 스크리미지 선line of scrimmage(경기를 시작할 때 지면에 공을 두는 접선이면서 골 라인과 평행한 가상의 선) 뒤에서 태클을 걸 때 시도한다.

해당 인센티브를 제공받는 경우에 서그스는 경기 접근 방식을 어떻게 바꿀까? 아마도 상대 팀 쿼터백을 '색'하려는 시도를 더 많이 하거나 위험을 좀 더 감수할 것이다. 경기장에서 이렇듯 공격적으로 움직이는 것은 나름대로 가치가 있겠지만 팀 입장에서 생각하면 항상 최적은 아니다. 색을 시도할 기회를 엿보느라 결정적으로 중요한 러닝 플레이running play(공을 가진 선수가 잘 달려서 자기 팀의 전진 거리를 늘리는 공격)를 포기할 수도 있기 때문이다. 서그스는 결국 색의 목표치를 달성하는 데 성공해서 수백만 달러를 보너스로 받았지만, 레이번스는 저조한 성적으로 시즌을 마쳤다.[19]

NFL 선수들은 계약에 따른 보너스 외에도 다른 형태의 개인별 인센티브, 즉 리그가 제공하는 성과급을 받을 수 있다.

2019년 시즌에서 NFL 선수들은 총 1억4,795만 달러라는 거액을 성과급으로 받았다. NFL은 선수마다 출전 시간 대비 연봉의 비율을 계산해 산출한 선수 지수를 기준으로 성과급을 지급한다. 따라서 선수의 출전 시간이 증가하고 연봉이 감소하면 성과급은 늘어난다.[20]

이러한 성과급 구조에서 선수들은 자신의 건강보다 경기 출전 시간을 늘리는 쪽을 선택하도록 동기를 부여받는다. 많은 선수에게 출전 시간은 돈과 직결되므로 선수들은 다치거나 통증을 느낄 때도 경기에 출전하기로 선택한다. 몸을 회복할 목적으로 출전하지 않는 것은 곧 일부 성과급을 잃는다는 뜻이기 때문이다. 팀의 주요 선수들이 보너스를 받기 위해 건강과 회복을 지속해 희생한다면, 결국 개인별 인센티브는 팀의 장기적인 성공에 득보다 실이 될 수 있다.

이 장에서는 팀이 제공하는 개인별 인센티브의 몇 가지 측면을 살펴봤다. 팀원들에게 개인별 인센티브를 제공하는 이유는 동기를 부여하기 위해서다. 그렇다면 이런 인센티브가 정말 필요할까? 장기적으로 선수들은 자신들의 성공에 근거해 보상받는다. 즉 선수로서 느끼는 자부심 같은 내재적 성공과 팀 기반 인센티브를 포함해 미래에 체결할 계약의 형태로 보상을 받는다. 이것으로 충분하지 않을까? 이때 선수가 받는 개인별 인센티브의 비용은 적지 않다.

경영진은 선수들에게 '팀을 승리로 이끌기 위해 최선을 다해야 한다. 팀워크를 다지고 팀을 승리시켜야 한다.'라는 강력한 신호를 보낸다. 하지만 개인별 인센티브는 '우리는 **당신이** 골을 넣기를 기대한다.'라는 매우 다른 신호를 보낸다. 이렇게 신호가 엇갈리면 상당히 큰 대가를 치러야 할 수 있다.

지금까지 인용한 사례를 살펴보더라도 개인별 인센티브와 팀별 인센티브 중에서 무엇을 선택하느냐는 활동의 성격과 원하는 결과에 달려 있다. 일부 사례로 판단하면 '최고' 선수 한 명에 관심이 있을 때는 개인별 인센티브를 사용한다. 하지만 그렇게 결정하는 경우에는 개인적 기여를 장려하는 동시에 팀 협동까지 독려함으로써 엇갈린 신호를 보내지 말아야 한다. 팀의 노력에 관심이 있는 경우에는 인센티브를 이 목표에 맞춰야 한다.

물론 두 가지 인센티브를 결합하는 창의적인 방법도 있다. 예를 들어 상에 관해 설명할 12장에서는 '최고멘토상'처럼 특별상을 수여해 개인의 노력을 북돋우면서도 팀에 투자하도록 장려하는 방법을 살펴볼 것이다. 또는 개인별 인센티브와 팀별 인센티브를 둘 다 사용하는 방법이 있다. 예를 들어 경기에 이기는 경우에 팀 전체에 보너스를 지불하는 동시에 골을 넣어 득점한 선수 전원에게 보너스를 지불하는 것이다.

요점

목표와 일치하도록 팀별 인센티브와 개인별 인센티브의 균형을 맞춰야 한다.

3부

인센티브는
어떻게 이야기를
만드는가

지금쯤이면 인센티브로 신호를 받아 이야기가 만들어진다는 점을 이해했을 것이다. 서로 다른 인센티브 구조는 우리가 이야기와 행동에 의미를 부여할 때 영향을 미친다. 행동경제학자들과 심리학자들은 이러한 인센티브 구조의 체계적인 작용 방식을 발견하고 있다. 3부에서는 이런 심리적 규칙의 일부를 살펴보고, 목표를 달성하기 위해 이 규칙을 어떻게 사용할 수 있을지 알아보자.

8

나쁜 것은 없느니만 못하다

인센티브의 실패와 이해관계

내게는 잘못된 인센티브에 얽힌 이야기를 수집하는 색다른 취미가 있다. 이처럼 재미있는 일화를 모아보면 일반적으로 생각하는 것보다 사람들이 훨씬 창의적이라는 사실을 깨닫게 된다. 이 장에 나오는 이야기들을 읽다 보면 인센티브 설계자들이 안타깝게도 같은 실수를 반복한다는 사실을 깨달을 것이다. 인센티브는 제대로 사용될 때 강력한 잠재력을 발휘하는데, 이 점을 생각하면 참 안타까운 현상이다.

웰스파고는 어째서 재건이 필요할까?

최근에 웰스파고는 '재건'이라는 기치를 내세우면서 브랜드 마케팅에서 흥미로운 반전을 시도했다. 웰스파고가 자사를 재건해야 한다고 판단한 이유는 다소 평범하다. 2016년 9월, 웰스파고의 명성이 재처럼 사라졌다. 광범위한 사기 행각에 관여했다는 의혹 때문인데, 매출을 늘리려고 나쁜 인센티브를 설정한 결과였다.

1997년 당시 CEO 리처드 코바세비치는 고객당 평균 은행 상품을 여덟 개 보유하게 하자는 목표를 세우고 계획을 추진하기 시작했다. 고객에게 상품을 판매하고 할당량을 초과한 직원들에게는 임금 인상이나 승진으로 보상한다는 계획을 세웠다.[1] 직접적이고 효과적인 인센티브처럼 들리지 않는가? 하지만 그렇지 않았다.

매출 할당량은 실제로 달성할 수 없는 경우가 많았으므로 직원들은 일자리를 유지하기 위해 속임수를 쓰기 시작했다. 2009~2016년 미국 전역의 웰스파고 직원 수천 명은 고객에게 알리지 않고 고객 이름으로 가짜 신용카드를 발급했고, 고객의 승인을 받지 않고 계좌를 열었으며, 고객이 원하지 않는 보험 상품에 가입했다. 당시 가짜 계좌 수는 350만 개에 이르렀다. 사기 행각이 드러나면서 직원 5,300명이 해고됐다.[2]

이런 직원들이 7년 동안 어떤 일상을 보냈을지 상상할 수 있겠는가? 아침에 사무실에 출근해 커피를 내려 마시고, 컴퓨터를 켜고, 계속 가짜 계좌를 만들고 관리했다! 이러한 환경에서 일반 직원이 정직하게 근무하기는 상당히 어려웠을 것이다.

어째서 직원들은 속임수를 쓰며 시간을 보냈을까? 상사들이 그렇게 신호를 보냈기 때문이다. 경영진은 사기 행위를 조장하고 심지어 보호하기까지 했다. 이런 사기 행위를 웰스파고 윤리 부서에 알린 직원들은 나중에 사측의 보복을 당했다고 털어놓았다.[3] 은행은 공식 사명 선언문에서 윤리가 중요하다고 강조했지만, 사기 행위를 알린 직원에게 보복하고 이러한 인센티브를 실행함으로써 직원들에게 전혀 다른 메시지를 보냈다.

웰스파고가 치러야 하는 대가는 상당히 컸고 지금도 여전히 대가를 치르고 있다. 평판이 무너진 것이 가장 큰 피해였고 아직도 완전히 회복되지 못하고 있다. 자사의 인센티브 계획이 잠재적으로 어떤 악영향을 미칠지 경영진이 좀 더 신중히 생각했더라면 이런 사태는 일어나지 않았을 것이다.

웰스파고는 어디서부터 잘못되었을까?

5장에서 살펴보았듯 양에 보상하는 인센티브는 질을 확인할 수 있는 시스템 안에서 구축해야 한다. 이런 시스템은 두 가지 목표를 달성한다. 첫째, 저질 제품을 생산한 직원은 처벌이라는 비싼 대가를 치른다. 둘째, 결과적으로 경영진이 질에 신경을 쓴다는 신호를 보낸다. 웰스파고가 좋은 감사 시스템을 갖춰서 가짜 계좌를 개설한 직원을 적발하고 처벌할 수 있었다면 이런 목표를 달성할 수 있었을 것이다. 감사를 실시하고 속임수를 처벌하면 속임수를 쓰려는 동기가 감소할 것이다. 이런 직접적인 효과를 '억제deterrence'라고 부른다.

이런 감사 시스템이 가동될 때, 경영진은 윤리의 중요성을 서술한 형식적인 사명 선언문에만 신경을 쓰는 것이 아니라 실제로 정직성에 신경을 쓴다는 신호를 직원에게 보낼 것이다. 고객의 이익을 보호하기 위해 자원을 투자하는 행위는 '우리는 고객에게 관심을 쏟고 고객을 보호하기 위해 기꺼이 돈을 씁니다.'라는 강력한 메시지를 보낸다. 이 신호는 웰스파고가 보내는 공식 메시지와 일치했을 것이고 직장 문화를 바꿨을 것이다. 그랬다면 상품과 서비스의 양은 줄어들더라도 결국 질은 더 높아졌을 것이다. 다시 말해서 직원들이 개설한 계좌 수는 더 적었겠지만, 개설한 계좌는 진짜였을 것이고 수익을 냈을 것이다.

웰스파고는 공개적으로 사과하고 모든 사내 인센티브 제도를 없애는 방식으로 의혹에 대처했다. 그 후 의뢰받고 컨설팅하는 일을 가끔 하면서 나는 은행업계 전체가 인센티브 제도를 실시하지 않고 있다는 사실을 알게 되었다. 하지만 기업의 무기고에서 인센티브 제도를 완전히 제거하는 것은 큰 대가가 따르는, 과한 조치다. 양에 보상하는 인센티브와 균형을 이루기 위해 적절한 감사 시스템을 도입했다면 올바른 신호를 보낼 수 있었고 인센티브는 실패하지 않았을 것이다.

벌금을 내는 것이 이득이라고?

아이의 하원 시간에 맞춰 어린이집에 도착하는 것은 중요하다. 내 딸들이 어렸을 때였다. 하루는 교통 체증이 심해서 딸들이 다니는 어린이집 하원 시간에 늦을까 봐 미친 듯이 차를 몰았던 적이 있다. 어린이집이 문을 닫는 시간은 오후 4시였다. 나는 4시 2분에 차를 세우고 어린이집으로 허겁지겁 뛰어 들어가면서, 운전하는 내내 생각해둔 사과의 말들을 머릿속으로 계속 되뇌었다. 하지만 교사의 못마땅한 눈초리를 보자마자 목구멍이 꽉 막히면서 한마디도 나오지 않았다. 결코 유쾌한 경험은 아니었다.

이 사건이 있고 몇 주 뒤 어린이집 원장은 오후 4시 10분 이후에 도착하는 부모들에게 10셰켈을 벌금으로 부과하겠다고 결정했다(이스라엘에서 겪은 일이었고, 이스라엘 통화 10셰켈은 당시 미화로 약 3달러였다). 나는 속으로 '오! 단돈 3달러라고? 잘됐군.' 하며 쾌재를 불렀다. 그래서 다음번에 늦었을 때는 미친 듯이 운전하지 않았다. 3달러를 아끼자고 목숨을 걸 필요는 없었기 때문이다.

나는 그때의 경험에서 영감을 얻어서 알도 러스티치니와 함께 어린이집 하원 시간에 지각한 부모들에게 벌금을 부과하는 제도의 효과를 알아보려고 현장 실험을 설계했다.[4] 우선 벌금이 없는 어린이집들을 대상으로 실험을 했다. 첫 4주 동안은 단순히 각 어린이집에서 발생한 지각 수를 기록했다. 그런 다음 여섯 군데 어린이집에서 지각한 부모들에게 벌금 3달러를 부과했다.

실험 결과를 보니 벌금에 반응해 행동을 바꾼 것은 나만이 아니었다. 지각한 부모 수가 평균적으로 두 배 늘어났다! 부모들의 지각을 막으려고 도입한 벌금 제도가 오히려 지각을 장려한 셈이 되었다. 왜일까?

정책이 실시되기 전에 부모들은 지각할 때 기분이 좋지 않았다. 지각이 사회에도 자신에게도 나쁜 신호를 보냈기 때문이다. 하지만 어린이집 원장은 지각에 소액의 벌금을 부과함으로써 지각이 그다지 나쁘지 않다는 신호를 보냈다. 부모들은 지각이 처음 생각했던 것만큼 눈살을 찌푸리게 만드는 행동이 아니라는 점을 학습했다. 게다가 벌금도 3달러에 불과했다. 벌금을 내면 죄책감을 느끼지 않고 지각할 수 있었으므로 벌금은 물건의 가격처럼 작용했다. 그래서 부모들은 벌금이 '지각

허가증'이 되고도 남을 만큼 낮다고 생각했다.

우리는 실험 후반부에서 벌금을 없애고 그 후 어떤 현상이 일어나는지 관찰했다. 결과적으로 소액의 벌금을 부과하면 지각이 그다지 나쁘지 않다는 신호를 보내는 것이라는 주장을 뒷받침하는 증거를 찾았다. 벌금을 없앤 뒤에도 부모들의 행동이 바뀌지 않았던 것이다. 부모는 벌금을 가격으로 생각하면서 지각이 그다지 나쁘지 않다고 학습했다.

규모가 작은 어린이집만 지각한 부모에게 3달러를 벌금으로 부과함으로써 이런 신호를 보내는 실수를 하는 것은 아니다. 대규모 조직도 이와 비슷한 실수를 할 수 있다. 웨일스 정부는 학기 중에 (자녀를 학교에 출석시키는 대신) 자녀에게 교외 체험 학습을 시키는 부모에게 벌금 60파운드를 부과하는 제도를 시행하고 나서야 잘못된 정책이라는 것을 알았다.[5]

부모들은 여행비를 줄일 수 있고 여행지가 덜 붐빌 때 가족 휴가를 가기 위해 종종 아이들을 학교에 보내지 않았다. 이때 벌금 60파운드는 어린이집이 지각하는 부모에게 부과한 벌금 3달러와 마찬가지로 가격으로 작용했다. 그래서 부모는 벌금을 물고서라도 자녀가 며칠 동안 결석하는 것을 결정할 권한을 손에 쥐었다.

한 보고서에 따르면 이러한 벌금 제도를 도입하고 나서 부모가 자녀를 무단으로 결석시키고 가족 휴가를 떠나는 사례가 증가했다. 일부 부모는 휴가철에 여행하느라 쓰는 비용보다 아이를 결석시키고 내는 벌금 60파운드가 더 경제적이라고 말했다. 심지어 수완 좋은 여행사들은 여행 상품을 판매하기 위해 벌금을 부모 대신 내주는 조건까지 제시하기도 했다!

이 두 가지 사례는 어떻게 벌금이 가격으로 작용할 수 있는지를 보여주는 동시에 벌금의 크기가 강력한 신호로 작용함을 보여준다. 미국의 일부 어린이집은 부모가 지각하면 벌금으로 분당 5달러를 부과한다.

이보다 훨씬 센 벌금을 부과하는 어린이집도 있다. 한 뉴질랜드인 엄마는 1분 지각하는 바람에 벌금으로 55달러를 냈다고 페이스북에 올렸다. 이 엄마의 아이가 다니는 어린이집은 하원 시간에 지각하는 부모에게 기본 벌금으로 20달러를 부과하고, 1~30분 늦으면 35달러, 31~60분 늦으면 85달러를 추가로 부과한다.

이렇게 무거운 벌금은 얼마나 효과가 있을까? 어린이집에 따르면 1년 동안 이런 벌금 정책에 따라 벌금을 낸 부모는 두 사람뿐이었다. 내가 알고 있는 대부분의 어린이집은 이처럼 비싼 벌금을 부과할 엄두를 내지 못한다.[6]

암스테르담대학교의 경제학·경영학과 학장인 한 반 디절이 상당히 비싼 벌금의 가장 좋은 예를 들었다. 파리에 있는 일부 어린이집은 부모가 하원 시간에 지각하면 매니저가 아이를 지역 경찰서로 데려다 놓고 부모더러 찾아가게 한다. 이렇듯 무거운 처벌은 지각의 대가가 엄청나게 비싸게 책정되었다는 것을 의미하며, 이를 통해 지각이 눈살을 찌푸리게 하는 행위라는 신호를 보낸다. 웨일스 정부가 학기 중간에 아이들을 학교에 보내지 않고 휴가지로 데려가는 부모에게 무거운 벌금을 부과했다면 효과를 보았을 것이다. 인센티브의 크기가 신호로 작용한다는 사실을 기억하자.

자동차 핸들에 못 박기

다음 그림은 근본적으로 나쁜 인센티브의 예다.

오토바이나 전기 자전거의 뒷좌석에 탄 사람은 운전자만 헬멧을 쓰고 자신은 쓰지 않는 상황을 정말 원하지 않는다. 애당초 헬멧을 쓰지 않고 타는 것 자체가 어리석지만, 이것은 어리석은 수준에 그치지 않고 문제가 더 커질 수 있다.

뒷자석 승객이 감수해야 하는 위험을 생각해보자. 헬멧을 쓴 운전자는 아마도 고속도로에서 속도를 약간 더 내거나 교통 체증으로 도로에 갇혔을 때 프라푸치노를 몇 모금 마실 수도 있다. 사람들은 자주 필요 이상으로 많은 위험을 감수하고, 자신이 더 안전하다고 느낄수록 더 많은 위험을 감수한다.

당신이 뒤에 타고 있다면 운전자가 자기만 안전하다고 느껴도 괜찮은가?

그림에서 운전자는 헬멧을 쓰고 있으므로 자신이 비교적 안전하다고 느낀다. 그렇다면 아마도 위험을 더 많이 무릅쓸 것이다. 따라서 헬멧을 쓰지 않고 운전자와 함께 오토바이나 전기 자전거를 타고 있는 승객은 난감한 입장에 놓일 것이다.

1975년에 샘 펠츠만은 1960년대 후반 미국에서 안전벨트와 기타 안전 규정을 의무화하자 자동차 사고 수가 오히려 증가했다고 주장했다.[7] 안전벨트를 착용하면 자동차가 충돌했을 때 중상이나 치명적인 부상을 입을 가능성이 줄어든다고 느낀 운전자들이 위험을 더 많이 감수했을 것이다. 새로운 규제들은 설사 사고를 당하더라도 안전벨트 때문에 괜찮으리라는 신호를 줌으로써 안전하게 운전하려는 운전자들의 동기를 약화했다.

에이즈 환자가 늘어나는 현상을 보더라도 이런 사실을 확인할 수 있다. 치료법이 발달하기 전에 에이즈에 걸리는 것은 사형선고였으므로 사람들은 에이즈가 확산할까 봐 극도로 조심했다. 치료법이 나오면서, 에이즈는 사형선고가 아니라 만성 질환으로 간주된다. 따라서 사람들은 에이즈를 덜 위협적인 질병으로 생각하고, 보호 장치 없이 성관계를 갖는 등 더 많은 위험을 감수해 결과적으로 감염자 수가 증가했다. 새로운 치료법이 있다는 사실이 에이즈에 걸리지 않도록 조심해야겠다는 동기를 약화한 것이다.

분명히 밝히지만, 운전자 안전 대책을 강구하거나 환자 생명을 살리는 새로운 치료법을 개발하는 것이 나쁘다는 뜻은 아니다. 다만 **승객을 헬멧 없이 승차하게 하면서** 운전자에게 안전감을 갖게 하는 것은 나쁜 인센티브다.

《안락의자 경제학자》의 저자인 스티븐 랜즈버그는 이 신호 전달 접근법을 한 단계 더 발전시켜 다음과 같은 탁월한 통찰을 제시했다. 당신이 승객이라면 운전자가 안전벨트 매는 것을 원하지 않아야 한다. 오히려 자동차 핸들에 길고 날카로운 못을 박는 방법을 고려해야 한다. 그래야 운전자가 사고의 결과를 아주 명확히 인식할 수 있기 때문이다.[8] 당신은 운전자에게 지나치게 빠른 속도로 운전하지 말라고 말할 수 있고, 당신은 안전을 가장 중요하게 생각한다고 운전자에게 강조할 수 있다. 하지만 이처럼 자동차 핸들에 못을 박으면, 최대한 안전하게 운전해주기를 바란다는 신호를 보내는 것이고 운전자는 그 신호의 뜻을 이해할 것이라고 확신할 수 있다!

하노이의 꼬리 없는 쥐

1897년 폴 두메르는 현재 베트남 하노이인 프랑스령 인도차이나의 총독으로 취임했다. 두메르는 취임 즉시 진정한 프랑스식 생활 방식을 도입해 도시를 현대화하기 시작했고, 그중 최대 성과는 변기를 도입한 것이었다.

불행하게도 하노이에 새로 생겨난 이 인프라를 좋아한 것은 프랑스인만이 아니었다. 도시에 서식하는 쥐들도 좋아했다. 쥐들은 마을 밑을 지나는 하수도를 순식간에 점령했다. 전문 쥐 사냥꾼들조차도 셀 수 없이 불어나는 쥐들을 막지 못했다. 좀 더 과감한 조치를, 그것도 효과적이고 신속하게 취해야 했다.9

두메르팀은 함께 머리를 맞대고 혁신적인 해결책을 생각해냈다. 쥐 한 마리당 1센트를 보상금으로 지급하는 방식으로 하노이 시민을 쥐 사냥꾼의 대리자로 삼자는 것이었다. 시민들은 증거로 쥐꼬리를 잘라 관공서에 제출해야 했다. 꼬리 수를 세서 보상금을 지급하는 업무를 공무원이 맡았다. 이내 꼬리가 관공서에 쏟아져 들어오기 시작했다.

두메르팀이 자신들의 아이디어가 성공했다고 선언하려는 찰나에 흥미로운 보고가 들어왔다. 꼬리 없는 쥐들이 도시를 미친 듯이 돌아다닌다는 것이다. 알고 보니 사업가 기질이 있는 시민들이 쥐를 잡아 꼬리만 자른 뒤 놓아주면서 쥐들이 더 번식하도록 두었다. 시민들은 쥐를 죽이는 것보다 돈을 더 벌 수 있는 방식을 알아차린 것이다. 꼬리가 잘린 쥐는 꼬리가 달린 새끼를 낳았으므로 그 꼬리를 잘라 관공서에 제출하면 보상을 또 받을 수 있었다. 시민들의 창의력은 여기서 멈추지 않고, 쥐 전용 사육이라는 수익성 있는 새 사업을 생각해냈다. 특히 일부 시민은 혁신적이게도 먼 곳에서 쥐꼬리를 수입하기까지 했다![10]

이 인센티브는 오직 수량에만 초점을 맞추고 질을 무시했기 때문에 실패했다. 총독은 사람들이 지역에 퍼져 있는 쥐를 죽여서 쥐의 확산을 막아주기를 원했지만, 사실상 이 인센티브는 적합하지 않았다. 웰스파고 사례가 그렇듯 질이 아니라 양을 목표로 삼은 것이 패착이었다. 시민들에게 쥐꼬리를 잘라 오라고 할 것이 아니라 쥐를 잡아 오라고 했다면 문제를 간단히 해결할 수 있었다.

매우 야릇한 주택

분위기를 좀 더 가볍게 전환해보자. 인센티브는 건축에서도 이상한 광경을 만들어낼 수 있다. 나는 장화를 닮은 이탈리아 반도의 발뒤꿈치에 있는 풀리아를 즐겨 찾는다. 이곳은 올리브 나무, 장엄한 해변, 맛있는 음식을 자랑하는 매력적인 지역이다. 풀리아는 가슴을 벅차게 하는 풍광을 보여주는 이트리아계곡에 있는데, 그곳에는 경제학자인 내게 특별히 매력적으로 보이는 건축물이 있다. 이곳 농부들이 지은 독특한 형태의 집, 바로 '트룰로trullo'다.[11] 다음 그림에서 집 지붕을 보라. 세계 어느 곳에서도 보지 못할 독특한 광경이다.

전형적인 트룰로는 마른 돌로 원통형 기단을 쌓은 다음 석회암 타일로 원추형 지붕을 쌓고 덮어 만들었다. 모르타르나 시멘트를 바르지 않고 지은 트룰로는 빨리 해체할 수 있었다.[12] 사실상 신속히 해체하기 위해 지은 집으로, 지붕 꼭대기에 있는 돌을 들어내면 지붕 전체가 주저앉았다.[13]

어째서 이토록 위태로운 집에서 살려고 할까? 당시 나폴리의 왕 로베르토(1309~1343년)는 건축물 사용 용도에 따라 세금을 거뒀다. 지붕이 있는 건축물은 집으로 간주해 무거운 세금을 부과했다.[14] 그래서 풀리아의 농부들은 기발한 아이디어를 생각해냈다. 세금 징수원이 마을로 들어오는 모습을 보자마자

인센티브가 지붕 모양을 결정한다.

재빨리 지붕을 해체해 무거운 세금을 피했던 것이다. 일단 세금 징수원이 다음 마을로 가면, 해체된 지붕을 다시 올리고 그 집에서 그대로 생활했다. 건축 형태에 근거해 세금을 징수하면서 다른 지역에서 찾아볼 수 없는 건축 행위가 생겨난 것이다.

　다음 건물 사진에서 일부 창문을 벽돌로 막은 이유를 추측할 수 있겠는가? 악명 높았던 세금으로 알려진 창문세Window Tax는 1696년 영국에서 처음 제정되어 18~19세기에는 프랑스, 아일랜드, 스코틀랜드에서도 실시됐다.[15] 창문세가 실시될 당시에는 집 창문이 소유주의 재산 수준을 반영한다고 간주했다. 즉 창문세는 부자일수록 더 큰 집을 소유하고 창문도 더 많다는 논리에 따라 제정된 법이었다. 정부는 재산이 많을수록 세금을 더 많이 내는 누진적인 재산세 제도를 만들고 싶어 했다.

어느 시점에 이르자 관리들은 창문세 관련 세수가 줄어들고 있음을 알아차렸다. 알고 보니 건물주들이 벽돌로 창문을 막았고, 새로 건물을 지을 때는 창문 수를 줄였다.[16] 이 영리한 해결 방법을 온전히 이해하기 위해서는 우선 세금 징수 구간과

인센티브가 창문 모양을 결정한다.

세율을 이해해야 한다. 창문이 10~14개인 집은 창당 6펜스, 창문이 15~19개인 집은 창당 9펜스, 창문이 20개 이상인 집은 창당 1실링을 세금으로 내야 했다. 창문세를 징수한 기간의 세금 기록을 면밀히 조사해보면 전체 건물 중 거의 절반에 해당하는 건물의 창문 수가 신기하게도 9개, 14개, 19개였다.[17] 시민들이 나쁜 세금 제도의 빈틈을 찾아내서 창의성을 발휘해 세금을 피했던 것이다.

흥미롭게도, 매우 부유한 사람들은 반대로 행동했다. 오히려 필요 이상으로 많은 창문을 달아 부를 과시했다! 이것은 인센티브를 사용하면 다른 사람에게 매우 쉽게 신호를 보낼 수 있다는 사실을 입증하는 사례다. 이 경우에는 인센티브가 집주인의 부를 알리는 데 기여했다.

결국 창문세는 1851년 폐지되었다. 창문이 부족하면 질병과 건강 문제를 일으킨다는 불평이 여러 해 동안 끊이지 않았기 때문이다. 오늘날 판자로 막힌 창문을 유럽 일부 지역에서 여전히 볼 수 있는데, 이는 세금 형태의 인센티브가 시간이 지난 후에도 나쁜 영향을 미칠 수 있다는 것을 입증한 증거다.

암스테르담 운하를 따라 늘어선 집들도 이런 역동성의 결과다. 나쁜 세금 인센티브가 의도치 않게 좁은 집들을 짓도록 부추겼던 것이다.[18] 네덜란드는 자연 특성상 부드러운 토양 위에 집을 지어야 했으므로 하중을 견디도록 커다란 말뚝을 땅속 깊이 박아 넣어야 했다. 암스테르담 시민은 종종 말뚝의 길이를 줄여서 건축 비용을 절감했으므로 결과적으로 집이 기울기 시작했다. 이 문제를 해결하기 위해 정부는 인가받은 공무원만 말뚝을 설치할 수 있다는 강제 규정을 만들었다. 정부는 이제 새 노동력에 지급할 임금이 필요했으므로 건설하는 주택의 폭을 근거로 추가 세금을 부과하기 시작했다(폭이 넓은 주택에는 말뚝을 더 많이 박아야 한다).[19]

이런 종류의 세금을 납부해야 하는 시민들은 가파른 계단을 설치하고 높고 좁은 주택을 짓기 시작했으며, 그 당시 지은 집들이 오늘날에도 아름다운 자태를 뽐내게 된 것이다. 만약 암스테르담에 가서 무거운 짐을 들고 가파른 계단을 낑낑대며 올라가야 한다면 과거의 세금 인센티브를 탓해야 한다. 또 세금을 납부할 수 있을 정도로 부유하다는 신호를 보내고 싶어 하는 사람들이 지은 집들도 근방에서 쉽게 찾아볼 수 있다.

큰 영향을 미친 작은 인센티브

정보를 얻을 수도 없고 재미가 없을 수도 있지만 인센티브가 효과를 발휘한 예를 살펴보자. 인센티브를 살짝 바꿈으로써 세상에 큰 영향을 미친 두 가지 사례가 있다.

오후 8:00~오후 9:39 알래스카항공	1시간 39분(직항) SAN~SFO	185달러 편도
오후 8:55~오후 10:30 유나이티드항공	1시간 37분(직항) SAN~SFO	339달러 편도

우선, 친구의 생일을 축하하려고 비행기를 타고 샌디에이고에서 출발해 샌프란시스코까지 간다고 상상해보자. 항공편을 검색하면 위와 같은 정보가 뜬다. 아마도 당신은 알래스카 항공을 선택할 것이다.

자, 이제 개인적인 용무 때문이 아니라 출장으로 샌프란시스코에 가게 되었고 항공료는 회사가 지급한다고 상상해보자. 평소에 유나이티드항공을 자주 이용하므로 '마일리지 플러스'에 마일리지를 쌓는 것에 관심이 많다. 이런 경우라면 당신은 유나이티드항공을 선택할지 모른다. 항공료는 다른 사람이 지급하고, 마일리지 적립 혜택은 내가 받을 수 있기 때문이다.

오늘날 모든 주요 항공사는 자사를 자주 이용하는 고객을 대상으로 인센티브 프로그램을 가동한다. 고객은 여행한 마일당이나 소비한 달러당 포인트를 적립했다가 나중에 비행기 여행, 좌석 업그레이드, 다양한 기타 혜택으로 바꿔 사용할 수 있다.

이 프로그램들은 전환 비용을 높이는 방식으로 고객이 충성도를 유지하도록 동기를 부여한다. 이런 인센티브 제도의 기발한 점은 항공편을 이용하면서 로열티 프로그램의 혜택을 누리는 사람이 항공료를 지불하지 않는다는 것이다. 따라서 일반 출장자들은 비용에 상관없이 상용 고객 우대 계정이 있는 항공사를 선택할 수 있다.

이때는 더 저렴한 항공권을 선택할 가능성이 작다. 왜 그럴까? 자신이 주로 이용하는 항공사를 선택하면 추가로 돈을 내지 않더라도 마일리지를 쌓을 수 있고, 결과적으로 더 많은 보상을 받을 수 있기 때문이다. 따라서 나는 인센티브 설계자들이 다음과 같은 주요 규칙을 지켜야 한다는 결론을 내렸다. '누가 상품값을 지급하는지, 누가 인센티브를 누리는지 알아야 하고, 둘이 다를 수 있다는 사실을 명심해야 한다.'

1978년에 중국에서 지역 농부들과 정부가 맺은 단순한 계약은 똑똑한 인센티브의 사례다.[20] 인구가 수백 명에 불과한 작고 가난한 중국 마을 샤오강에서 농부 열여덟 명이 이 계약을 했다. 1978년에 중국에서 공산주의가 절정에 이르렀다. 농부들은 집단 농장에서 일하면서 노동력을 제공하고, 그 대가로 일정량의 식량을 받았다. 자신들이 재배한 식량은 정부에 모조리 상납해야 했고, 그나마 배급을 받으려면 최소 할당량을 채워야 했다. 농부들은 노동량이나 노동 시간에 관계없이 똑같은 양을 배급받았는데, 목숨을 겨우 부지할 정도로 적은 양이었다.

이런 인센티브 제도 아래서 농부들은 할당량보다 많이 생산할 이유가 없었다. 어차피 농작물을 정부에 빼앗기는데 왜 더 열심히 일해야 하는가? 한 농부는 "열심히 일하든 열심히 일하지 않든 누구나 똑같은 양을 배급받는다."라고 토로했다. 이런 상황에서 농부는 어떤 신호를 받았을까? '최소 요구량을 채우면 됐지 더 열심히 일할 필요가 없다.'

1978년 겨울, 굶주리고 피폐한 농부들이 머리를 맞대고 혁명적인 아이디어를 생각해냈다. 집단으로 농사를 짓지 말고 땅을 나누어 각자 경작하자는 것이었다. 그래서 추수한 농작물의 일부로 집단과 정부에 내야 하는 자신들의 할당량을 채우고, 나머지는 비밀리에 보관하기로 했다.

옌 홍창이 계약서를 작성하고 나머지 농부들이 계약서에 서명했다. 다음 날 아침이 밝자 농부들이 너 나 할 것 없이 평상시보다 일찍 일어나서 일하기 시작했고, 해가 지고 나서도 일했다. 인센티브를 바꿨을 뿐인데 농부들은 과거 몇 년 동안 생산한 양보다 훨씬 많은 양을 생산했다.

결국 지역 관리들은 농부들이 무슨 꿍꿍이를 꾸미고 있는지 간파했다. 하지만 새로 취임한 지도자인 덩 샤오핑은 농부들을 처벌하지 않고, 농부들이 만든 인센티브 제도를 중국 경제를 부흥시키는 모델로 삼았다. 자신이 재배한 농작물을 소유할 수 있게 되자 중국 전역에서 농부들이 거두는 수확량이 늘어나기 시작했다.

경제학자들과 역사학자들은 이처럼 인센티브에 작은 변화

를 가미한 것을 중요하게 여겼는데, 특히 농부들의 아이디어와 실행을 1978년 이후 중국 농부 수억 명을 빈곤에서 벗어나게 해준 첫 단계로 보고 있다. 당시 샤오강 농부들이 맺은 계약과 그 이면에 담긴 이야기는 교과서에 실려서 오늘날 중국 학생들이 학교에서 배우고 있으며, 현명한 인센티브가 어떻게 판도를 바꿀 수 있는지를 완벽하게 보여준다.

요점

나쁜 인센티브는 인센티브가 전혀 없는 것보다 나쁠 수 있다. 자신이 보내는 신호가 엇갈리지 않게 해야 한다.

9
더 얻을 것인가, 덜 잃을 것인가

심리적 회계

부동산 중개 회사 레드핀의 CEO 글렌 켈먼은 자사가 고객에게 제공하는 선물에 자부심이 있었다. 켈먼은 이사회 회의 장면을 담은 영상에서 부동산 중개사들이 고객에게 수수료의 일부를 환급해주는 제도를 설명한다. 레드핀은 수수료 환급 형태로 고객에게 수억 달러를 제공했는데도 자사 서비스에 대한 수요가 전혀 늘지 않았다는 사실을 이미 감지했지만, 오히려 환급액을 두 배 늘리기로 했다. 켈먼의 말을 빌리자면 레드핀은 "그냥 돈을 퍼주고 있었다."

이 영상은 이사진의 인식을 일깨우고, 켈먼이 어떻게 '합리적인 조치'를 무시했는지를 폭로하기 위해 제작되었다. 켈먼은 환급 인센티브가 효과를 내지 못해 수요가 증가하지 못하는데도, 레드핀이 소비자를 보호한다는 사명에 충실하다는 것을 입증하려고 환급 제도를 유지하려 했던 것이다.[1]

영상을 보고 있으면 좀 이상한 구석이 있다. 켈먼이 인센티브를 계속 제공하기로 했기 때문이 아니라, 인센티브 방식을 바꾸지 않았기 때문이다. 인센티브마다 설계 방식이 다르다. 인센티브 프로그램의 구조를 살짝만 바꾸어도 효과는 크게 달라질 수 있다. 하지만 사람들은 인센티브를 '효과적으로' 바꾸는 일에 의아하다 싶을 만큼 무관심하다.

레드핀이 고객에게 돈을 제공할 때는 수천 달러의 리베이트를 받는 주택 매수자들을 자사 서비스로 끌어들일 때여야 한다. 하지만 리처드 탈러가 설명했듯 고객은 전체 거래라는 틀에서 절약할 수 있느냐를 고려한다.[2]

예를 들어 고객이 200달러짜리 컴퓨터 모니터를 사려고 한다고 치자. 판매원은 20분 거리에 있는 다른 지점에 가면 같은 모니터를 25퍼센트 할인된 가격으로 살 수 있다고 귀띔한다. 고객은 돈을 절약하려고 그곳까지 운전해 갈까? 대부분 그렇게 할 것이다. 200달러짜리 상품을 사면서 50달러를 할인받는 것은 꽤 구미가 당기는 조건이기 때문이다.

하지만 200달러짜리 컴퓨터 모니터가 아니라 2천 달러짜리 컴퓨터를 산다면 어떨까? 이번에도 판매원은 20분 거리에 있는 다른 지점에 가면 같은 컴퓨터를 1,950달러에 살 수 있다고 귀띔한다. 이때는 똑같이 50달러를 절약할 수 있지만 대부분 다른 지점으로 가지 않을 것이다. 2천 달러짜리 제품을 겨우 50달러 싸게 사려고 20분을 운전할 가치는 없다고 생각하기 때문이다.

이런 논리를 레드핀 사례에 적용해보자. 레드핀이 인센티브로 제공하는 수천 달러는 상당히 큰 금액이지만, 전체 주택 매수가에 비한다면 그다지 크게 느껴지지 않는다. 케이티를 예로 들어보자. 케이티는 최근에 레드핀 직원을 통해 집을 샀다. 집을 매수하는 과정은 순탄했지만 환급에 관해 생각해보니 자세한 내용이 떠오르지 않았다. 할인받았다는 기억은 났지만 정확한 금액은 기억나지 않았다.

쇼핑할 때 항상 할인 판매 상품을 골라 사는 케이티가 수천 달러를 할인받고도 금액을 정확히 기억하지 못하는 것은 케이티가 아니라 레드핀에 문제가 있기 때문이다. 환급 금액이 집 값에 비해 너무 적었고, 케이티가 서명해야 했던 주택담보대출 서류 더미에 적힌 숫자들에 묻혔다.

할인받는 것처럼 '느껴진다'

나는 스크립스연구소에서 전략 기획을 담당하는 선임 이사 케이티 바카모츠와 함께 자동차 정보를 제공하는 대형 온라인 기업인 에드먼즈닷컴의 보상 시스템을 연구했다.

소비자가 구글 검색창에 '2019년 BMW X3의 리뷰'라고 입력하면 에드먼즈닷컴이 제공한 정보가 상단에 등장할 것이다. 그 정보를 클릭하면 리뷰, 사양, 가격, 비교 등 구매 결정을 하는 데 필요한 모든 내용이 뜬다.

자동차를 사겠다고 클릭하면 우편번호를 묻는 메시지가 뜨고, 소비자가 눈여겨보고 있는 자동차를 판매하는 집 근처 대리점 목록이 줄줄이 뜬다. 대리점들은 자신들이 판매하는 자동차를 광고하기 위해 에드먼즈닷컴에 비용을 지불한다. 에드먼즈닷컴 입장에서는 고객이 자사 웹사이트에 게시된 광고를 보고 자동차를 산다는 사실을 대리점에 알리는 것이 중요하다.

따라서 자사 웹사이트에 들어가 검색한 중고 차량을 사는 고객에게 평균 450달러를 현금으로 할인해주기로 했다. 이런 할인 정책을 활용해 에드먼즈닷컴은 자사 웹사이트에 광고를 게재할 만한 가치가 있다는 것을 대리점에 보여줄 수 있었다. 하지만 할인 정책은 수요에 영향을 미치기는 했지만 경영진이 희망한 수준에는 미치지 못했다.

케이티와 나는 인센티브를 좀 더 효과적으로 설계해달라는 의뢰를 받고, 현재 할인 제도가 예상한 만큼 효과를 내지 못한 이유가 레드핀 사례와 비슷하다는 가설을 세웠다. '대부분의 고객에게 450달러는 큰돈이지만 2만 달러짜리 자동차를 살 때는 그렇게 크게 느껴지지 않는다.'

우리는 할인에 관한 고객의 인식을 바꿔서 추가 비용을 들이지 않고 인센티브를 좀 더 효과적으로 설계할 방법을 고민했다. 그래서 해결책으로 다른 형태의 인센티브, 즉 선불 주유 카드를 지급하기로 실험했다. 450달러는 자동차 가격에 비해 크게 느껴지지 않지만, 휘발유를 넣을 때는 크게 느껴진다.

여기에 개입하는 심리는 단순하다. 주유 펌프에 손을 뻗어 휘발유를 넣고 비용을 지급하는 광경을 상상해보자. 450달러짜리 선불 주유 카드는 주유할 때마다 고객에게 행복을 안길 것이다. 자신이 현명한 소비를 해서 얻은 결과라고 생각할 것이기 때문이다. 자동차 구매 대금에서 할인받는 것보다 중요하다고 '느껴진다.' 이러한 현상은 '심리적 회계mental accounting'로 불린다.

리처드 탈러는 부분적으로 심리적 회계 개념을 정립한 공을 인정받아 2017년에 노벨상을 받았다. 탈러는 심리적 회계를 개인과 가구가 재정적 활동을 조직하고 평가하고 추적하기 위해 사용하는 일련의 인지 작용이라고 정의한다.[2] 인간 뇌는 심리적 계좌를 여러 개 열어 놓고 각각 별도의 예산을 책정한다.

예를 들어 주거와 외식은 예산을 달리 책정해놓은 별개의 계좌일 수 있다. 매달 주거용으로 별도의 계좌를 운용하듯 매달 외식용 예산을 설정해 놓을 수 있다. 그러면서 두 가지 예산 중 어느 하나를 과도하게 소비하면 예민하게 반응할 것이다. 심지어 외식할 때 쓰는 각각의 비용도 모두 같다고 느끼지 않는다. 음식점의 대리 주차비를 내지 않으려고 주차장을 찾아 30분을 헤매면서도 대리 주차비의 두 배 가격인 디저트에 돈을 쓰는 것에는 개의치 않을 수 있다. 그날 밤 외식하는 데 주차비, 디저트비, 기타 비용을 모두 합한 만큼의 돈을 쓰더라도, 대리 주차비를 내는 것은 불쾌하게 생각해서 그것만은 내지 않으려고 애쓸 것이다.

이런 별개의 심리적 계좌는 대체 가능성이라는 경제 원칙에 위배된다. 즉 하나의 심리적 계좌에 있는 돈은 다른 계좌에 있는 돈을 완벽하게 대체할 수 있어야 한다는 원칙을 거스른다. 대리 주차비와 디저트 가격이 같다면 똑같이 생각해야 하지만 실상은 그렇지 않다.3

케이티와 나는 대체 가능성 원칙fungibility principle의 위반을 활용하기로 하고, 하나의 가설을 세웠다. 매우 바람직한 특정 심리적 계좌에 초점을 맞추어 인센티브를 제공하는 것이 단순히 전체 구매액에서 할인해주는 방식보다 강력한 효과를 낼 수 있다는 것이다.

우리는 심리적 회계가 할인에 미치는 영향을 시험하려고 에드먼즈닷컴의 플랫폼을 기반으로 삼아 현장 실험을 실시했다. 현장 실험은 대부분의 온라인 기업이 자사 고객에게 다른 선택지들을 시도할 때 활용하는 A/B 테스트에 본질적으로 가깝다. 하지만 우리는 심리학과 행동경제학에서 발견한 사항들을 적용해 실험을 진행하기로 했다.

이런 종류의 실험은 일단 방법을 익히고 나면 온라인에서 쉽게 실행할 수 있다. 특히 이런 실험 기술을 능숙하게 습득해 온 에드먼즈닷컴 같은 기업과 협업할 때는 더욱 그렇다. 우리는 검색을 시작하면서 고객을 서로 다른 할인 구성에 무작위로 배정하고, 사이트상에서 고객의 행동을 추적했다. A/B 테스트에서 그렇듯 고객들은 자신이 실험에 참가하고 있다는 사실을 몰랐다.

우리의 주요 관심사는 다양한 할인 구성이 구매 결정에 어떻게 영향을 미치는지 파악하는 것이었다. 우리가 도출한 결과에 따르면, 자동차 구매 대금에서 450달러를 할인해주는 제도는 450달러짜리 선불 주유 카드를 제공하는 제도보다도 구매 결정에 영향을 미치지 못했다.

이 결과는 우리가 세운 심리적 회계 가설과 일치했다. 현금 할인에서 선불 주유 카드로 구성을 전환하자 인센티브 성공률이 두 배 이상 증가했다. 추가로 실시한 실험에서 주유 카드의 가치가 자동차 구매 대금의 할인액보다 작을 때도 그 효과는 유지되었다. 자동차 구매자들은 자동차 대금에서 450달러를 할인받는 것보다 250달러짜리 주유 카드를 더 좋아했다!

사람들은 주차비, 와이파이, 위탁 수하물 등에 웬만하면 돈을 쓰고 싶어 하지 않는다. 주유도 마찬가지여서 무료로 주유하면 기분이 좋아진다. 따라서 사람들이 돈을 내기 싫어하는 대상을 중심으로 인센티브를 설계하면 효과가 올라갈 수 있다.

같은 개념을 적용한 사례를 하나 더 살펴보자. 우리는 싱가포르에서 교수로 활동하는 텍후아 호, 마셀 빌거, 에릭 핀켈스타인과 함께, 직원의 건강 증진에 관심을 기울이는 싱가포르의 한 택시 회사로부터 의뢰를 받아 실험을 시작했다.[4] 신체 활동 부족은 사망 원인 4위다. 신체 활동 부족으로 업무 생산성이 감소하고 의료비 지출이 늘어서 정부, 보험사, 고용주는 상당한 비용 부담을 지게 된다.

사람들의 행동을 바꿔서 신체 활동을 늘리기 위해 인센티브를 설계할 때 좋은 표적 인구는 택시 운전사다. 택시 운전사 대부분이 장시간 앉아서 일하므로 신체 활동이 부족해 만성질환에 걸릴 위험성이 크다.

우리에게 인센티브 설계를 의뢰한 싱가포르의 택시 회사는 운동량을 늘리도록 운전사들에게 동기를 부여하기 위해 매달

100달러의 현금 인센티브를 지불할 의향이 있다고 했다. 우리는 이 인센티브 정책을 약간 바꾸자고 제안했다.

주유 카드 사례에서 그랬듯 우리는 택시 운전사들이 정말 돈 내기 싫어하는 대상을 찾았다. 싱가포르의 택시 운전사들은 택시를 개인적으로 소유하지 않고, 택시 회사에 하루 약 100달러를 임대료로 지급한다. 임대료는 운전사의 은행 계좌에서 매일 자동으로 인출되어 택시 회사로 송금된다.

택시 운전사들은 택시 회사에 매일 지급하는 임대료를 상당히 부담스러워한다. 그래서 많은 운전사가 재정적 손실을 메우기 위해 '쉬는' 날에도 아르바이트를 한다. 따라서 우리는 이런 심리적 계좌를 자극하기 위해 하루치 임대료를 보상금으로 책정했다.

실험에 참가한 택시 운전사들에게 운동 정도를 추적할 목적으로 스마트워치를 배포하고 착용 요금을 지급했다. 첫 번째 기간에는 운전사들이 매일 몇 보 걸었는지 측정했다. 4개월 동안 운전사들이 목표 걸음 수를 충족할 때마다 보상금을 지급했다. 마지막으로, 5~7개월에는 보상금 지급을 중단했지만 각 운전사의 걸음 수는 지속해 측정했다.

우리는 운전사들을 인센티브 구성에 따라 두 집단으로 나누고 무작위로 배정했다. 월별 목표를 달성한 운전사들이 모인 집단 중 하나에는 매달 현금 100달러를 지급했고, 다른 하나에는 택시 일일 임대료로 100달러를 지급했다.

인센티브 구성을 살짝 바꾼 결과는 주목할 만했다. 인센티브가 전혀 없는 운전사들과 비교할 때, 인센티브를 받은 두 실험군 운전사들의 걸음 수는 증가했다. 또 인센티브를 제공한 첫 달에 현금 실험군은 약 1,500보를 더 걸었지만, 무상 임대료 실험군은 약 2천 보를 더 걸어서 현금 실험군을 앞질렀다.

단순한 현금 인센티브는 운전사들에게 운동을 더 많이 하도록 동기를 부여했지만, '무상 임대료' 인센티브는 운전사들에게 운동 효과가 훨씬 컸다. 우리는 운전사들이 걷는 습관을 들여서 장기적으로 운동 행동을 바꿈으로써 인센티브를 더는 받지 않더라도 더욱 많이 걸을 수 있기를 희망했다. 따라서 개입 기간인 4개월 동안 매달, 그리고 보상을 제거하고 나서 3개월 동안, 걸음 수의 변화를 측정했다. 그 결과 인센티브를 중단하고 5~7개월 후에도 두 실험군의 걸음 수 차이는 더 작아지기는 했지만 여전히 유지됐다.

때로 사람들은 자신이 사용한 인센티브가 실패했다는 사실을 발견하고, 인센티브가 통하지 않는다는 잘못된 결론을 내리기도 한다는 내용을 기억하는가? 인센티브가 통할 때조차도 단순히 행동을 바꾸면 투자 대비 이익을 상당히 늘릴 수 있다. 인센티브를 고려할 때는 인센티브 제공 여부만 생각하지 말고, 인센티브를 최상의 방식으로 제공하고 있는지 생각해야 한다.

레드핀의 예로 돌아가 보자. 단순한 창의적 사고를 통해 고객을 훨씬 더 행복하게 하고, 기업의 이익은 물론이고 인센티브의 효과가 향상될 수 있다. 어떻게 하면 레드핀이 제공하는 인센티브의 효과를 높일 수 있을까? 우선, 이사한 뒤 몇 달 동안 지역 인테리어 소매업체에서 쓸 비용처럼, 새로 이사한 집에 사용할 비용의 형태로 환불해주는 것이다. 홈디포에서 쓸 수 있는 상품권 카드를 받았다면 케이티는 훨씬 더 고마워했을 것이다!

사실에는 멋이 없다. '저희를 통해 자동차를 사시면 450달러를 할인해드립니다!'라는 구호에는 이야기가 없다. 인센티브에 관한 해석을 소비자에게 맡기면 결국 소비자가 좋아하지 않는 이야기로 끝날 수 있다. 인센티브가 전하는 이야기를 능동적으로 만들어야 한다.

득보다 실이 커 보인다

당신이 시카고에서 50킬로미터 떨어진 시카고하이츠에서 교사 생활을 하고 있다고 상상해보자. 시카고하이츠는 대부분 학업에 어려움을 겪는 저소득층 소수인종 학생이 주로 다니는 학교다. 당신은 이 학생들을 가르치는 데 자부심을 느끼고 그들이 학업을 마치도록 최선을 다하고 있다.

어느 날 한 연구팀이 학교를 찾아와 흥미로운 인센티브를 제시한다.[5] 학급 학생들의 성적을 학년말까지 올리면 향상된 백분위수 점수를 기준으로 교사에게 돈을 주겠다는 것이다.[6] 구체적으로 연구자들은 한 학년 동안 학생들의 성적을 향상하는 교사에게 최대 8천 달러까지 주겠다고 약속한다. 당신이 속으로 따져보니 이런 프로그램이 가동되면 당신은 급여의 약 8퍼센트인 4천 달러를 받을 수 있었다.

하지만 인센티브 구성이 약간 특이하다. 학년 초에 당신의 은행 계좌로 8천 달러를 이체해준다. 문제는 학년말에 학생들이 목표 성적에 도달하지 못하면 인센티브의 일부나 전부를 반환해야 한다는 것이다. 과연 학생들의 시험 성적을 올릴 수 있을까?

당신은 살짝 모욕을 느낀다. 학생들의 성적을 올릴 경우에 금전적으로 보상하겠다는 말은 결국 당신이 지금껏 충분히 잘 가르치지 않았다는 뜻이기 때문이다. 교사마다 가르침의 효과가 다르다는 것은 연구 결과로 나와 있지만 과연 성과급을 받는다고 해서 더 나은 성과를 거둘 수 있다는 점을 밝힐 수 있을까? 하지만 제공되는 액수가 액수이니만큼 당신은 기꺼이 시도해볼 것이다.

롤런드 프라이어, 스티븐 레빗, 존 리스트, 샐리 새도프는, 같은 성취 기준을 적용해 교사들에게 연말 보너스를 지급하는 전통적인 '이익' 인센티브와 '손실 회피loss aversion'의 효과를 비교하기 위해 현장 실험을 실시했다. 손실 회피는 아모스 트버스키와 대니얼 카너먼이 용어를 만든 심리 원칙이다.

두 사람의 이론에 따르면 보상은 기준점을 근거로 상대적으로 평가되어 이익이냐 손실이냐로 뇌에 입력되고, 손실은 같은 양의 이익보다 커 보인다.7 즉 사람들은 얻으려고 노력하기보다는 손해를 줄이려고 더욱 노력한다. 따라서 보상을 이익 중심으로 구성하기보다는 손실 중심으로 구성하는 것이 행동에 더욱 큰 영향을 미칠 것이다.

손실 회피를 감안하면 연말에 8천 달러를 받기로 약속받은 교사들보다는 연초에 8천 달러를 이미 받은 교사들이 그 돈을 돌려주지 않으려고 더욱 열심히 일하리라 예측할 수 있다. 이런 예측은 모두 보상의 구성과 관계가 있어서 흥미롭다. 이익 실험군에서도 손실 실험군에서도 학생들의 성적이 같다면 교사들은 정확히 같은 액수의 최종 보너스를 받을 것이기 때문이다.

당신은 어떤가? 연말에 보상을 받는 대신에 연초에 돈을 미리 받는다고 가정해보자. 그러면 받은 돈을 돌려주지 않으려고 더욱 열심히 일할 것인가?

현장 실험 결과를 보면 손실 회피 인센티브를 미리 받은 교사들의 성공 가능성이 훨씬 높았다. 하지만 인센티브를 전혀 받지 않은 대조군과 비교할 때, 이익 실험군 교사들이 거둔 성과는 나아지지 않았다. 즉 학생들의 시험 성적을 향상하는 조건으로 교사들에게 보상을 약속하더라도 학생들의 성적은 전혀 오르지 않았다. 하지만 손실 측면에서 인센티브를 구성한 경우에는 학생들의 성적이 크게 나아졌다. 인센티브를 받지 않은 교사들에게 배운 학생들과 비교할 때, 손실 회피 실험군 학생들의 성적은 10퍼센트 향상했다. 이때 학생들의 성적 증가량은 교사의 평균 자질이 1 표준편차 이상 증가한 것과 거의 같은 수준이었다.

교사를 대상으로 손실 회피 실험을 해보면, 연구자들이 전통적인 인센티브를 사용하고 나서 인센티브가 통하지 않는다고 결론 내리는 이유를 알 수 있다. 학생들의 시험 성적은 이익 인센티브로는 나아지지 않았다. 따라서 인센티브를 효과적으로 사용하려면 인센티브 뒤에 숨은 심리를 이해해야 한다.

이 결과는 인센티브 구성의 중요성을 나타낸다. 보상 규모가 같더라도 이익이 아닌 손실로 구성할 때 인센티브는 더 효과적이다. 손실 구성 원리는 다른 배경에도 적용할 수 있다. 간단히 말해서 사람들은 이미 '자기 소유'가 된 것을 보호하려고 더욱 열심히 일한다.

중국에서 가전제품의 생산과 유통에 집중하는 첨단기술 기업의 공장 노동자를 상상해보자. 주급으로 평균 290~375위안

(약 42.50~54.96달러)을 받고 팀 생산량이 특정 목표에 도달하면 주별 보너스를 추가로 받는다. 기업은 직원들에게 해당 보너스의 내용을 메일로 알린다. "저희는 생산성에 대해 보상합니다. 소속 팀의 주간 평균 생산량이 시간당 20단위를 넘으면 매주 80위안의 보너스를 제공하겠습니다." 야호! 직원은 추가 작업을 인정받고, 그에 따라 보상을 받을 것이다. 주급의 20퍼센트가 넘는 보너스는 직원에게 열심히 일해서 생산 목표를 달성하라고 동기를 부여한다.

이제, 다음과 같은 메일을 받는다면 어떨까? "저희는 생산성에 대해 보상합니다. 한 주를 시작하기 전에 80위안을 조건부 보너스로 지급하겠습니다. 하지만 소속 팀의 주간 평균 생산량이 시간당 20단위를 넘지 못하면 보너스를 회수합니다." 손실 회피 원칙을 적용하면 직원들은 아마도 조건부 보너스를 이미 자기 돈으로 생각하고 있을 것이기 때문에 생산 목표를 달성해 보너스를 그대로 가지기 위해 훨씬 더 열심히 일할 것이다. 중국 첨단기술 기업을 대상으로 실시한 현장 실험에서도 같은 결과가 나왔다.[8]

두 노동자 집단은 같은 인센티브를 받았지만, 그 구성 방식은 이익 인센티브(첫 번째 메일)와 손실 회피 인센티브(두 번째 메일)로 달랐다. 기준치와 비교하니 두 집단의 노동자 생산성은 증가했다. 하지만 손실 회피 인센티브 집단이 거둔 성과가 이익 인센티브 집단이 거둔 성과를 크게 앞섰다. 처치 후 나타난 효과는 실험 기간인 4개월 내내 지속되었으며, 이는 인센티브 구성이 기업의 장기적인 생산성 향상에 영향을 미칠 수 있음을 시사한다.

직원을 대상으로 실험을 실시한 결과 심리적 통찰력을 노동시장에 적용해 계약 조건 구성을 간단하게 바꾸기만 해도 노동 생산성을 장기적으로 끌어올릴 수 있는 것으로 나왔다. 적합한 심리 원칙을 활용해 인센티브를 구성하면 당신이 보내는 신호가 더욱 효과적이고 강력해질 것이다. 인센티브는 이야기를 구성한다. '나는 보상을 얻기 위해 열심히 일할 것이다.'라는 이야기에 담긴 동기는 '나는 보상을 잃지 않기 위해 열심히 일할 것이다.'라는 이야기에 담긴 동기보다 약하다. 이야기를 통제하면 사람들은 보상을 이미 받았지만 자신들이 목표를 달성하지 못하면 그 보상을 잃어버릴 수 있다고 느끼는데, 사람들을 이렇게 느끼게 만드는 것이 중요하다.

요점

몹시 부담스러운 심리적 계좌에서 인센티브를 설정하려면 이야기를 바꿔주면 되고, 이로 인해 투자 수익률은 높아진다.

10

당신은 복권을 끊을 수 없다

후회라는 인센티브

한 의로운 남자가 매주 복권 당첨자 발표 전까지 기도한다. "하느님, 평생 단 한 번 당첨되는 축복을 내려주십시오. 저는 언제나 선량하게 살았고 먹여 살려야 할 자식이 일곱이나 있습니다." 몇 년 동안 남자는 매주 결과를 듣고 나서 몇 시간이고 울었다. '어째서지? 어째서 나는 당첨이 안 되는 거야?' 이렇게 울고 지내던 어느 날 남자는 마침내 하느님의 목소리를 들었다. '먼저 복권을 사는 게 어떠냐?'

나는 개인적으로 후회와 관련된 경험을 가지고 있다. 내 가족은 제2차 세계대전 후에 부다페스트에서 이스라엘로 이민을 갔다. 이 글을 읽으면서 혹시나 궁금해할까 봐 미리 말하자면 내 가족은 이민한 것을 절대 후회하지 않았다. 가족은 긴 여행 끝에 1948년 텔아비브에 도착했다. 아버지의 부모님은 40대 후반이었고, 대부분의 홀로코스트 생존자와 마찬가지로 재산도 직업도 없었다. 이스라엘은 1948년 5월 공식적으로 국가를 설립하면서 새 국가로 밀려드는 거대한 이민자 물결을 수용하기 위해 공공 아파트 단지를 신속하게 건설했다. 내 가족은 단지에 있는 작은 아파트를 배정받았다. 할머니는 그 작은 아파트에 자그마한 양장점을 차렸고, 할아버지는 임시직을 전전하다가 은행에 좋은 일자리를 구했다. 조부모님은 가난했지만 행복하게 살았다. 외조부모님이 살아온 이야기도 매우 비슷했다.

두 가족은 부다페스트에 있을 때부터 서로 알았고 나중에 텔아비브에서도 같은 아파트 단지에 살게 되었다. 부모님은 부다페스트에서 어렸을 때 서로 알고 지내다가 성인이 되어 텔아비브에 있는 아파트 단지에서 다시 만났다. 두 사람은 사랑에 빠져서 결혼하고 아이들을 낳고 세상을 떠날 때까지 행복하게 살았다. 내가 아는 한 이 이야기에는 어떤 후회 요소도 없다.

부모님은 결혼하고 몇 년 후 결혼기념일 축하 파티를 준비했다. 어머니의 이모 한 분은 주에서 발행하는 복권을 판매하는 일을 하며 생활했다. 결혼기념일 파티에서 할아버지와 복권을 파는 어머니의 이모는 복권에 관해 열띤 토론을 벌였다. 복권에 적힌 숫자 여섯 개가 모두 나오면 부자가 될 수 있었다. 할아버지는 확신에 차서 복권 한 장을 샀다. 그 후에도 할아버지는 같은 숫자가 적힌 복권을 중독된 사람처럼 매주 샀다. 그리고 돌아가실 때까지 수십 년 동안 같은 숫자가 적힌 복권을 한 주도 빠뜨리지 않고 샀다. 심지어 휴가를 갈 때도 다른 사람을 시켜 복권을 사게 했다. 할아버지는 왜 그랬을까?

후회라는 개념이 개입되어 있기 때문이다. 할아버지는 자신이 매번 선택했던 숫자가 복권 사지 않은 주에 당첨된다면 자신이 엄청나게 후회할 것이라고 생각했다. 그리고 대단히 충격을 받으리라는 사실을 본인은 알았다. 후회 때문에 겪을 끔찍한 고통에 비하면 매주 복권을 사는 데 쓰는 비용은 아무것도 아니었다. 할아버지는 이런 일이 일어날까 봐 두려웠으므로 계속 복권을 샀던 것이다.

할아버지만 특별히 복권을 좋아한 것은 아니었다. 스태티스타에 따르면 2019년 미국 성인의 절반 이상이 복권을 사서 전체 복권 판매액은 910억 달러를 기록했다고 한다.[1] 일상생활에서 복권의 존재감이 큰 것은 그만큼 많은 사람이 복권을 매력적으로 생각한다는 뜻이다. 복권이 매력적인 이유는 많을 수밖에 없다. 사람들이 당첨 확률이 작은 사건을 불균형적으로 중요하게 여기면서 복권이 미치는 심리적 영향은 실제보다 훨씬 더 커진다.[2]

네덜란드는 사람들이 복권을 좋아한다는 사실을 인식하고, 내 할아버지와 같은 사람들이 겪은 경험에서 교훈을 얻어 현명하게도 우편번호 복권Postcode Lottery을 만들었다. 이 복권에서 '당첨자'는 우편번호다. 매주 다른 우편번호 하나(같은 우편번호에 속한 주소는 평균적으로 19개에서 25개까지 있다)가 당첨된다.3 해당 우편번호 지역에 거주하는 주민은 물론이고 이웃과 친구도 이 사실을 매우 빨리 안다. 우편번호 복권의 관건은 복권에 당첨되려면 그 주에 복권을 사야 한다는 것이다. 복권을 사면 일단 안심이 되지만, 복권을 사지 않으면 정말 오랫동안 후회할 일이 생길 수도 있다.

운영 측은 복권을 사지 않은 것을 더욱 고통스럽게 느끼게 하려고 당첨자들에게 상금과 별도로 새 BMW 차량을 준다. 작은 돈을 투자해 복권을 샀더라면 그런 행운이 찾아올 수 있었다고 후회하면서 동네에서 멋진 BMW 차량을 몰고 지나가는 이웃을 보게 될 것을 상상한다면, 아마 그것보다 더한 동기부여 요소는 없을 것이다.

일반 복권의 경우 내 할아버지처럼 매번 같은 번호가 적힌 복권을 사지 않는 한 반대 사실, 즉 복권을 샀더라면 당첨이 됐을지 알 수 없다. 하지만 우편번호 복권의 경우는 내가 복권을 샀더라면 당첨되었을 거라는 것을 바로 알 수 있다.

우리는 결정을 내릴 때 후회라는 고통스러운 감정을 피하려

애쓴다. 행동과학은 '후회 회피regret aversion'라는 용어를 사용해 이런 경향을 설명한다. 우편번호 복권을 만든 사람들은 이런 감정을 더욱 부채질해서 이렇게 광고한다. "복권을 사지 않았나요? 그렇다면 이웃이 상금을 독차지하겠군요. 너무 늦기 전에 지금 당장 사세요!" "속이 쓰리시겠군요. 최소 200만 유로를 눈앞에서 놓칠 때 바로 이런 감정을 느끼죠. 당신이 살고 있는 지역에서도 수백만 달러 상금을 받을 수 있다는 것을 알면서도 정작 복권을 사지 않아서 아무것도 얻지 못했으니까요. 이런 감정은 정말 느끼고 싶지 않으실 겁니다."4

후회 회피는 미래의 선택에 영향을 미쳐서 후회를 최소화하는 방향으로 작용한다. '예상된 후회anticipated regret'는 중요한 동기부여 조건이다. 우리는 어떤 결정을 후회할지 예상하고, 이런 감정을 경험하고 싶어 하지 않는다. 그래서 위험 가능성이나 후회를 줄이는 방향으로 선택한다. 이때 중요한 점이 있다. 예상된 후회는 자기 결정 때문에 생긴 결과를 쉽게 알 수 있을 때 더 강해진다.5

내 할아버지는 '자신이 찍어둔' 번호가 당첨된 주에 복권을 사지 않았다면 후회를 할 것이다. 그래서 계속 복권을 샀던 것이다. 네덜란드 우편번호 복권에서 주민들은 자신이 사는 지역의 우편번호가 선정되었는데 정작 복권을 사놓지 않았으면 나중에 후회할 것이므로 매주 복권을 사기로 결정한다. 두 이야기에서 알 수 있듯 후회는 개인의 결정에 강력하게 영향을 미칠 수 있다.

예상된 후회 같은 강력한 동기부여 요소를 행동을 변화시키는 인센티브로 현장에서 쓸 수 있을까? 몇 년 전 나는 인센티브에 관해 의논하려고 빌앤드멀린다게이츠재단을 찾았다.

재단이 시애틀 본사 단지에 막 입주한 무렵이었다. 시애틀은 이 새 단지가 도시에 들어선 것을 환영했지만 1천 명이 넘는 직원이 일하기 시작하면서 지역 교통에 미칠 영향을 우려했다. 재단은 이런 부정적인 영향을 줄이기 위해 직원들의 자동차 사용을 줄일 수 있는 인센티브를 도입하고 싶다고 했다. 구체적으로 대중교통 수단을 무료로 사용할 수 있게 하고, 재단 주차장에 주차할 때는 하루 9달러를 내게 했다.

나는 이런 인센티브에 추가된 한 가지 요소에 흥미를 느꼈다. 개인 차로 출근하지 않는 직원에게 매일 3달러를 지급했던 것이다. 하루 약 500명의 직원이 차 없이 출근했으므로 재단이 지출하는 비용은 매일 직원당 3달러씩 약 1,500달러였다. 많은 조직이 이런 인센티브 구성을 사용하고 있다. 재단은 매일 큰 비용을 지출하고 있으므로 내게 이렇게 의뢰했다. '좀 더 효과적인 인센티브 제도를 설계할 수 있을까요? 돈을 적게 소비하고도 똑같이 참여하게 만들거나, 같은 예산을 사용하고도 대중교통을 이용하는 직원의 수를 늘릴 수 있을까요?'

나는 후회의 영향을 활용해 1,500달러의 인센티브를 사용하는 다른 방법을 제안했다. 매일 오후마다 1,500달러를 지급하는 '후회 복권'을 발행하는 것이다. 사내 인터넷 방송에서 짧은 순서를 마련해서 무작위로 직원의 이름 중 하나를 추첨해서 발표한다. 방송에서 이름을 발표하면 시스템을 가동해 해당 직원의 주차장 주차 여부를 확인한다. 주차하지 않았다면 그 직원이 그날 당첨자가 된다. 직원이 주차했다면 슬픈 음악이 흘러나오면서 이름을 새로 뽑는다. 주차하지 않은 직원이 당첨될 때까지 이 과정을 반복한다. 이름이 뽑혔지만, 그날 차를 가져온 직원은 이를 엄청나게 후회할 것이고, 이 일을 놓고 사무실은 한동안 떠들썩할 것이다!

재단은 직원들이 부정적으로 생각할 것 같다면서 내 제안을 시험하지 않았지만, 다른 기업이 흥미를 보였다. 이 기업은 넓은 공간을 확보하고 강의실들을 갖춰서 다양한 형태의 워크숍을 주최한다. 워크숍 참석자에게는 인근 주차장 시설을 이용하게 하고 무료 주차권을 제공한다. 이 기업은 승인받은 주차권의 개수를 세어서 인근 주차장에 주차비를 지불하므로 경영진은 차 한 대당 주차 비용을 정확히 파악하고 있었고, 인센티브를 사용해 주차를 줄이는 동시에 회삿돈을 절약할 방법을 실험하고 싶어 했다.

우선 경영진에게 이 개념의 타당성을 입증하기 위해 예비 연구를 시작했다. 인센티브를 사용한다고 해서 참석자들이 불만을 가지지 않고, 인센티브를 사용하면 회사의 이익이 늘어난다고 경영진을 납득시키는 것이 예비 연구의 목적이었다. 연구가 성공하면서 이 기업은 참석자들에게 불쾌감을 주지 않으면서 동시에 인센티브를 사용해 이익을 거둘 수 있다는 사실을 배웠다. 워크숍이 끝나고 설문조사를 실시한 결과 일반 워크숍과 비교했을 때 참석자 만족도에 차이가 없었다. 예비 연구를 진행한 후에 확신을 얻은 이 기업은 전반적인 연구를 시행하는 데 동의했다.

이런 과정을 거쳐 연구가 시작됐다. 참가자 240명은 월요일부터 금요일까지 닷새 동안 진행되는 워크숍에서 서로 다른 강의를 들었다. 그들은 워크숍에 참석하는 동안 무료 주차를 약속받았다. 월요일에 워크숍에 참가한 사람들은 각각 다른 집단으로 분류되어 다른 인센티브를 제공받았다. 업무 담당자가 당일 모든 주차권을 승인해주고 각 반을 찾아가 참석자들에게 교통체증을 피하고 환경을 생각해서 가능하다면 나머지 기간에 자동차 사용을 자제해달라고 부탁했다. 그런 다음, 연구팀은 참가자들을 60명씩 다음 네 집단으로 나눴다.

- **대조군:** 인센티브에 대해 전혀 언급하지 않았다.
- **5달러 고정 금액 실험군:** 참가자들에게 강의에 출석하지만

주차 승인을 받지 않는 날마다 5달러를 지급하겠다고 약속했다.

- **500달러 복권 실험군:** 참가자들에게 금요일에 추첨을 실시해 당첨자는 500달러를 받을 것이라고 약속했다. 참가자들은 주차 승인을 받지 않는 날마다 추첨권에 자기 이름을 적어 상자에 넣는다. 금요일에 이 상자에서 무작위로 이름 하나를 뽑고, 행운의 당첨자에게 500달러를 지급한다.

- **500달러 '후회 복권' 실험군:** 절차는 500달러 복권 실험군과 비슷하지만, 이 집단에서는 매일 모든 참가자가 추첨권에 자기 이름을 적고 주차 승인을 받았는지 여부를 표시해서 상자에 넣는다. 금요일에 '행운'의 추첨권을 뽑고 당첨자를 호명한다. 이때 당첨된 날 주차 승인을 받지 않았다고 추첨권에 표시되어 있으면 500달러를 지급한다. 하지만 주차 승인을 받았다고 표시되어 있으면 당첨을 무효로 하고 상자에서 새 이름을 뽑는다. 유효한 추첨권을 뽑을 때까지 이 절차를 반복한다.

이런 방식으로 인센티브를 설계함으로써 회사는 여러 인센티브 방식에 관해 간단하게 비용 편익을 분석할 수 있었다. 또 '효과가 있지만' 다른 지급 방식보다는 효과가 작은 인센티브를 사용하지 않으면서 인센티브의 상대적인 효과를 정밀하게 측정했다.

사람들이 복권 추첨에 참여하는 것을 좋아하기는 하지만 행동 개입이 일어날 때 사람들에게 복권이 과연 유용한지는 분명하지 않다. 일부 연구에서는 현금 인센티브 실험군의 반응률이 복권 실험군이나 인센티브를 전혀 제공하지 않는 대조군보다 높았다. 하지만 정반대의 결과가 나온 연구도 있었다.[6] 최근에 의료 분야에서 실시된 유망한 연구들은 복권 인센티브의 효과가 '확실한' 상금보다 크다는 사실을 밝혔다.[7] 성공의 관건은 복권 설계 방식의 세부 사항에 있는 것 같다. 따라서 인센티브를 사용하려는 관련 산업에서는 인센티브의 이런 효과를 연구하는 것이 중요하다.

우리의 연구 결과를 살펴보면 인센티브마다 영향이 다르다는 사실을 알 수 있다. 모든 인센티브의 효과는 대조 집단보다 다른 집단에서 더 컸지만, 인센티브마다 효과의 정도는 달랐다. 그렇다면 어떤 인센티브가 가장 비용 효율적일까?

5달러 고정 금액 실험군은 대조군보다 10퍼센트 적게 주차했지만, 기업은 주차 감소에 따른 비용을 많이 내야 했다. 애당초 주차장을 사용하지 않았을 참석자들을 포함해 운전을 하지 않는 참석자들에게도 모두 비용을 지불해야 했기 때문이다. 비주차 참석자들에게 추가로 지급한 인센티브 비용은 평균 36달러로 회사가 기꺼이 지급하려는 금액을 한참 웃돌았다.

예상대로 500달러 복권 실험군이 더 선전했다. 비용을 더 적게 지출하면서도 대조군보다 주차를 18퍼센트 줄였다. 비주차 참가자에게 지급한 평균 인센티브 비용은 12달러로, 주차 비용보다 적었으므로 회사는 이 결과만으로도 이미 만족했다. 그런데 더 놀라운 일이 일어났다. 500달러 '후회 복권' 실험군이 훨씬 더 선전한 것이다. 이 집단은 주차를 26퍼센트 줄였고, 기업이 비주차 참가자에게 지급한 인센티브 비용도 평균 8달러에 불과했다.

500달러 '후회 복권' 실험군에서 주차 감소를 위해 지출한 8달러는 주차권 한 장을 승인해주는 비용보다 훨씬 낮았으므로 해당 기업은 이 제도를 채택하기로 했다. 실험 결과를 접한 경영진은 간단한 인센티브를 사용해 자사 이익이 증가될 수 있다는 점을 이해했다. 또 단순 복권 실험군 사례에서 알 수 있듯 인센티브가 이익을 가져올 때라도 인센티브를 개선할 방법을 계속해서 찾아야 한다는 교훈도 얻었다. 후회 요소를 추가하는 등 인센티브의 구성과 실행에 작은 변화만 가하더라도 이야기가 재형성되면서 더욱 큰 영향을 미칠 수 있다.

요점

예상된 후회는 사람들에게 동기를 부여하기 위해 사용할 수 있는 강력한 감정이다.

11
"나는 좋은 사람인 것 같아!"

친사회적 인센티브

지금까지 이 책에서 다룬 대부분의 인센티브 제도는 직접적인 보상을 통해 개인이 노력하도록 동기를 부여한다. 하지만 때로 사람들은 타인을 돕는 것 같은 다른 이유들 때문에 동기가 생기기도 한다. 한 기업이 직원에게 금연하도록 동기를 부여하고 싶어 한다고 해보자. 다음 두 가지 시나리오가 있다.

- **시나리오 1:** 흡연하는 직원은 금연하는 동안 매주 5달러를 보상으로 받는다.
- **시나리오 2:** 흡연하는 직원은 금연하는 동안 매주 지역 자선 단체에 5달러를 기부할 수 있다.

직원에게 금연하도록 동기를 부여하려면 어떤 인센티브가 더 효과적일까? 두 가지 시나리오에서 인센티브 수준이 얼마나 낮은지 눈여겨보라. 증거를 검토해보면 소액의 금전적 인센티브는 비효과적일 수 있고, '시나리오 1'처럼 보상이 작은 경우에는 역효과까지 생길 수 있다.

나는 알도 러스티치니와 함께 2000년에 '충분히 지급하거나 아니면 전혀 지급하지 말라Pay Enough or Don't Pay at All'라는 제목으로 이 문제를 다룬 논문을 발표했다.[1]

우선 고등학생 180명을 모아 현장 실험을 실시했다. 참가자들은 자선 단체에 기부금을 전달하기 위해 가정을 찾아다니며 모금 활동을 펼치기로 했다. 그들은 무작위로 세 개의 실험군에 배정되었다. 첫째, 무보상 집단은 기부의 중요성을 설명하는 연설로만 동기가 부여되었다. 둘째, 소액 보상 집단은 연설을 듣는 것 외에 모금액의 1퍼센트를 지급받기로 했다. 셋째, 고액 보상 집단은 연설을 듣는 것 외에 모금액의 10퍼센트를 지급받기로 했다.

결국 어느 집단이 기부금을 가장 많이 모았을까? 고액 보상 집단이 기부금을 더 많이 모았으리라 예상할지 모르겠다. 하지만 논문 제목으로 눈치챌 수 있듯 무보상 집단이 더욱 분발했고, 평균 모금액도 소액 보상 집단보다 많았다. 고액 보상 집단의 모금액은 소액 보상 집단보다 많았지만, 무보상 집단보다는 적었다. 소규모 인센티브와 대규모 인센티브를 구성하는 요소는 사례마다 다르지만, 이 실험에서 드러난 밀어내기 효과를 고려하면 '시나리오 1'의 효과가 '시나리오 2'보다 떨어진다는 것을 알 수 있다.

그렇다면 둘 다 인센티브 수준이 낮은데도 '시나리오 2'의 인센티브 제도가 효과를 발휘한 이유는 무엇일까? 이타적인 기부 행위를 통해 타인에게 혜택을 줄 수 있었기 때문이고 기부자의 사적인 가치와 경험을 끌어냈기 때문이다. 캘리포니아 대학교 샌디에이고캠퍼스 동료 교수인 짐 안드레오니는 이를 가리켜 '온광 효과warm glow effect'라고 이름 붙였다.

온광 효과는 자기 신호 전달의 훌륭한 예로, 타인을 돕거나 기부 행위를 하거나 자원봉사를 함으로써 자신이 좋은 사람이라는 신호를 자신에게 보내고 따라서 자기 이미지가 긍정적인 방향으로 올라간다. 증거를 보더라도 이런 온광 효과를 지배하는 요소는 결과의 규모라기보다는 대부분 타인을 돕기 위해 기울이는 노력이다. 타인을 돕기 위해 노력하고 있다고 스스로 인식하면, 도움의 실질적인 정도와 상관없이 따뜻한 빛에서 발산되는 긍정적인 자기 신호를 경험할 수 있다.

의용소방대가 확산되고 성공하는 현상도 이런 내재적 동기 부여의 영향력을 반영한다. 이름이 암시하듯 대부분 의용소방대원은 급여를 받지 않고 긴급 호출이 있을 때만 출동한다. 많은 대원은 소방서에서 교대 근무를 하는 일 외에 다른 직업에 종사한다. 그렇다면 대원들은 어째서 자원봉사를 할까? 47년 경력의 의용소방대원이자 더글러스 카운티 소방서장 론 로이는 이렇게 설명했다.

> 우리가 생활하고 있고 내가 가족을 부양하겠다고 선택한 고향과 지역사회를 지키기 위해서죠. 우리는 주위 사람에게 관심을 기울이고 그들의 필요를 인식해야 합니다. 자원봉사를 할 때 느끼는 자부심은 지역사회가 값을 매길 수 없는 귀중한 자산입니다. 지역사회에 깊은 관심을 쏟는 사람이 받는 개인적인 보상이죠.[2]

실제로 지역사회를 돕는 행위에 대가를 지급하면 자원봉사자들의 동기와 자부심을 밀어낼 가능성이 있다. 미국 소방관 대다수가 로이와 같은 자원봉사자들이다. 2018년 미국 전체 소방관 111만 명의 약 67퍼센트가 자원봉사자였다.[3] 일부 다른 국가에서는 자원봉사자의 비율이 더 높다. 아르헨티나 소방관의 80퍼센트, 칠레와 페루 소방관의 100퍼센트가 무급 소방관이다.[4] 이런 사실을 보더라도 분명히 사람들은 이타주의가 보내는 신호와 자원봉사에서 자극을 받는다.

그렇다면 친사회적 인센티브가 항상 금전적 인센티브보다

낫다는 뜻일까? 친사회적 인센티브나 금전적 인센티브는 언제 사용해야 할까? 예전에 나의 지도하에 박사 과정을 이수했던 알렉스 이마스는 이런 질문에 대한 대답을 찾으려고 영리한 실험을 설계했다.[5]

이마스는 대학생들을 모집해서 친사회적 인센티브와 금전적 인센티브 중에서 어떤 인센티브를 받을 때 더 많이 노력하는지 실험했다. 노력 정도를 측정하기 위해 악력계를 사용해 학생들이 쥐어짜는 힘을 뉴턴으로 기록했다. 기본 측정치를 얻기 위해 학생들에게 실험 전에 악력계를 60초 동안 쥐어짜라고 요청하고 평균 세기를 측정했다. 그다음에는 인센티브를 제공한 후에 악력계를 쥐어짜라고 요청했다.

학생들은 대조군이나 네 가지 실험군 중 하나에 무작위로 배정되었다. 실험군에서는 다음 실험에서 돈을 얼마 받는지(소액 vs. 고액), 누가 돈을 받는지(본인 vs. 자선 단체) 조작했다.

앞선 예에서 살펴봤듯 인센티브 수준이 낮은 경우에, 학생들은 자신을 위해 일할 때보다 자선 단체를 위해 일할 때 더욱 분발했다. 하지만 인센티브 수준이 높은 경우에는, 친사회적 인센티브를 받아도 금전적 인센티브를 받을 때보다 더욱 분발하지는 않았다. 다시 말해, 학생들이 기울이는 노력의 격차가 줄어든 것이다. 학생들은 돈을 더 많이 받을 때 더 열심히 일했지만, 그 돈이 자선 단체에 갈 때는 돈을 더 많이 받는다고 해서 더 열심히 일하지는 않았다.

이러한 결과를 종합해보면 보상이 작을 때는 친사회적 인센티브가 더 효과적이다. 사람들은 기부금의 규모에 대체로 둔감하고 자신이 기부했다는 사실 자체에 더욱 관심을 기울이기 때문이다. 반면에 보상이 큰 경우에는 자신에게 이익이 돌아가는 인센티브가 더 효과적이다. 작은 금전적 보상은 동기부여를 밀어낼 수 있지만, 사람들은 큰 액수의 돈에는 매우 민감하기 때문에 금전적 보상이 커도 동기부여를 밀어낼 수 없다.

이런 심리적 통찰은 현실에 광범위하게 적용되고 있다. 세계적인 샌드위치 체인점인 프레타망제는 이 인센티브 개념을 활용해 직원에게 동기를 부여하고 긍정적인 작업 환경을 조성했다. 이 성공적인 프랜차이즈는 영국에 매장 수백 개를 세우고, 2010년대 들어서면서 맨해튼과 시카고를 포함한 미국 주요 도시에 매장을 서서히 늘려갔고, 고객을 환대하는 직원의 태도와 친근한 고객 서비스로 평판을 얻었다.

그렇다면 프레타망제가 이렇게 인기를 끄는 비결은 무엇일까? 〈뉴욕타임스〉는 밝은 분위기와 같은 매장 특성을 비롯해 직원을 고용하고, 보너스를 지급하며, 승진 제도를 마련하는 등 복합적인 기업 전략을 비결로 꼽았다. 또 주목할 만한 구체적인 전략으로 보너스 지급 방식을 꼽을 수 있다. 직원들은 교육 목표를 달성하거나 승진했을 때 보너스 50파운드를 바우처 형태로 받는다. 그러나 전통적인 기업 인센티브를 받았을 때처럼 바우처를 자기 주머니에 넣지 않고, 자신을 도와준 동료에게 줘야 한다.[6] 인센티브를 이런 방식으로 설계하면, 동료에게 바우처를 주는 직원은 '온광 효과'를 얻고, 바우처를 받은 직원은 선물을 고마워하며 작업 환경을 좋게 만든다. 이런 효과로 결과적으로 고객 만족도가 올라간다.

전통적인 금전적 인센티브는 효과적일 때가 많지만 항상 최선의 선택지는 아니다. 이따금 개인에게 이익을 안기는 인센티브를 친사회적으로 만들면 보상 뒤에 담긴 의미를 바꾸고, 이야기를 재구성해서 더욱 좋은 결과가 나올 수 있다.

요점

보상이 작은 경우에 친사회적 인센티브는 개인에게 이익을 안기는 인센티브보다 그 효과가 더 클 수 있다.

12

매우 드물게, 많은 사람이 보는 데서

신호로서 상의 가치

"시간은 느릿느릿 흘렀다. 마침내 그가 속한 전투 부대가 오키나와에서 '자살 임무'를 시작할 시점까지 60초밖에 남지 않았다."[1] 〈녹스빌뉴스센티널〉은 이렇게 기사의 서두를 시작하면서 미군 상병이자 전투 의무병으로 참전했지만 무기 소지에는 반대했던 데즈먼드 도스의 활약상을 소개했다.

1945년 5월 5일, 오키나와에서 전진과 후퇴를 반복하며 한 달 동안 전투를 치렀던 도스의 부대는 고지를 점령하라는 임무를 부여받고 핵소 능선에 접근했다.[2] 일본군은 미군이 능선의 고원에 도착할 때까지 기다렸다가 반격을 시작했다.

아군이 부상을 당해 치료가 절실한 상황이 되자 의무병 도스는 자신이 나서지 않으면 아군들이 전장에 남겨져 목숨을 잃거나 포로로 붙잡혀 적군에게 고문을 당하리라는 사실을 인식했다. 그래서 빗발치는 총알과 포탄 세례를 뚫고 한 번에 한 명씩 아군을 구해냈다. 도스는 부상병들을 능선 가장자리로 한 명씩 옮겨서 그들이 안전한 장소로 이송되어 치료를 받을 수 있게 했다. 이날 도스가 구한 아군은 모두 75명으로 추정된다.

사람들은 도스의 행위가 믿기지 않을 정도로 용맹하므로 공적을 인정해야 한다고 이구동성으로 말했다. 실제로 도스는 1945년 10월 12일 미군에게 수여하는 최고 훈장인 명예훈장Medal of Honor을 받았다. 백악관에서 거행한 감동적인 훈장 수여식에서 트루먼 대통령이 도스에게 손수 훈장을 달아주었다.[3] 도스는 전투에서의 자신의 행동과 그에 따른 훈장을 평생 자랑스러워하며 87세까지 살았다.

상의 형태는 다양하다. 명예훈장, 오스카상, 노벨상처럼 큰 상이 있고, 이달의직원상, 우수직원상, 고객서비스상, 개근상처럼 수수한 상도 있다.

상은 인센티브로 사용되기는 하지만 전통적인 금전적 인센티브와는 다르다. 예를 들어 도스가 백악관에서 훈장을 받지 않고, 감사 편지와 함께 1만 달러짜리 수표를 우편으로 받았다고 상상해보자. 수표를 받으면 기분이 좋았겠지만, 메달을 받을 때와 매우 다른 신호를 받았을 것이다. 경우에 따라 금전적인 상은 괜찮을 수도 있고 눈살을 찌푸리게 만들 수도 있다. 도스에게 메달 대신 1만 달러를 수여한다면 어떨까?

이는 국가를 위해 목숨을 내건 행동에 대해서는 돈을 받지 않는다는 사회 규범을 거스르는 행동일 뿐 아니라 자칫 모욕적인 일일 수 있다. 금전적인 상은 용기를 칭찬하려고 수여하는 상에 가치를 부여하는 것이 아니라 가격표를 붙이는 것이므로 심리적인 역풍을 일으킬 수 있다. 상에 인정과 돈을 추가했다면, 즉 훈장도 받고 수표도 받았다면 도스는 더 행복했을까? 아니면 전장에서 목숨을 걸고 아군을 구해낸 행동의 가치가 단 1만 달러라고 공식적으로 굳어지면서 수표가 인정을 '밀어냈을까?'

어떻게 하면 상을 유리하게 사용할 수 있을까? 어떻게 신호를 활용해야 인센티브를 강화하고, 상이 전달하는 이야기를 형성할 수 있을까? 12장에 기술한 내용은 내가 샌디 캠벨과 야나 갤러스와 함께 수행한 작업이 토대가 되었다.[4]

사회적 신호를 다룬 1장에서는 개인의 행동으로 자신에 대한 신빙성 있는 정보를 어떻게 다른 사람에게 보낼 수 있는지를 살펴봤다. 상은 자주 사회적 신호로 작용하므로 이로 인해 인지된 가치가 크게 증가할 수 있다. 도스가 용감하게 행동해서 메달을 받았다는 사실은 그것이 어떤 행동인지 자세히 알지 못하는 사람들도 도스가 용감했다는 신빙성 있는 신호를 받아들이게 만든다. 이와 마찬가지로 노벨물리학상을 받았다는 사실은 수상자에게 학문적 능력이 있다는 신호가 된다. 심지어 수상자가 어떤 기여를 했는지 이해하지 못하거나 기여의 가치를 모르는 사람에게도 신호로 작용한다.

상은 수상자의 능력과 자질은 물론이고 수여자의 가치도 드러낸다. 예를 들어 5장에서는 혁신에 가치를 두면서도 위험 감수에 인센티브를 제공하지 않는 기업에 관해 설명했다. 상을 사용해서 위험 감수를 장려하는 것은, 기업이 추구하는 가치를 직원에게 효과적으로 알릴 훌륭한 기회다. 5장의 내용을 되짚어보면 인도의 다국적 거대 지주회사인 타타그룹이 정확히 이렇게 하고 있으며, 모험적인 아이디어를 시도할 수 있도록 직원을 격려하려고 '용감한시도상'을 제정해 혁신적인 아이디어, 시도, 실패의 가치를 인정한다.[5]

상의 성공 여부를 결정하는 요소에는 자기 신호 전달도 있다. 2장에서는 하이브리드 자동차를 구매하는 행위를 통해 자신이 환경 문제에 신경을 쓴다는 사실을 어떻게 나타낼 수 있는지 다뤘다. 하지만 사람들이 상을 타겠다고 스스로 선택할 수는 없다. 가치 있는 상은 대개 돈으로 살 수 없고, 중요한 성취를 인정한다는 뜻으로 수여되는 것이기 때문이다.

당신이 회사에서 '이달의직원상'을 받았다고 치자. 아마도 직장에 더 일찍 출근했거나 더 열심히 일했을 것이다. 상을 받으면 자신이 직장에서 근무를 잘하고 있으며 자신의 노력을 인정받았다는 것을 확인할 수 있다. 상은 이런 방식으로 자신에게 보내는 신호를 강화하고, 자신에 대한 믿음을 검증하며 심지어 그 믿음을 변화시키기도 한다.

상에는 여러 측면이 있어서 자기 신호와 사회적 신호를 바꿔 보낼 수 있다. 따라서 상이 성공할 수 있을지는 이런 측면을 어떻게 설계하느냐로 결정된다. 신호에 영향을 미치고 이야기를 형성하는 데 결정적인 상의 몇 가지 속성을 살펴보자.

청중이 많을 것

숲에서 나무 한 그루가 쓰러지면 소리가 날까? 사람들이 없는 데서 상을 주는 방식은 효과가 있을까? 물론 효과야 있겠지만 그 효과는 미미할 것이다. 청중이 없는 것은 사회적 신호로서 가치가 없다는 뜻이다. 매년 열리는 오스카상 시상식을 생각해보자. 오스카상 시상식이 가치 있는 행사인 까닭은 수많은 사람이 지켜보기 때문이기도 하다. 상에 관해 알고 있는 소수만 참석한 자리에서 상을 받는 것은 사회적 신호로서의 가치가 거의 없다.

하지만 시상식에 청중이 반드시 있어야만 상이 사회적 신호로서 가치가 있는 것은 아니다. 때로 청중은 사무실 선반에 놓인 액자나 작은 조각상을 보는 것으로 충분하다. 청중이 누구인지도 중요하다. 수상자의 성과를 평가할 수 있는 동료일 수도 있고, 수상자가 감동을 주고 싶은 친구와 가족일 수도 있고, 수상자와 다시 만날 일이 없는 낯선 사람일 수도 있다. 청중의 정체성은 상이 전달하는 사회적 신호에 영향을 미친다.

용감한 행동에 관한 다른 이야기와 도스가 받은 훈장을 비교해보자. 2009년 8월 9일, 아프가니스탄에 주둔해 있는 미군 기지가 합동 공격의 표적이 되었다. 적군 저격수가 미군 의무병에게 사격을 가해 상처를 입혔고, 로켓 추진식 수류탄이 날아들면서 미군 부대 무기고에 불이 붙었다. 불길이 점점 거세지면서 곧이어 무기고가 폭발할 것이 불을 보듯 뻔했다.

부대가 기지를 버리려 할 때 한 해군특수부대원이 나섰다. 그는 빗발치는 총탄을 뚫고 화재 현장에 뛰어들어가 다친 의무병을 안전한 곳까지 끌어냈다. 이 무명의 해군특수부대원은 전투에서 보인 용맹성과 비범한 영웅적 행동을 인정받아 해군과 해병대에 수여하는 무공훈장 중 두 번째로 높은 해군십자훈장Navy Cross을 받았다.[6]

이 무명의 해군특수부대원뿐만이 아니다. 미국 최고 명예훈장 수훈자 다섯 명 중 한 명은 비밀 임무를 수행했으므로 모습이나 이름이 외부에 노출되지 않는다.7 누구나 상상할 수 있듯 청중이 없으면 해군십자훈장이 보내는 사회적 신호는 상당히 약해진다. 비밀 임무 수행에 관여했던 극소수만 수훈자의 탁월한 영웅적 행동을 알 뿐이다.

청중이 없는 경우에는 사회적 신호가 없지만 무명의 해군특수부대원은 여전히 자신의 용감한 행동에 관해 강력한 자기 신호를 받았을 것이다. 비공개 수여식에 참석하면서 자신의 희생과 용기가 지닌 가치를 자기 자신에게 입증하고, 애국적이고 용감한 자아상을 획득했을 것이다.

흔하지 않을 것

상이 지닌 다른 중요한 속성은 희소성이다. 상이 희소할수록 상이 전달하는 자기 신호와 사회적 신호로서의 가치는 증가한다. 같은 상을 지나치게 자주 수여하거나 특정 분야에서 지나치게 많은 상을 수여하면 관심이 분산된다. 노벨상은 부분적으로는 행사의 희소성 때문에 시선을 많이 끈다. 상을 1년에 한 번이 아니라 일주일에 한 번 수여하면 그 위치와 평판은 훼손될 것이다. 오스카상 시상식을 매주 연다고 상상해보라.

위키피디아는 상의 희소성을 잘 적용했다. 위키피디아는 누구나 자유롭게 글을 올릴 수 있는 도메인이어서 자원봉사자들에게 전적으로 의존해 운영한다. 따라서 귀중한 기여자들을 지속적으로 끌어들이고 유지해야 한다. 최대 온라인 백과사전인 위키피디아는 2007년에 자원봉사 편집자 수가 정점을 찍었지만 그 후에 기여와 편집의 수가 우려할 만한 수준으로 떨어졌다.[8] 귀중한 편집자들이 없으면 험난한 온라인 경쟁 시장에서 살아남을 수 없다.

위키피디아 설립자 지미 웨일스는 이런 추세를 뒤집으려고 위키피디아상을 만들었다.[9] 희소성, 수여자, 중요도에 따라 상은 다양하다. 예를 들어 지역사회가 편집자들의 노고를 인정하고 작업에 감사를 표하기 위해 수여하는 '주간편집자상'이 있다. 또한 위키미디어 재단이 운영하는 공식 연례 국제 회의인 위키마니아에서 개인 위키미디어인의 주요 업적을 치하하기 위해 수여하는 '올해의위키미디어인상'도 있다.

최고의 상은 지역사회에 탁월한 서비스를 제공한 위키미디어 개발자들에게 수여하는 '오늘의훈장Order of the Day'이다. 이 무형의 상은 커다란 성공을 거뒀다. 2017년에 위키피디아상을 연구한 야나 갤러스는 이 상 덕택에 위키피디아에 새로 접속한 사용자 수가 20퍼센트 증가했고, 이런 효과는 처음으로 상을 수여하고 나서 1년 넘게 이어졌다고 보고했다.[10]

하지만 조직은 가끔 과한 행보를 보이기도 한다. 트리플크라운트로피Triple Crown Trophy를 예로 들어보자. 논란이 있기는 하지만 트리플크라운트로피는 스포츠에서 가장 어렵고 따라서 가장 드물게 발생하는 성취에 수여하는 상이다. 경마에서 최대 업적으로 인정받는 이 상을 가장 마지막으로 수여한 것은 42년 전이었다.[11]

트로피를 받으려면 챔피언 말은 거리가 서로 다른 트랙에서 열리는 세 가지 경주에서 모두 우승해야 한다. 사람과 마찬가지로 경주마도 특정 거리만 집중적으로 뛰는 경향이 있어서, 단거리에 뛰어난 경주마가 있고 장거리에서 두각을 나타내는 경주마가 있다. 수상하기 어렵고 가능성도 희박하므로 대부분 경주마 소유주는 트리플크라운트로피를 획득하려고 애쓰지 않는다. 그들은 자기 소유의 경주마들을 다양한 거리에서 실력을 발휘할 수 있도록 훈련하지 않으려고 한다. 말을 훈련해서 트리플크라운트로피를 획득할 확률이 희박하므로 차라리 특정 거리만 집중적으로 달리도록 훈련하는 편이 더 낫다고 생각한다.

반면에 상이 지나치게 흔해도 역효과를 낼 수 있다. 출석상은 교육 현장에서 학생들에게 가장 흔하게 수여하는 상에 속한다. 유치원부터 고등학교까지 교사들은 학생들에게 동기를 부여하기 위해 출석상을 준다. 하지만 일반적인 생각과 반대로 출석상은 학생들에게 의도하지 않은 신호를 보내기 때문에 효과가 없는 것 같다. 그렇게 많은 학생이 받을 수 있다면 굳이 나까지 기를 써서 받아야 할까?[12]

절차가 공정할 것

전설적인 배우이자 영화감독인 말런 브랜도는 1960년대 경력이 추락하는 경험을 했다. 그러다가 1972년에 〈대부〉에 출연하면서 영화계에 당당하게 복귀했다. 개봉 당시 〈대부〉는 전국적으로 1억3,500만 달러의 수익을 냈고, 오늘날까지 역사상 가장 위대한 영화의 하나라는 평을 듣는다.[13] 무자비하지만 인간성이 풍부한 돈 코를레오네를 연기한 브랜도는 괄목할 만한 연기를 펼쳐서 오스카상 남우주연상 후보에 올랐다. 1973년 3월 5일, 배우 리브 울만과 로저 무어는 전 세계가 주목하는 가운데 45회 아카데미상 남우주연상 수상자를 발표하는 자리에 섰다. 무어가 브랜도를 호명하자 청중의 환호가 터져 나왔다.

그 후 벌어진 유명한 광경은 지금 보더라도 놀랍다. 누구도 예상하지 못한 일이 벌어진 것이다. 아메리카 원주민 여성인 사신 리틀페더가 무대 위로 올라가서 손바닥을 펴며 오스카상 수상을 거부했던 것이다. 청중이 웅성거리며 어수선한 분위기가 고조되었을 때 리틀페더는 자신이 아파치족이고 전국아메리카원주민긍정이미지위원회National Native American Affirmative Image Committee 회장이라고 소개했다. 그러면서 수상자로 선정된 것을 브랜도가 매우 영광으로 생각하지만, 영화 산업과 텔레비전 영화 재방송에서 아메리카 원주민을 불공정하게 대우하는 것에 항의하는 뜻에서 이 관대한 상을 고사한다고 브랜도를 대변해 연설했다.[14]

청중이 야유하기 시작했다. 바로 이때 리틀페더가 "훗날 우리의 마음과 이해가 사랑과 관대함과 만나기를 희망한다."라고 말하자 박수가 터져 나오면서 야유가 묻혔다.[15] 오스카상 남우주연상을 거절한 두 번째 배우인 브랜도는 자신이 상을 받으면 그 조직의 행동과 가치를 용인하는 것이라고 지적했다.[16]

거센 반발에 부딪히기는 했지만 브랜도와 리틀페더는 자신들이 믿는 가치를 고수했고, 영화 산업에서 차별에 영합하는 조직을 지지하지 않겠다고 선언했다. 두 사람의 행동이 국제적으로 주목받으면서 영화 산업에서 아메리카 원주민을 홀대하는 현실을 대중에게 알릴 수 있었고, 앞으로 아카데미 시상식에서 수상 거부 행위를 하는 것에 영감을 주었다.

브랜도의 수상 거부는 수여자와 수상자의 가치관이 일치하지 않을 때 발생하는 현상이다. 하지만 대부분 수상자는 수여자의 지위와 명성에 힘입어, 자신들이 추구하는 목표가 수여자의 그것과 같다고 추정하면서 자신과 수여자의 가치관이 일치한다고 인식한다.

데즈먼드 도스는 자신이 가장 존경하는 두 기관에서 공을 인정받았다. 즉 미국 의회의 승인을 받고 미국 대통령에게 명예훈장을 받았다. 대통령을 직접 만나 친근하게 악수한 것도 도스에게는 영광스러운 경험이었다. 위키피디아 사례에서 설립자인 웨일스는 상의 중요성을 강조하고 수상자와 맺는 인연을 부각하기 위해 '오늘의훈장'을 직접 수여한다. 야나 갤러스는 이렇게 '위키피디아인'으로서 커진 자기 인식이 상의 긍정적 효과를 지속해 뒷받침한다고 주장한다.[17]

상의 인지도가 낮거나 수여자의 지위가 불분명하다면 어떨까? 이런 경우에는, 전장에서 용맹하게 행동한 공을 치하해 1만 달러를 지급하는 예와 대조적으로, 중요한 유형적 요소를 추가하면 상에 의미가 부여되고 상이 가치 있는 자기 신호와 사회적 신호가 될 수 있다. 예를 들어 노벨상 수상자에게 부상으로 제공하는 상당한 액수의 상금은 알프레드 노벨을 따라다니는 불명예스러운 논란이 있는데도 노벨상이 일찌감치 중요한 상으로 자리를 잡는 데 기여했을 공산이 크다. 시간이 흐르면서 노벨상은 금전적 가치를 훨씬 뛰어넘어 중요해졌다.

상에 관해서는 **누가** 상을 주는지, **어떻게** 수상자를 선정하는지가 중요하다. 후보 지명으로 시작해 철저한 동료 평가와 전문가 심사로 이어지는 정교한 선발 절차를 거치는가? 출석 같은 실질적인 요건이 있는가? 선발 과정이 부패하지는 않았나?

데즈먼드 도스가 받은 명예훈장은 다른 사람들의 여러 의견과 추천을 근거로 수상 후보자의 자격을 평가하는 주관적 평가의 범주에 속한다. '획기적인 발견'이나 '예술적 성취' 등 업적을 객관적으로 측정하기 어려울 때는 주관적 평가가 필요할 수 있다. 음악 산업을 생각해보자. 빌보드 차트는 스트리밍 횟수 같은 객관적인 평가 방법을 사용하는 반면에 그래미상, BET상, 로큰롤 명예의전당 등은 위원회가 타당성을 제공하는 주관적인 평가 방법을 사용한다. 하지만 주관적인 평가는 조작될 수 있다.

2016년 덴절 워싱턴은 '연예계에 탁월하게 기여한' 배우에게 수여하는 골든글로브세실드밀상Golden Globe Cecil B. DeMille을 수상하는 영예를 안았다.[18] 할리우드외신기자협회HFPA가 매년 한 사람을 선정해 수여하는 상이다. 유명 수상자로는 월트 디즈니, 모건 프리먼, 조디 포스터, 로버트 드니로가 있다.[19]

대부분 기성 배우는 영화 산업에서 전설로서 입지를 굳힐 수 있으므로 이 영예를 누리고 싶어 한다. 워싱턴은 수상 소감을 말하는 자리에서 영화 제작자인 친구 프레디 필즈가 자신의 수상을 자신만만하게 예견했다고 언급했다. 여러 후보가 경쟁하는 이런 상을 어떤 배우가 탈지 예측하기는 대단히 어렵다. 그렇다면 필즈는 다른 뛰어난 배우들을 누르고 워싱턴이

왕관을 차지할지 어떻게 알았을까?

비결은 단순했다. 필즈는 그해 첫 할리우드 외신기자 오찬에 워싱턴을 초대하면서 그에게 이렇게 귀띔했다. "HFPA가 영화를 볼 테고, 우리는 기자들을 오찬에 초대할 겁니다. 기자들이 모이면 모든 참석자와 돌아가며 사진을 찍으세요. 손에 잡지를 들고 사진을 찍고 나면 상을 받을 수 있습니다."[20] 워싱턴은 필즈가 세운 계획에 따라 호화스러운 오찬과 영화 파티에 참석했고, 골든글로브상 유권자들과 개인적으로 친분을 쌓고 함께 사진을 찍었다.

워싱턴이 수상 소감에서 던진 농담은 평가 과정의 배후에 파벌주의가 존재하고 있다는 사실을 드러냈다. 물론 청중은 이 농담을 우스갯소리로 듣고 넘겼지만 HFPA는 그렇지 못했다. 워싱턴이 전한 이야기는 빙산의 일각에 불과하다. 예를 하나 더 들어보자. 영화 〈뮤즈〉는 로튼토마토 지수가 53퍼센트였다. 그런데 주요 출연 배우인 샤론 스톤은 소속사를 통해 HFPA 소속 유권자 84명 전원에게 금시계를 보낸 후에 골든글로브상 후보에 올랐다. 이것도 단순한 우연의 일치가 아닐 수 있다.[21]

청중도 서서히 인식하기 시작했듯이 이처럼 투표가 예술가의 실력과 작품의 정당한 질을 근거로 이루어지지 않고 파벌주의로 얼룩지고 있다. 워싱턴이 드러낸 것처럼 평가위원회의 권위나 청렴성에 문제가 있는 평가 과정은 상에 담긴 사회적 신호의 가치를 훼손할 수 있다.

결론은 간단하다. 상을 제대로 수여하면 강력한 신호를 보낼 수 있고, 강력한 인센티브가 될 수 있다. 그러니 상의 각 측면을 신중하게 고려해서 상이 전달하는 이야기를 만들어야 한다. 상을 현명하게 사용하라!

요점

청중, 희소성, 수여자의 지위, 선정 과정은 상에 담긴 신호 전달 가치에 영향을 미치고, 수상자와 수여자의 일체성을 북돋울 수 있다.

4부

인센티브로
어떤 문제를
발견할 수 있을까

한 남자가 서른일곱 살 아내에게 문제가 있다면서 의사에게 조언을 구한다. "의사 선생님, 제가 걱정이 되어서 그럽니다. 아내의 청력이 약해진 것 같아요. 청력 검사를 받게 해야 할 텐데, 어떻게 말을 꺼내야 할지 모르겠어요. 아내의 심기를 건드리지 않으면서 말할 방법이 있을까요?"

의사는 나이가 들면서 청력이 쇠퇴하는 일은 흔하다고 말하면서 남자를 진정시킨다. 그러면서 청력을 간단하게 검사하는 방법을 알려주며 아내에게 시도해보라고 말한다. "아내가 등을 돌리고 있을 때 조금 멀리 떨어진 곳에서 낮은 목소리로 아내를 불러보세요. 아내가 당신 목소리를 듣지 못하면 몇 발자국 더 가까이 다가가서 다시 불러보세요. 그래도 듣지 못하면 훨씬 더 가까이 다가가세요."

남자는 의사가 제안한 방법을 시도할 기회를 엿본다. 그날 저녁 아내가 거실 소파에 앉아 있다. 이때다 싶었던 남자는 거실 구석으로 가서 낮은 목소리로 아내를 부른다. "제인?" 아무 반응이 없다. 걱정이 더욱 커진 남자는 훨씬 더 가까이 가서 아내를 다시 부른다. "제인?" 이번에도 묵묵부답이다. 그래서 이번에는 훨씬 더 가까이 다가가서 또 부른다. "제인?" 이때 아내가 고개를 돌려 남편을 보며 대답한다. "세 번씩이나 대답해야 해요? 뭣 때문에 그래요?"

이런 오래된 농담을 듣다 보면 늘 재밌으면서도 많은 생각이 떠오른다. 남자는 근본적으로 문제를 잘못 진단했다. 인간의 행동을 연구하는 사람들도 종종 이런 실수를 한다. 겸손하게 말해서 그렇다. 인간의 행동을 연구하는 심리학자들과 경제학자들은 농담에 등장하는 남자가 그랬듯 자주 '다른 사람'에게 문제가 있다고 생각하지만, 따지고

관점 취하기: 무엇이 문제지? 누가 묻느냐에 따라 다르다.

보면 실제로 문제는 바로 자기 자신에게 있다. 연구자들은 심심치 않게 다른 사람들이 실수, 즉 '비이성적' 행동을 한다고 평가한다. (이때 '비이성적'이라는 단어는 '어리석은'이라는 뜻을 과학적인 관점에서 우회해 표현한 것이다.) 하지만 연구자들이 사람들의 행동 이면에 있는 이유를 이해하지 못해 실수하는 경우가 많다.

진단을 잘못하는 것은 사회과학자들만이 아니다. 의료계에서 오진은 믿기 어려울 정도로 자주 발생한다. 미국에서 매년 외래 진료를 받은 약 1,200만 명이 오진을 경험한다.[1] 환자 스무 명 중 한 명꼴이다! 오진에 신속히 대응하면 아무 해도 입지 않고 불상사도 발생하지 않는다. 하지만 그렇지 못할 때는 신체적으로나 경제적으로나 심각한 피해가 발생할 수 있다.

결국 특정 질병을 효과적으로 치료하려면 의사는 무엇보다 질병을 정확하게 진단해야 한다. 그러므로 환자에게 스캔과 채혈 같은 절차상 검사를 실시한다. 검사를 실시하는 것은 환자를 직접 치료하는 절차는 아니지만 문제를 진단하는 데 유용하다. 그 후라야 의사는 치료를 시작할 수 있다. 처음부터 질병을 부정확하게 진단한다면 의사가 취하는 치료법은 적절하지 않을 것이다.

이 책에서 소개한 내용 중에는 인센티브를 문제 해결책으로 사용하는 것에 관한 내용이 많다. 또 혈액 검사가 질병 진단에 유용하듯 인센티브도 일찌감치 문제를 진단할 때 유용하게 쓰일 수 있다. 기업이나 정부가 잘못된 문제를 해결하려고 할 때, 적절하지 않거나 효과적이지 않을 가능성이 있는 정책 변화를 통해 재정적으로도 사회적으로도 반향을 일으키는 결과가 나타날 수 있다. 잘못된 문제를 해결하는 것도 관점이 잘못되었을 때 나타나는 결과일 수 있다(그림에 나오는 사슴을 보라).

4부에서는 자기 행동을 더욱 잘 이해하기 위해 인센티브를 사용하는 방법을 네 가지 사례를 들어 살펴보려고 한다. 문제를 정확히 진단하기 위해 처음부터 인센티브를 사용하라. 그러면 해결책을 찾아갈 수 있다.

13

시험은 시험일 뿐

미국 학생들의 성적이 나쁜 이유

월요일 아침 8시, 열다섯 살 타일러는 10학년 교실로 어슬렁어슬렁 걸어 들어가며 책상 서른 개를 휘휘 둘러본다. 책상 위에는 밀봉된 시험지 꾸러미가 놓여 있다. 연신 내뿜던 하품이 이내 신음으로 바뀐다. 불길하다. 뒷줄로 걸어가서 딱딱한 플라스틱 의자에 털썩 주저앉아 어깨를 툭 떨어뜨린 구부정한 자세로 다른 아이들이 하나씩 들어오기를 기다린다. 그로스먼 선생님이 칠판에 '시작 시각'과 '종료 시각'을 쓰는 동안에도 타일러는 자신이 생각하는 일이 일어나지 않기를 마음속으로 빈다. 하지만 그런 운은 따르지 않는다.

가장 늦게 등교한 학생이 도착하자 그로스먼 선생님은 본교가 PISA에 참여하는 학교로 무작위로 선정되었다고 발표한다. 시험 시간은 세 시간이다. 물론 타일러는 시험 결과가 자신의 학교 성적에 전혀 반영되지 않으리라는 사실을 알고 있다. 타일러가 아끼고 신경을 쓰는 어떤 사람도 그의 시험 성적을 알지 못할 것이다. 타일러는 점수를 통보받지 않을 것이고, 학교도 부모도 그럴 것이다. 그로스먼 선생님이 시계를 작동한다. 타일러는 **어서 끝내버리자고** 속으로 생각한다.

타일러는 세 시간이 채 지나기도 훨씬 전에 시험을 끝낸다. 어쨌거나 타일러에게는 이 시험을 보고 싶다거나 좋은 성적을 거두고 싶다는 동기가 전혀 없다. 표준화 시험에서 미국의 국가 순위가 몇 등이든 열다섯 살짜리 타일러에게는 관심 밖이다. '순위'라는 단어는 타일러의 사전에 없다. 타일러뿐 아니라 많은 동급생이 PISA에 무관심할 것이다.

하지만 교육계는 이런 표준화 시험에 큰 비중을 두어서, PISA가 학생의 학습 수준을 정확하게 측정하는 척도라고 여긴다. 정책 입안자들은 학생 평가를 사용해서 교육 시스템의 성공을 가늠하는 것에 점점 큰 관심을 기울이고 있다. 이런 맥락에서 미국 학생들의 PISA 성적이 너무 저조한 현상을 두고

많은 사람이 여러 해 동안 우려하고 있다.[1]

PISA는 OECD가 전 세계 교육 시스템을 평가하기 위해 3년마다 15세 학생들의 학업 기술과 지식을 측정하는 시험이다.[2] 72개국 50만 명 이상의 학생이 과학, 수학, 읽기, 협력적 문제 해결, 금융 이해력 분야에서 시험을 치른다.[3]

미국을 비롯해 여러 국가가 표준화 시험 결과를 바탕으로 일부 교육 정책을 세운다. 이 책 앞부분에서 설명했듯, 핀란드는 2000년에 시행한 PISA에서 예상 밖으로 좋은 성적을 거뒀다. 이에 따라 분석가들은 핀란드의 교육 시스템이 앞으로 세계 교육이 지향할 모델이라고 주장했다. 반면에 독일에서는 자국 학생들의 성적이 의외로 저조한 것을 두고 장관들이 모여 회의하고 자국의 교육 시스템을 개선하기 위한 긴급 정책들을 내놨다.[4]

2012년에 65개국을 대상으로 시행한 PISA에서 미국 고등학생의 수학 성적은 36위였고 2009년 이후로 계속 하락 추세를 보였다.[5] 이처럼 성적이 저조해지자 당시 미국 교육부 장관 아른 던컨은 불편한 심기를 내비쳤다.

우리는 이것을 경종으로 여겨야 합니다. 회의론자들이 결과를 놓고 왈가왈부하리라는 것을 압니다. 하지만 우리는 해당 평가가 정확하고 신뢰할 만하다고 생각합니다. 결과를 무시해버릴 수도 있습니다. 아니면 교육이 제대로 되고 있지 않다는 잔인한 진실을 직시할 수도 있습니다.[6]

미국에서 이 문제에 관해 많은 설명이 등장했다. 학교 시스템이 문제라고 주장하는 사람이 있는가 하면 사회경제적 요인(예: 높은 비율의 불평등과 사회적으로 혜택을 받지 못한 학생들), 문화, 미국 부모의 자녀 양육 방식을 지적하는 사람도 있었다.[7] 하지만 어느 누구도 논쟁을 멈추고 '이번 시험 결과를 두고 미국 학생들의 학업 능력이 낮다는 결론을 내릴 수 있을까?'라고 묻지 않았다.

나는 동료인 존 리스트, 제프리 리빙스턴, 샐리 새도프, 샹 동 진, 양 쉬와 함께 완전히 다른 해석을 탐구했다. 미국 학생들이 다른 나라 학생들만큼 열심히 노력하고 있지 않은 것은 아닐까?[8]

이렇게 생각해보자. 시험 점수를 좌우하는 요인은 학생의 능력과 학생이 시험에 들이는 노력이다. 사람들은 일반적으로 결과가 능력의 차이를 반영한다고 해석한다. 하지만 우리는 국가마다 학생의 노력 수준이 다르고, 시험 성적은 이런 국가 간 차이를 반영한다는 가설을 세웠다.

평가 시험을 잘 치르려는 학생들의 내재적 동기 수준이 국가마다 다르다고 해보자. 동기부여가 되어 있지 않은 학생이라면 똑같이 똑똑하고 학업 능력을 갖췄더라도 이해관계가 별로 없는 시험을 잘 보려고 최선을 다하지 않을 수 있다.

그렇다면 다른 국가 학생들과 비교했을 때 미국 학생이 기록한 낮은 점수는 부분적으로는 실제 능력의 차이라기보다는 시험 자체에 기울이는 노력의 차이로 설명할 수 있다. 다시 말해서 타일러와 동급생들은 이해관계가 작은 시험에서 좋은 성적을 거두겠다는 동기가 전혀 없을 수도 있다. 신경을 쓰지 않는다고 해서 PISA 성적에서 상위를 차지하는 중국이나 핀란드의 학생들만큼 똑똑하지 않다거나 지식이 없다는 뜻은 아니다. 그저 시험에 그만큼 노력을 쏟지 않는다는 뜻이다.

우리는 공공정책 입안자들이 문제를 잘못 진단했는지 조사할 목적으로 미국과 중국 상하이에 있는 고등학교를 대상으로 인센티브를 사용해 실험을 실시했다. 특히 상하이를 선택한 까닭은 미국이 36위였던 2012년 PISA 수학 시험에서 중국이 1위를 했기 때문이다.

우리는 과거에 시행됐던 PISA에서 수학 문제 25문항을 뽑아서 학생들에게 나눠주고 25분 동안 풀게 했다. 실험 설계 방식은 간단했다. 대조군에는 25분 동안 문제를 최대한 많이 풀라고만 말했다. 이 대조군에서는 학생들이 실제 PISA를 치를 때 직면하는 조건을 그대로 모방했고, 학생들에게는 시험을 잘

보겠다는 외재적 동기가 전혀 없었다.

다음에 표시한 게임 트리는 대조군이 직면한 결정을 나타낸다. 대조군은 노력을 기울이고 외재적인 보상을 전혀 받지 못하거나(결과 1), 그다지 힘들이지 않고 시험을 빨리 대충 볼 수 있다(결과 2).

'결과 1'은 미국에서 흔히 발생한다. 어떤 사람은 어찌 됐든 10대들이 시험을 잘 보려고 최대한 노력하리라고 여길 것이다. 하지만 앞에서도 설명했듯 학생들은 PISA를 치르도록 무작위로 선정되고 나중에 시험 성적도 통보받지 않는다. 그러다 보니 시험을 잘 봤다고 자부심을 느끼거나, 못 봤다고 수치심을 느낄 기회가 없다. 1년 뒤에 타일러의 어깨를 두드리며 이렇게 말할 사람도 없다. "네가 열다섯 살 때 봤던 시험 기억나

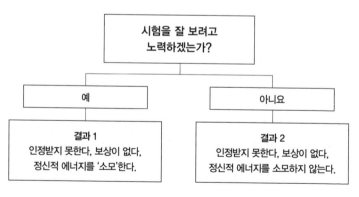

시험을 잘 보려고 노력하도록 북돋우는 인센티브가 없을 때

니? 네 성적이 좋지 않았단다. 그래서 미국이 36위를 한 거야. 네 덕분이다, 타일러." 열다섯 살 타일러는 아마도 시험을 치르자마자 시험에 대해 까맣게 잊고 그 뒤로도 시험에 관해 아무 이야기도 듣지 못할 것이다.

미국의 많은 열다섯 살짜리 아이가 게임 트리에서 '결과 2'를 선택하리라는 것은 충분히 추측할 수 있다. 열다섯 살 때의 나를 생각해보면 틀림없이 같은 선택을 했을 것이다.

하지만 우리가 세운 가설을 검증하고, 성적 차이가 발생한 원인이 능력이 아니라 노력이라고 밝히려면 다른 증거가 필요했다. 다시 짚고 넘어가지만, 공공정책 입안자들은 상하이 학생과 미국 학생의 점수 차이는 곧 **능력** 차이라고 생각하는 경향이 있다.9 하지만 우리가 세운 가설에 따르면, 상하이 학생은 이해관계가 작은 시험이라도 잘 치르라고 들었기 때문에 그렇게 하려고 노력했을 가능성이 크다. 왜일까?

미국 문화는 내재적 능력을 강조하는 반면에 중국 문화는 노력을 강조하기 때문이다. 중국에서는 공동체 의식과 자부심이 노력하는 자세를 부채질한다. 중국 학생은 PISA와 같은 시험을 치르면서 자신이 국가의 학업 능력을 대표한다고 생각하므로, 더욱 열심히 노력해서 애국심을 보이겠다는 동기를 갖는다. 교사들도 선택된 학생들이 국가를 대표하므로 중요하다고 강조하면서, 최선을 다해 시험을 잘 보라고 학생들을 격려할 가능성이 있다.

이것은 문화적인 차이가 태도에 반영된 것일 테고, 우리는 실험으로 그 차이를 입증해야 했다. 우선 이런 목적을 달성하기 위해 인센티브를 사용했다. 그렇다면, 그전에 하지 않던 노력을 하게 만들기 위해 학생들에게 어떤 제안을 했을까?

월요일 아침 8시, 루카스는 10학년 교실로 어슬렁어슬렁 걸어 들어가며 책상 서른 개를 휘휘 둘러본다. 책상 위에는 밀봉된 시험지 꾸러미 두 개가 놓여 있다. 꾸러미 하나를 흘끗 보니 틈 사이로 녹색의 모서리가 삐져나와 있다. 입에서 들릴락 말락 신음이 새어 나온다. 재빨리 자기 자리로 달려가 확인해보니 추측이 적중한다. 두 번째 꾸러미에는 빳빳한 1달러짜리 지폐가 25장 들어 있다. 눈이 휘둥그레진다.

반 학생들이 전부 들어오자 피츠제럴드 선생님은 본교가 실험에 참여하는 학교로 무작위로 선정되었다고 말한다. 시험 문제는 모두 25문항이고, 각 문제를 풀고 답이 틀릴 때마다 1달러씩 반환해야 한다. 25문항의 답을 전부 맞히면 25달러를 그대로 가질 수 있다. 피츠제럴드 선생님이 시계를 작동한다. 루카스는 의기양양한 미소를 지으며 슬슬 **시작해볼까!**라고, 속으로 생각한다.

그렇다. 우리는 학생들에게 돈을 제공했다. 실험군 학생들은 앉자마자 25달러를 받았고, 각 문제의 정답을 맞히지 못할 때마다 1달러씩 반환해야 한다는 말을 들었다(중국 학생들은 같은 금액의 현금 인센티브를 위안화로 받았다).

우리는 이 인센티브에 10장에서 살펴봤던 심리 현상인 '손실 회피'를 적용했다. 애당초 손에 쥐지 않은 돈을 받지 못한다고 생각하는 것(예: 미래 어느 시점에서 몇 달러를 적게 받을 수 있다고 생각하는 것 등)보다, 실제로 손에 쥐고 있는 돈을 앞으로 잃을 수 있다고 생각하는 것이 더 고통스러운 법이다. 우리가 시도한 인센티브 제도는 정답을 맞힐 때마다 1달러를 주는 방법보다 학생들에게 훨씬 더 큰 동기를 부여한다. 바로 손실 회피 현상 덕택이다.

우리는 서로 비교할 목적으로 학생들을 네 집단으로 나눴다. 먼저 미국 학생과 상하이 학생으로 나누고, 다시 각각의 집단을 인센티브를 받는 학생과 받지 않는 학생으로 나눴다. 우리는 인센티브를 제공하되, 시험 준비에 기울이는 노력이 아니라 시험 자체에 기울이는 노력에만 영향을 주고 싶었다. 노력 요소를 분리할 목적으로 실험군에는 시험을 보기 직전에 금전적 인센티브에 대해 알렸다. 따라서 학생들이 달리 취할 수 있는 유일한 행동은 시험 자체를 잘 보려고 더욱 노력하는 것이었다.

이제, 미국 고등학생 참가자들은 결정을 내릴 때 매우 다른 두 가지 인센티브에 직면했다. 첫째, 더욱 노력해서 25달러까지 벌 수 있다(아래 게임 트리에서 결과 1). 둘째, 시험을 잘 보려고 그다지 노력하지 않고 대충 빨리 치르고 소액의 돈을 벌 수 있다(결과 2).

이제 학생들에게는 돈을 벌 가능성이 생겼으므로 시험을 잘 보기 위해 노력할 강력한 동기가 생겼다. 그렇다면 게임 트리에서 '결과 1'을 '결과 2'보다 더욱 매력적으로 생각하게 할 만큼 인센티브는 컸을까? 그랬다.

실험 결과로 우리가 세웠던 가설이 입증되었다. 인센티브에 대한 반응을 살펴봤을 때 상하이 학생들의 점수는 거의 바뀌지 않았다. 상하이 학생들은 인센티브를 받지 않을 때도 이미

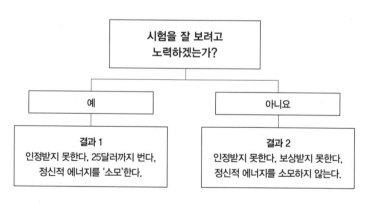

시험을 잘 보려고 노력하도록 북돋우는 인센티브가 추가되었을 때

최선을 다하고 있었으므로 추가로 인센티브를 받더라도 점수는 바뀌지 않았다.

하지만 미국 학생들의 점수는 크게 올랐다. 인센티브를 받자 미국 학생들은 좀 더 많은 문제를 풀었고, 정답률도 높아졌다. 우리는 미국 학생들이 실제 PISA를 치를 때 인센티브를 받는다면 상하이 학생들과 벌어진 순위 격차를 절반으로 줄여서 현재 36위에서 19위를 차지하리라고 추정했다.

미국은 PISA 같은 표준화 시험이 학생들의 진짜 능력을 반영하고, 다른 국가의 교육 시스템이 더 효과적이라는 가정에 근거해 수십억 달러의 예산을 쓰고 있다. 표준화 시험 결과에 영향을 받은 미국 정책은 미국 학생들의 능력 수준이 다른 국가 학생들보다 낮다고 가정한다. 사실상 표준화 시험의 결과는 부분적으로는 학습 능력에 좌우된다. 하지만 이해관계가 작은 시험을 치르는 태도와 내재적 동기부여를 둘러싼 문화적 차이에도 크게 영향을 받는다. 이때 인센티브를 사용해서 실험해보면 표준화 시험의 점수 차이가 전적으로 능력 차이 때문에 생기는 것이 아님을 알 수 있다.

PISA 관련 실험으로 인센티브를 진단 도구로 사용해 문제점을 정확하게 식별하는 것이 중요하다는 점을 확인할 수 있다. 그렇다고 해서 시험에 대비해 열심히 공부하도록 북돋우기 위해 학생들에게 돈을 지급하라고 제안하는 것은 아니다. 작은 표본을 추출해 인센티브를 제공해보면 문제를 진단하는 데 유용할 수 있다는 뜻이다. 문제를 해결하기 위해 밟는 첫 단계는 의사를 찾아간 사례에서 그랬듯 문제를 정확하게 진단하는 것이다. 아내가 청력을 잃고 있다고 생각한 남자에 관한 농담을 기억하는가? 문제의 출처를 안다고 단순히 가정하지 말고, 언제든 어디서든 실험을 통해 자신의 직관을 시험하라.

요점

실험으로 얻은 데이터를 살펴보면, 이해관계가 작은 시험이 학생들의 능력 차이만을 반영한다는 가정은 옳지 않다. 그러므로 이런 가정을 바탕으로 세운 공공정책은 낭비를 초래할 수 있다.

14

내 기부금의 행방

비영리 단체가 욕을 먹는 이유

어제 회의에 참석했다가 가난한 아이들을 돕는 유명한 자선 단체의 CEO가 전하는 감상적인 연설을 듣고 마음이 움직여 1천 달러를 기부하기로 했다고 가정해보자. 아침에 돈을 송금하면서 마음이 따뜻해진다. 그런 다음 집에 가려고 공항으로 향한다. 탑승 수속을 밟을 때도 여전히 흐뭇하다. 비행기 문을 통과해 당신이 앉을 이코노미석을 찾아간다. 통로를 따라 걷는데 어디서 본 듯한 사람이 일등석에 앉아 있다. 바로 당신이 조금 전에 1천 달러를 기부한 자선 단체의 CEO다. 이때 당신의 기분은 어떨까?

CEO가 일등석에 앉아 있는 광경을 보고 나면 아마도 불쾌감을 느끼다가 슬슬 화가 치밀어오를 것이다. 자신이 기부한 돈이 CEO의 일등석 항공표를 사는 데 쓰인 것만 같아서 아침에 수표를 보낸 것을 후회할 수 있다. 이렇게 느끼는 사람은 당신만이 아니다. 사람들은 CEO의 출장비를 포함해 주요 목표로 곧장 투입되지 않는 비용, 즉 **간접비**를 많이 쓰는 자선 단체를 좋아하지 않는다. 기부를 하려고 결정할 때, 간접비는 부정적으로 보면서도 기부금이 목표 달성에 얼마나 효과적으로 쓰일지에 관해서는 생각하지 않는 경우가 많다.

이것저것 알아보는 데 쓸 시간과 에너지가 거의 없으므로 대개 다음 한 가지 질문을 근거로 기부 결정을 내린다. '제 기부금의 몇 퍼센트가 간접비로 들어가나요?' 이런 관심은 다른 의문을 낳는다. '애당초 사람들이 간접비 지급을 그토록 싫어하는 이유는 무엇일까?' 이 질문에 대한 대답이 14장에서 다루려는 주제다. 내용을 본격적으로 전개하기 전에 배경지식부터 알아보자.

자선 단체는 기부가 미치는 엄청난 잠재력과 영향을 늘 강조한다. 사람들도 의미 있는 변화를 창출하는 힘이 기부에 있다고 믿는 경우가 많다. 미국만 하더라도 2019년에 개인이 자선 단체에 기부한 금액은 3천억 달러에 가까웠다.[1] 하지만 선의가 작용하는 시장에서도 조직을 꾸려나갈 수 있는 금전적 인센티브를 제공하는 것이 중요하다.

후원회의 하루: 나는 돈을 기부해서 매우 기분이 좋아. 이제 CEO가 다리를 뻗으며 편하게 여행할 수 있겠군!

2013년 테드 강연에서 운동가이자 기금 모금가인 댄 팔로타는 사람들이 자선 단체에 적용하는 이중 잣대를 언급했다. 팔로타는 비영리 단체에 관해서는 사람들이 검소함과 도덕성을 동일시한다고 주장했다. 그래서 비영리 단체의 지출을 면밀히 조사하고, 그들이 무슨 일을 했는지가 아니라 얼마나 돈을 적게 썼는지를 근거로 보상한다.

이런 측면에서 생각하면 비영리 부문과 경제계의 다른 부문에 적용하는 규칙이 다른 것 같다. 일반 기업의 CEO를 판단할 때는 얼마나 절약해서 지출하느냐가 아니라 기업의 수익을 포함한 결과를 기준으로 삼기 때문이다. 팔로타는 이런 이중 잣대가 비영리 부문을 차별하고, 잠재력을 충분히 발휘하지 못하게 비영리 조직을 방해한다고 주장했다.[2]

이중 잣대는 특히 직원 보상에서 흔히 목격할 수 있다. 민간 부문에서 책이나 무기를 판매해 수백만 달러를 버는 것은 괜찮지만, 암을 퇴치하려고 노력하는 비영리 단체에서 개인 수입을 수백만 달러 챙겼다면 사방에서 비난받을 것이다. 일반인이 보기에, MBA 졸업생이 은행에서 일하며 연 40만 달러를 버는 것은 괜찮지만, 자선 단체의 CEO가 그 정도 벌면 어떨까? 안될 말이다. 절대 용납되지 않는다.

이처럼 대중의 왜곡된 인식이 자선 분야에서 일하는 인재들을 바깥으로 내몬다. 비영리 부문에서 큰 성과를 거둘 수 있는 사람이라도 평생 경제적 희생을 하고 싶지 않거나 할 수 없기 때문에 결국 영리 부문을 선택한다.

간접비 회피 문제로 돌아가 보자. 내가 이 주제를 즐겨 다루는 데는 이유가 있다. 경제학자 입장에서 생각하면, 기부할 때는 자선 단체가 소비하는 간접비가 아니라 내 돈이 미칠 전반적인 영향에 신경을 써야 한다. 하지만 인간적인 입장으로 생각하면, 내가 이코노미석을 찾아가는 길에 일등석에 앉아 있는 CEO를 보면 기분이 언짢을 것이다.

다시 말해서 간접비보다는 내 기부가 미칠 영향에 더 신경을 써야 한다고 알고 있지만 둘 다 신경이 쓰일 수밖에 없다. 나만 그런 것이 아니다. 연구 결과를 보면 기부자들은 비용 효율성과 상관없이 간접비를 적게 쓰는 자선 단체를 훨씬 더 선호한다.[3]

간접비를 많이 쓰는 자선 단체를 싫어하는 이유로 대개 두 가지가 꼽힌다. 첫째, 간접비가 많다는 것은 조직이 비효율적이고, 조직 운영자가 임무를 제대로 수행하지 못한다는 뜻일 수 있다. 둘째, 많은 소비나 횡령으로 자선 단체가 부패했을 수 있다. 자선 단체가 안고 있는 이 두 가지 유형의 문제가 표면으로 드러난 사례들이 잘 알려져 있다. 그러므로 기부자들은 경계를 늦추지 않으면서 자선 단체가 실제 대의를 위해 얼마나 많은 활동을 하고 있는지 알리는 신호로 간접비 지출을 눈여겨볼 수 있다.

물론 나는 두 가지 이유가 타당하다고 인정한다. 하지만 여기에 덧붙여서 기부자의 감정과 직접적으로 관계가 있고, 일등석을 이용하는 CEO의 사례를 통해 생각해볼 수 있는 셋째 이유를 제시하려고 한다. 기부자들은 **기부금**이 자신이 지지하는 목표에 직접적으로 영향을 미치기를 원한다. 자신의 기부금이 CEO의 일등석 좌석을 사는 데 쓰이지 않고, 아이들에게 음식을 제공하는 데 직접적으로 사용되었다는 사실을 알았을 때 스스로 더 큰 영향을 미쳤다고 느낄 수 있다. 다시 말해서, 자신의 기부금 전액이 아이들에게 갔다고 생각하는 것이 자기 신호를 증폭하고, 자신이 가난한 사람들을 돕는 좋은 사람이라는 사실을 확인해준다.

나는 에일렛 그니즈, 엘리자베스 키넌과 함께 이렇게 물었다. '사람들이 이렇게 느끼는 것은 간접비를 지불하는 것이 싫어서일까?'[4] 방금 나열한 세 가지 이유 중에서 간접비 회피를 주도하는 주요 동인은 무엇일까?

단순한 호기심은 제쳐두고, 우리는 간접비 회피 이면에 숨은 이유를 더 잘 이해하면 기부를 늘릴 수 있는 새로운 방법을 찾을 수 있을지 모른다고 생각했다. 그래서 간단한 사고 실험을 통해 아이디어를 생각해냈다.

한 자선 단체 CEO가 새로운 모금 캠페인을 시작할 목적으로 관대한 개인 기부자에게 기부를 받았다고 해보자. 이 초기 기부금을 이용해서 어떤 방식으로 인센티브를 설계해야 다른 잠재적 기부자들에게 기부를 최대한 끌어낼 수 있을까?

이것은 단순한 가설에 그치지 않는다. 자선 단체 이사진은 거액의 기부금을 받을 때 항상 이 점을 생각한다. 전통적으로 자선 단체는 추가 기부금을 유도해내려고 초기 기부금을 다음 두 가지 방식으로 사용한다.

첫째, 초기 기부금을 종잣돈으로 설명한다. (예: "한 관대한 기부자가 특정 대의를 달성하기 위해 이미 1천만 달러를 기부했습니다.") 또는 둘째, 초기 기부금을 매칭 기금으로 활용한다. 새로운 기부 금액과 동일한 금액만큼 초기 기부금을 사용할 수 있다. 초기 기부금을 사용하는 두 가지 용도 즉 종잣돈과 매칭 모델을 연구한 결과 기부금 증가에 효과가 있다는 사실이 입증되었다.[5] 우리는 실험을 통해 사람들이 간접비를 지급하기 싫어하는 이유를 밝히고, 새로운 기금 모금 방법을 제시하면서 인센티브를 진단 도구로 사용하고 싶었다.

그래서 세 번째 대안적 인센티브를 제안했다. 즉 기부자들에게 그들이 내는 기부금에서는 간접비를 지출하지 않는다고 말한 것이다. 비행기에 탑승해 자기 좌석을 찾아가는 길에 일등석에 앉아 있는 CEO를 보았던 사례로 돌아가 보자. 해당 회의에서 CEO와 그가 이끄는 자선 단체는 기부금 전액을 빈곤 아동의 식비로 쓰겠다고 약속했다. 직원 보상, 출장, 기타 경영 비용을 포함한 모든 간접비를 충당하는 자금은 이미 다른 사람에게 기부받았다고 말했다. 그렇다면 이제 당신은 일등석에 앉아 있는 CEO를 보더라도 그다지 불쾌하지 않을 것이다. CEO가 쓰고 있는 돈은 당신이 기부한 돈이 아니기 때문이다. 당신의 기부금은 좋은 용도에 직접 투입되었다. 이런 사실을 알면 부정적인 감정이 누그러질까?

우리는 그럴 것이라고 생각한다. 도움이 된다면 우리가 세운 가정, 즉 사람들이 간접비를 지급하기 싫어하고, 자신의 기부금이 문제 해결을 위해 직접 사용되리라고 믿을 때 더욱 기꺼이 기부할 것이라는 가정을 실험해볼 수 있다. 이런 직관을 입증하면 초기 기부금을 사용해 기부금을 더 많이 유치하는 방법과 간접비 회피를 우회해 기부를 늘리는 방법을 파악할 수 있다. 우리는 이런 인센티브를 실험하기 위해 초기 기부금으로 자선 단체의 간접비를 충당하고, 이후에 유치하는 기부금은 간접비로 쓰지 않고 대의에 직접 투입했다.

PISA 사례에서 그랬듯 우리는 간접비 회피의 이면에 있는 추론을 체계적으로 진단하고, 두 가지 기본 설명에 결정적으로 중요한 사항이 빠졌는지, 즉 이 경우에는 기부자의 기부에 관련된 감정적인 측면이 빠졌는지를 시험하기 위해 현장 실험을 실시했다. 우리는 교육 전문 재단과 손을 잡고 해당 아이디어를 시험했다.

재단은 지난 5년 동안 비슷한 대의에 기부한 적이 있는 미국의 잠재적인 기부자 4만 명에게 일회성 기부를 요청하는 편지를 보냈다. 재단이 세운 새 계획을 모든 참가자에게 소개하고, 새 프로그램을 가동하는 비용이 2만 달러라고 알린 뒤 이 목표를 달성하기 위해 기부해달라고 요청했다.

우리는 재단과 협력해 인센티브를 제공하는 데 필요한 자금을 확보하고, 참가자들을 네 집단으로 나눴다. 구체적으로 4만 명의 과거 기부자 명단에서 무작위로 1만 명씩 뽑아 구성한 각 집단에는 다음 인센티브 중 하나를 제공했다.

- **대조군:** 추가 인센티브를 제공하지 않았다.
- **종잣돈 실험군:** 재단이 프로젝트를 실행하기 위해 민간 기부자에게서 이미 1만 달러를 확보했다고 참가자들에게 말했다.
- **매칭 실험군:** 재단이 프로젝트를 실행하기 위해 민간 기부자에게서 이미 1만 달러를 확보했고, 이 기부금을 매칭 기금으로 활용하겠다고 참가자들에게 말했다. 따라서 새로 유치하는 기부금과 동일한 금액을 최대 1만 달러까지 이 기금에서 매칭할 것이다.
- **간접비 제거 실험군:** 재단이 프로젝트를 실행하기 위해 민간 기부자에게서 이미 1만 달러를 확보했고, 이 기부금으로 모든 간접비를 충당하겠다고 말했다. 따라서 모든 새로운 기부금은 프로그램으로 직접 투입될 것이다.

이 현장 실험을 실시하면서 우리는 간접비를 많이 쓰는 자선 단체에 기부하는 것을 주저하게 만드는 요인을 더욱 자세히 파악할 수 있었다. 기부를 머뭇거리게 하는 요인은 무엇일까? 간접비의 규모일까? 아니면 간접비를 지불하는 주체일까?

해결책을 성급히 끌어내기 전에 간접비를 회피하는 근본 원인을 진단하는 것이 중요하다. 우리는 만약 프로젝트 수행에 필요한 간접비 전액을 다른 출처에서 충당할 수 있다면, 잠재 기부자에게 기부할 동기를 부여할 수 있다고 가정했다. 그러면 잠재 기부자들은 **자신의** 기부금 전액이 대의에 직접 투입되리라고 확신할 것이기 때문이다.

다음에 소개하는 그래프에 네 집단에 1만 건의 기부 요청을 한 뒤에 유치한 기부금 총액을 표시했다. 종잣돈 실험군과 매칭 실험군은 대조군보다 많은 기부금을 거둬들였지만, 결과적

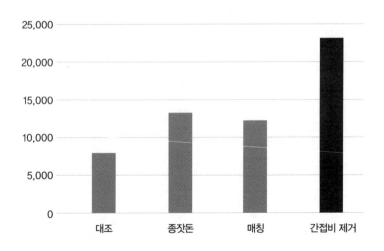

으로 간접비 제거 실험군에 시도한 방법이 훨씬 효과적이었다. 기부하도록 설득을 당한 사람이 간접비 제거 실험군에 더 많았다는 뜻이다. 초기 기부금으로 간접비를 충당하겠다고 말해줌으로써 잠재적 기부자에게 동기를 부여하자 기부자 수가 늘어났다. 또 종잣돈 모델과 매칭 모델을 사용할 때보다 기부금을 훨씬 더 많이 거둬들였다.

이런 결과는 간접비 회피 이면에 숨은 원인을 진단하는 데 유용했다. 기부자들은 대의 달성에 기여하는 것에 관심을 둘 뿐 아니라 그렇게 할 때 느끼는 기분에도 신경을 쓴다.

간접비 회피 이면에 숨은 원인을 이해하면 단순히 이론적인 연습에 그치지 않고 실제로 기부를 늘릴 수 있다. 한 가지 방법은 100달러를 기부하는 소액 기부자들에게 간접비에 신경 쓰지 말고 기부의 영향에 집중해야 하는 이유를 '교육하는' 것이다. 하지만 일반적으로 소액 기부자가 많다는 점을 고려하면 이 접근법은 적용하기가 상당히 힘들고, 더 나아가서 자선 단체의 영향력을 측정하기가 힘들다.[6]

병원 소속 개발 담당자가 500만 달러를 기부하려는 큰손과 마주 앉아 있다고 상상해보자. 그는 새 건물을 짓거나 최첨단 기계를 도입하는 등 기부금을 어떻게 쓸지 기부자에게 설명할 수 있다. 아니면 병원 개발용 기금을 마련하는 데 소요되는 간접비를 충당하는 용도로 기부금을 쓰자고 기부자를 설득할 수 있다. 그러면 병원은 자신들의 기부금이 대의에 직접 투입되기를 원하는 소액 기부자들을 겨냥해 간접비 없는 기금을 유치할 수 있을 것이다.

한 연구 결과를 살펴보면 초기의 거액 기부금으로 간접비를 충당하고, 소액 기부자를 겨냥해 간접비 없는 기부를 유치하는 방식은 기부 횟수와 기부금 총액을 늘리는 데 유용할 수 있다. 간접비를 충당할 용도로 쓰이는 500만 달러는 단순히 새 건물을 짓는 데 투입될 때보다 훨씬 더 큰 영향을 미칠 수 있다.

이런 방식을 탁월하게 적용한 예로 비영리 조직인 채리티워터를 들 수 있다. 채리티워터는 개별 조직 두 개로 나뉘며 '채리티워터'를 통해 받은 기부금은 전적으로 대의에 쓰고, '더웰'은 간접비를 충당할 용도에 기부하는 헌신적인 개인 기부자로 구성되어 있다.[7]

이런 방식은 전반적으로 기부를 늘리는 동시에 직접적으로 영향을 미치고 싶어 하는 개인의 욕구를 충족한다. 또 조직은 기부금이 강력한 사회 기반 시설의 개발과 유지에 들어가는 간접비를 충당할 때 매우 유용한 역할을 한다고 소수 거액 기부자를 설득하는 방향으로 노력을 집중할 수 있다. 반면에 일반 기부자는 간접비 없는 기부에 참여할 때 흐뭇해한다. 따라서 이 방식이야말로 상생하는 해결책이다!

좀 더 일반적으로 말하자면, 간접비를 지불하는 행위의 상대적 효율성을 고려할 때 이야기의 틀을 통제하는 것이 매우 중요하다는 사실을 다시 한번 확인할 수 있다. 우리가 현장 실험으로 시험한 세 가지 인센티브는 전통적인 경제 관점에서는 정확히 같다. 그러나 서론에서 소개한 코카콜라 사례와 마찬가지로 이야기 방식이 중요하다. 사람들이 관심을 두는 틀을 발견하면 인센티브는 어느 때보다 좋은 효과를 낼 수 있다.

요점

간접비를 회피하는 것은 단순히 부패, 비효율성, 과소비를 우려해서만은 아니다. 기부자의 개인적인 영향을 강조하는 것이 중요하다.

15

의욕 없는 직원을 확인하고 싶다면

퇴사 장려금 전략

당신이 중견 기업에서 직원 수십 명을 감독하는 프로젝트 관리자라고 치자. 깔끔한 결과를 기대하면서 각 직원에게 그리 어렵지 않은 업무를 할당하는데 결국 흐리멍덩한 결과물만 받는다. 직원들이 지닌 자질과 과거에 거둔 성과를 생각할 때 직원들의 능력이 부족하기 때문이라는 생각은 들지 않는다. 그렇다면 직원들의 성과가 부실한 원인은 무엇일까?

업무를 완수하기 위한 시간이 부족하거나, 건강에 문제가 있거나, 동기가 부족하거나 원인은 여럿일 수 있다. 직원에게 직접 확인하면 일부 외부적인 원인은 쉽게 찾아낼 수 있는 반면에 직원의 동기부여가 문제라면 진실을 파악하기가 거의 불가능하다.

직원이 회사에 첫발을 내딛는 순간부터 이것은 사실이다. 협상할 때 거짓말이 허용되는 경우가 있다. 새 일자리를 얻으려고 면접을 볼 때 지원자들은 진짜 감정을 묻어두고 지원한 회사에서 열렬히 일하고 싶은 것처럼 행동해야 한다. 대부분 협상에서 올바른 전략은 침착한 태도를 유지하는 동시에 거래하고 싶다는 마음을 상대방에게 숨기고 자신에게는 거래가 그다지 중요하지 않은 듯 보이는 것이다.

중고차 대리점에 걸어 들어가면서 이렇게 말한다고 해보자. "와! 이 모델을 1년 넘게 찾아다녔어요. 정말 멋있고 독특한 차예요. 이 차를 갖고 싶어요! 가격이 얼마인가요?" 이 경우에는 아마도 적정 가격보다 비싸게 차를 사게 될 것이다.

하지만 취업 면접에서는 정반대다. 회사 입장에서는 열정적인 지원자가 더 가치 있는 법이다. 따라서 면접에서 최고 전략은 일자리에 대한 열정을 약간 과장하더라도 최대한 많이 피력하는 것이다.

모든 지원자에게는 열정을 보일 동기가 있다. 그렇다면 고용주는 어느 지원자가 거짓말을 하는지 어떻게 알 수 있을까? 지원한 회사에서 일하게 되면 얼마나 기쁘겠느냐고 지원자에게 물어봤자 소용없다. 들어보나 마나 "무척 설레고 들뜹니다."라고 말할 것이 뻔하기 때문이다. 솔직하게 말하는 지원자도 있겠지만 정말 동기부여가 되어 있는 사람과 그렇지 않은 사람을 구분할 방법은 없다.

직원들의 저조한 성과가 동기부여와 관계가 있는지 어떻게 판단할 수 있을까? 인센티브를 사용해 문제를 진단하기 위해 행동경제학 분야에서 사용하는 전략이 있다. 인센티브가 진실에 '모순되지 않는' 상황을 만드는 것이다. 우리는 고용주를 기쁘게 해줄 대답이 나올 질문을 하지 않고, 직원들이 무엇을 진짜 좋아하는지(어떤 인센티브를 더 좋아하는지) 밖으로 드러낼 수 있도록 직원들에게 동기를 부여하고 싶다.

그렇다면 직원이 직장에 얼마나 애정을 갖고 일하는지 밝힐 수 있는 환경을 어떻게 조성할 수 있을까? 몇몇 기업은 '퇴사 장려금'이라는 재미있는 전략을 사용했다. 자포스는 직원에게 회사를 그만두면 2천 달러를 주겠다고 제안했고, 그 후 아마존은 5천 달러까지 약속했다. 비디오 게임 기업인 라이엇게임즈는 퇴사 장려금 액수를 훨씬 높여서 회사를 그만두면 무조건 2만5천 달러를 주겠다고 제안했다.[1]

아마존의 CEO 제프 베조스는 주주들에게 보내는 연례 편지에서 퇴사 장려금 전략을 이렇게 설명했다.

퇴사 장려금 전략은 매우 간단합니다. 자사는 1년에 한 차례 직원들에게 사직하면 돈을 지급하겠다고 제안하고 있습니다. 퇴사 장려금을 제안한 첫해에는 2천 달러를 지급하고, 그다음 해부터는 매년 1천 달러씩 인상해서 최대 5천 달러까지 지급합니다. 제안서에는 "제발 이 제안을 받지 마세요."라는 제목을 붙여서 말입니다. 자사는 직원들이 이 제안을 거부하고 회사에 계속 남기를 바랍니다.

그렇다면 어째서 이런 제안을 하느냐고요? 짬을 내서 자신들이 진정으로 원하는 것이 무엇인지 생각하도록 직원들을 격려하기 위해서입니다. 장기적인 관점으로 생각할 때 자신이 일하고 싶지 않은 직장에 계속 있는 것은 직원에게도 회사에도 건강하지 않습니다.[2]

퇴사 장려금 전략은 '말 대신 돈으로 말하게 하도록' 직원을 밀어붙여서 직장에 대한 직원의 열정을 시험하는 영리한 방법이다. 이 방법을 쓰면 자사에서 근무하는 것에 관해 직원이 정말 어떻게 느끼는지 파악하려고 직원에게 더는 직접 물어볼 필요가 없다. 그저 직원에게 선택권을 주고 관찰하면 된다.

불만족한 직원 대부분은 회사에서 진짜 감정을 밖으로 드러낼 동기를 갖지 않는다. 자신의 진짜 감정을 숨길 때, 금전적 인센티브를 받지 못한다. 퇴사 장려금 전략은 특히 직원이 정말 불만을 품고 있는데도 거짓말하는 경우에 비싼 대가를 치르게 한다. 일부 직원은 이런 대가가 크게 느껴져서 이직을 선택할 수 있다.

퇴사 장려금 인센티브는 직원이 의욕을 갖고 일하지 못하는지 아닌지를 밝히는 진단 도구인 동시에 해결책을 제시한다. 근무 의욕이 없는 직원은 기쁜 마음으로 회사를 떠날 수 있으므로 해당 전략은 직원도 회사도 상생할 수 있는 길이다. 근무 의욕이 없는 직원은 상당한 액수의 보너스를 챙기고 회사를 떠나 자기 길을 갈 수 있다. 이것은 기업에도 이익이다. 유혹을 거절하고 잔류한 직원은 장기 목표를 달성하려고 더욱 열심히 노력할 것이기 때문이다.[3]

퇴사 장려금 전략을 도입한 자포스는 연간 예상 매출액이 2003년에 7천만 달러에서 아마존에 인수되기 직전인 2008년에는 10억 달러 이상으로 증가했다. 〈하버드비즈니스리뷰〉에 게재한 글에서 빌 테일러는 자포스가 성공한 공의 일부를 탁월한 고객 서비스로 돌렸다. 기업이 '열정이 넘치고' 고객 만족도를 높이는 붙임성이 좋은 유쾌한 콜센터 직원들을 골라내는 중요한 요소가 바로 퇴직 장려금 제도였다.[4]

퇴사 장려금은 과감한 전략이지만 관리자 입장에서는, 직원이 대안이 없어서 회사에 머무는 것이 아니라 다른 매우 매력적인 선택지보다 지금의 회사를 선호하기 때문에 머문다는 사실을 드러내는 신호를 찾는 전략이 될 수 있다. 나는 퇴사 장려금 인센티브에 관심을 보이는 대형 컨설팅 회사와 일했다. 이곳 직원에게 성배는 회사의 파트너가 되는 것이다. 이 회사에서 경력의 첫발을 내디딘 직원들이라도 대개는 이 목표를 달성하지 못하고, 경험과 지식을 쌓은 뒤에 다른 회사로 옮긴다. 사실 이런 과정은 회사에도 직원에도 좋다. 직원들은 대개 좋은 마음으로 회사를 떠나고 그동안 경험을 쌓을 수 있었던 것에 감사한다.

이 컨설팅 회사에는 특정 관심사가 있었다. 회사 운영 방식에 중대한 기술상 변화를 추진하고 있었고, 그러려면 직원들이 시간을 투자해 신기술을 익혀서 업무 수행 방식을 급격히 바꿔야 했다. 직원 중에는 이런 기회가 생겼다며 들뜬 사람도 있었지만, 현재 상태에서 벗어나고 싶어 하지 않는 사람도 있었다. 그러다 보니 회사는 난감한 문제에 부딪혔다. 어떤 직원이 변화를 추진하고 싶어 하고, 어떤 직원이 그렇지 않은지 식별할 수 없었던 것이다. 그냥 직원에게 물어보면 누구나 변화를 추진하는 것에 들뜬다고 대답할 것이다.

회사가 직원 평가를 입사 5년 차에 한다고 해보자. 앞에서 살펴봤듯 회사에서 근무하는 것에 만족하느냐고 직원에게 물으면 아마도 "물론이죠!"라는 대답을 들을 것이다. 설사 직원이 근무 의욕이 없고 곧 그만둘 계획을 세웠더라도 결코 속마음을 밝히지 않을 것이다. 이때 회사가 좋은 조건의 퇴사 장려금을 제시하면 직원이 진정으로 선호하는 것이 무엇인지 훨씬 잘 알 수 있다. 이런 상황을 설명하기 위해 직원의 의사결정 과

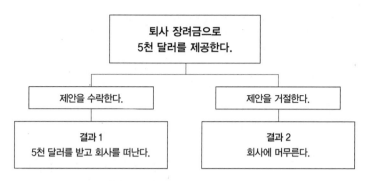

퇴사 장려금을 제안받았을 때 직원의 결정: 장기 근무 동기가 있다면 '결과 1 〈 결과 2' →
퇴사 장려금을 거절한다. 그렇지 않으면 '결과 1 〉 결과 2' → 퇴사 장려금을 받고 회사를
떠난다.

정을 게임 트리로 표시해보자.

어떤 직원이 회사를 그만두고 싶어 한다고 치자. 회사 입장
에서는 이런 사실을 일찌감치 알고 좋은 조건의 보너스를 지
급해 직원을 내보낼 수 있으므로 잘된 일이다. 이런 경우에 퇴
직한 직원은 훌륭한 대사가 되어 자신이 몸담았던 회사에 관
해 좋은 말만 할 것이다.

'결과 1'처럼 근무 의욕이 없는 직원이 회사의 제안을 받아
들인다고 치자. 그러면 퇴사 장려금을 지급한 회사는 업무 질
이 낮은 직원을 계속 고용해서 발생하는 비용을 줄일 수 있으
므로 장기적으로는 비용을 많이 절약할 수 있다.

'결과 2'처럼 직원이 퇴사 장려금을 포기하기로 선택한다고
치자. 그들은 잔류 의사를 밝히고 파트너 자리에 오르려고 노

력할 것이다. 결과적으로 잔류를 선택한 직원은 더욱 열심히 일할 의욕을 보이면서 업무를 더욱 잘 수행할 것이다. 온라인 노동시장을 연구한 결과를 살펴보면 퇴사 장려금 제안을 거절하고 잔류하기로 한 노동자들의 평균 작업 정확도는 인센티브 제안을 전혀 받지 않은 대조 집단보다 28.3퍼센트 높았다.[5]

상황에 담긴 심리를 따져보면 매몰 기회비용이 후속 행동에 영향을 미칠 수 있다. 퇴사 장려금을 포기함으로써 직원은 스스로 진지하고 의욕에 넘친다고 자신에게 신호를 보낼 것이다. 따라서 더욱 열심히 일하고 장기 목표를 달성하는 데 매진함으로써 보너스를 포기하고 회사에 잔류한 가치가 있었다면서 자기 선택을 정당화할 필요성을 느낄 것이다.

암스테르담대학교에서 실시한 현장 실험이 이런 통찰을 반영한다. 일부 헬스장 신입 회원은 등록비를 전액 환불해주고 초기 등록비의 10퍼센트를 현금으로 지급해줄 테니 헬스장을 그만두라는 제안을 받았다. 환불과 현금 지급 제안을 거절한 회원이 헬스장을 찾은 빈도는 대조 집단과 비교했을 때 일주일에 0.29배 늘었고, 재가입 비율은 4퍼센트, 처치 이후 점수는 0.76점(10점 척도에서) 증가했다.[6]

요점

직원에게 퇴사 장려금을 제안하는 것은 근무 의욕이 없는 직원을 걸러내고, 근무할 결심이 확고한 직원을 회사에서 더 오래 일하게 유도한다. 이로써 '나는 일할 의욕이 있습니다.'라는 신호가 신빙성을 갖는다.

16

자신에게 뇌물을 준다

속임수와 자기 신호

자동차에 사소한 문제가 있는 것으로 보여 정비사에게 수리를 맡겼다고 해보자. 그런데 도저히 이해할 수 없는 '중대한 수리'를 했다면서 수리공에게 거액의 청구서를 받은 적이 있는가? 나는 그런 적이 있다. 허리가 아파서 의사에게 갔다가 최선의 해결책은 허리 수술이라는 말을 들은 적이 있는가? 나는 그런 적이 있다. 하지만 일반인이 대개 그렇듯 내게는 이런 권고가 최선인지 판단할 만한 전문 지식이 없다.

소비자는 지식이 한정적이므로 결정을 내릴 때 전문가의 권고에 의존하는 경우가 많다. 하지만 이때 전문가의 권고가 소비자에게 항상 최선인 것은 아니다. 이런 상황에서는 전문가와 소비자 사이에 정보 비대칭 현상이 흔히 일어난다. 즉 정비사는 자동차 수리에 관해 나보다 훨씬 많이 알고 있고, 의사는 허리 통증 완화에 관해 나보다 훨씬 많이 알고 있다. 이런 관계에서는 신뢰가 중요하다.

의사를 생각해보자. 의사는 환자에게 바가지를 씌우기 위해서가 아니라 환자를 도우려고 열심히 공부해서 의학 학위를 땄다. 의료 분야에 정보 비대칭과 이해 상충이 널리 퍼져 있기는 하지만 환자는 의사가 환자의 건강을 최우선 순위에 둘 것이라고 믿는다. 하지만 부분적으로는 의사가 자신이 직접적으로 보상받을 수 있는 환자에게 불필요한 시술을 권고하기 때문에 미국 의료계에서 과잉 진료로 낭비되는 비용은 연간 2,100억 달러에 달한다.[1] 통증을 완화하기 위한 허리 수술도 예외가 아니다. 허리 통증을 치료하기 위해 수술법이 다양하게 나오고 있고, 그중 다수는 불필요하고 심지어 해롭기까지 하다는 사실이 밝혀지고 있다.[2] 불필요한 수술 말고도 약물의 과다 처방이 의료비 낭비에 큰 몫을 차지한다.

의료 산업계에서 보상을 받는 의사의 약 처방 방식이 그렇지 않은 동료 의사와 다르다는 사실이 연구 결과로 밝혀지고 있다.[3] 어떻게 의사가 환자의 건강보다 자신의 금전적 이익을 우선순위에 둘 수 있을까?

의사만 그런 것이 아니다. 재정 자문가들도 특정 상품을 판매하고 나서 직접적으로 보상받는 경우가 많다. 일부 자문가는 자신에게 돌아오는 인센티브를 무시하고 고객에게 편견 없는 권고를 하기도 하지만, 많은 자문가가 자신에게 돌아오는 이익을 늘리고 때로 고객의 최고 이익을 희생시키면서까지 편향된 권고를 한다.

의사와 마찬가지로 재정 자문가에게도 보상 구조가 중요하다. 가장 일반적인 두 가지 보상 구조는 수수료 전용 구조와 수수료 기반 구조다. 수수료 전용 구조에서 자문가는 자신이 추천하는 금융 상품이 아니라 권고 서비스에 대해서만 자산의 일정 비율에 따라 보상을 받는다. 반면에 수수료 기반 구조에서는 등록된 중개인이나 보험회사와 제휴하는 경우가 많아서 자신들이 추천한 상품에 대해서만 수수료를 받는다.4

이런 수수료를 받는 자문가는 고객에게 그 사실을 숨기려고 한다. 그렇다면 자문가는 어째서 고객의 이익을 희생시키면서 자신에게 금전적 이익을 안기는 상품을 권고하는 이기적인 결정을 내릴까? 어떻게 그들이 자신의 직업에서 정직함과 금전적 이익을 조화할 수 있을까?

전문가들은 고객에게 나쁜 권고를 할 때 기분이 유쾌하지 않을 수 있다. 이 책에서 사용하는 용어로 표현하면 부정적 자기 신호를 받을 수 있다. 따라서 자기 행동을 돌아보면서 자신은 소비자를 속이고 있으므로 좋은 사람이 아니라고 생각할 수 있다. '다행히' 이를 해결할 방법이 있다. 자문가는 금전적 이익과 자기 이미지 사이에서 발생하는 갈등을 완화할 목적으로, 자신이 제공하는 자문이 윤리적이라고 생각함으로써 **자신을 속일 수** 있다. 의사는 수술이 자기 이익을 극대화할 뿐 아니라 환자에게도 최선이라고 스스로를 설득할 수 있다.

자기기만이 성공할 수 있는 비결은 권고할 때 모호성이나 주관성이 개입할 여지를 두는 것이다. 예를 들어 수술의 필요성 여부를 생각해보자. 환자의 허리통증을 완화하는 최적의 방법이 수술인지 아닌지 판단하는 것은 주관적인 영역이며, 수술이 과도하다고 입증하는 반대 사실은 대부분 없다. 이런 모호성을 이용해 전문가는 자신에게 돌아오는 물질적 이익을 극대화하는 권고가 환자에게도 실질적으로 최선이라고 스스로를 설득함으로써, 그렇지 않으면 손상될 자기 이미지를 지킨다.

나는 동료인 실비아 사카르도, 마르타 세라가르시아, 로엘 반 벨드이젠와 함께 이런 자기기만이 작동하는 방식을 이해하고 싶었다. 또 편향된 권고 이면에 숨은 심리, 즉 자신이 여전히 윤리적으로 행동한다고 믿으면서 자신에게 돌아오는 보상에 흔들려 이기적인 조언을 하는 심리를 인센티브를 사용해 진단하고 싶었다.[5]

그래서 간단한 자문 게임을 설계했다. 이 게임에서 자문가는 정보가 없는 고객에게 A와 B라는 두 가지 투자 선택지 중 하나를 추천하는 임무를 맡는다. 우리는 자문가의 자기기만 능력을 조작했다. 즉 자문가가 자신에게 돌아오는 이익을 극대화하는 선택지를 고객에게 추천할 때 그 권고를 정당화하는 정도를 조작하고, 권고에 포함된 편견의 양을 측정했다.

우리가 설계한 자문 게임은 간단하다. 자문가에게는 두 가지 선택지를 준다. 투자안 A는 당첨금이 2~4달러이고 당첨 확률이 반반인 복권이다. 투자안 B는 당첨금이 1~7달러이고 당첨 확률이 반반인 복권이다. 우리는 B안이 예상 지급액(4달러)도 A안(3달러)보다 많고 가변성도 더 크도록 두 종류의 복권을 만들었다. 당신이라면 어떤 안을 선택하겠는가?

우리는 게임에 참가한 자문가들에게 어떤 안을 고객에게 추천할지 선택하라고 요청하고, 고객에게는 투자에 관한 정보를 주지 않았다. 따라서 투자에 관해 아는 것은 자문가뿐이었고, 고객이 수집할 수 있는 정보는 자문가의 추천이 유일했다.

우리는 자기기만을 시험하기 위해 실험을 조작했다. 첫 처치로서 자문가에게는 두 가지 안 중 하나를 추천할 인센티브를 전혀 제공하지 않았다. 이 집단이 실험에서 대조군이 되었다. 이때 자문가의 31퍼센트는 A안을 추천했고, 나머지는 B안을 추천했다. 따라서 대조군은 대개 B안을 선호했다.

그런 다음 우리는 자문가들이 A안을 추천하고 1달러의 인센티브를 받은 두 실험군의 결과와 대조군을 비교했다. 즉 A안을 추천하면 자문가들은 자동으로 1달러의 보너스를 받는다. 그렇다면 이 보너스는 추천이 편향되도록 영향을 미칠까? 자문가들이 추가 인센티브에 관해 **언제** 알았는지에 따라 결과는 달라졌다.

'이전before' 실험군에서는 자문가에게 인센티브에 관해 먼저 설명한 후에 투자의 세부 사항을 전달하고 어떤 안을 추천하겠느냐고 물었다. 이와 대조적으로 '이후after' 실험군에서는 정보 제공 순서를 바꿨다. 우선 자문가에게 투자 선택지에 관해 묻고, 어느 쪽이 더 낫다고 스스로 믿는지 생각해보라고(우리에게 말하는 것이 아니라 생각해보라고) 요청한 후에라야 비로소 A안을 추천하면 추가 인센티브를 받을 수 있다고 언급했다.

다음 게임 트리는 자문가를 대상으로 실시한 실험의 진행 과정을 나타낸다.

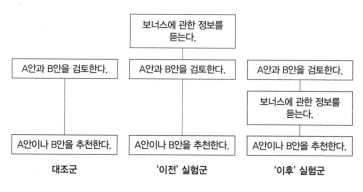

세 가지 유형의 자문 결정의 흐름

실험에서는 인센티브에 관한 정보를 자문가에게 알려주는 시점을 어째서 달리했을까? 자문가가 투자를 평가할 기회를 얻기 **전에** 인센티브에 관해 들으면 자기기만에 빠질 수 있기 때문이다. 자문가는 A안을 추천하고 자신이 인센티브를 받는 것이 고객에게 최선의 선택이라고 스스로를 설득함으로써 자기 신념을 왜곡할 수 있다. A안을 추천하면 보너스를 받으리라는 사실을 알면 투자 설명서를 읽을 때부터 이미 편견을 갖는다. 자문가는 A안을 선택한 자기 행위를 정당화하고, 고객도 실제로 A안을 선호하리라고 자신을 설득할 방법을 찾는다. 가령, 고객의 위험 부담 선호도에 따라 투자 성향 또한 달라지므로 어떤 안이 더 나은지 모호하고 A안의 가변성이 더 작기 때문에 고객에게 더 안전한 선택지라고 주장함으로써 A안을 추천한 행위를 정당화할 수 있다.

만약 정보 전달 순서를 바꿔서 자문가들이 B안이 더 낫다고 평가한 후에야 인센티브에 관해 듣는다면 시간을 되돌려 A안이 더 낫다고 자신을 설득할 수 없다. 자문가가 인센티브에 관해 듣기 전에 개인적으로 투자를 평가하는 경우에는 자신을 속이기가 더 힘들어진다. 이때 자문가는 긍정적인 자기 이미지를 지키는 상태에서, 인센티브가 걸린 투자안을 더는 추천할 수 없다.

우리는 실험으로 다음과 같은 사실을 발견했다. 앞서 언급했듯 인센티브를 전혀 받지 않은 대조군에서는 자문가의 31퍼센트만 A안을 추천했다. 이 비율은 처음에 A안을 추천하면 돈을 더 벌 것이라고 들은 '이전' 실험군에서는 61퍼센트로 두 배 가까이 증가했다. 하지만 '이후' 실험군에서는 결국 33퍼센트만 A안을 선택했고, 이 비율은 대조군에서 A안을 선택한 비율과 비교해서 통계상으로 유의미한 차이를 나타내지 않았다.

인센티브를 사용해서 우리는 '윤리적'으로 편향된 추천에 담긴 딜레마를 성공적으로 진단하고, 자문가들이 이기적인 자문을 제공하면서도 긍정적인 자기 이미지를 유지하기 위해 자기기만에 빠지는 심리 과정을 밝혀냈다.

불필요한 치료를 권고하는 사례에 이러한 결과를 비추어보면, 의사들은 자신이 권고한 치료가 환자에게 필요하다고 진심으로 믿고 있을 수 있다. 의사들은 치료법을 추천하기 전에 인센티브에 관해 이미 알고 있지만, 그렇다고 해서 자기 이익을 추구하는 것이 치료법 선택에 영향을 미친다고 생각하지 않는다. 이런 종류의 편향된 믿음을 뒷받침하는 자료가 있다.

예를 들어 한 기자는 의사들에게 과잉 치료에 관한 연구 결과를 언급하고 의견을 듣고 나서 이렇게 보고했다. "업계에서 거액을 받고 특정 브랜드 약을 평균보다 많이 처방한 몇몇 의사는 자신이 환자들에게 가장 이로운 방향으로 행동하고 있다고 말했다."[6]

우리 연구에 따르면, 이런 의사도 자신이 환자들에게 최고의 이익을 안기기 위해 행동한다고 진심으로 믿고 있을 수 있다. 하지만 그들은 아마도 인센티브에 영향을 받고, 부정적인 자기 신호를 피하면서 자기 이미지를 지키려고 자기기만을 사용하고 있는 것이다.

이런 결과는 편향된 추천 이면에 숨은 의사결정 과정을 조명하고, 정보에 정통한 자문가들이 자신의 추천과 그에 따른 결과를 왜곡할 수 있는 시스템을 만드는 사람들에게 도전 거리를 제시한다. 해결책 한 가지는 고객의 선택에 의해 금전적 보상이 좌우되지 않는 시스템을 만들거나 이런 시스템을 이용하는 것이다. 환자의 결정에 금전적으로 아무런 이해관계가 없는 다른 의사에게 의견을 구할 수 있다. 다른 해결책은, 윤리적이지만 편향된 개인의 비윤리적 행동을 줄이기 위해 자기 이미지 비용의 역할을 강화하는 절차를 설계하는 것이다.

요점

자문가는 자기기만을 사용함으로써, 나쁜 감정을 느끼지 않고 환자의 이익을 희생시키면서 자신에게 이로운 선택지를 추천할 수 있다.

5부

인센티브는 어떻게
행동을
변화시키는가

"내 경험상 악덕이 없는 사람은 미덕이 거의 없다."(에이브러햄 링컨)

"10, 9, 8, (…) 3, 2, 1. 새해 복 많이 받으세요!" 시계가 자정을 알리자 샌드라와 친구들은 새해의 시작을 축하하며 일제히 소리를 지르고 펄쩍 뛴다. 샌드라는 결연한 표정으로 친구들에게 선언한다. "올해는 기필코 몸매를 가꾸고 체중을 7킬로그램 이상 뺄 테야." 친구들은 힘내라고 격려한다. 샌드라의 다짐에 힘을 얻은 친구들은 저축을 더 많이 하는 것부터 건강에 더 좋은 음식을 먹는 것까지 각자 새해 결심을 말한다. 모두 활기차고 의욕에 넘쳐 파티장을 나선다.

시간을 좀 더 빨리 돌려서 새해가 시작한 지 몇 주 후로 가보자. 샌드라는 헬스장에 새로 등록했지만 일로 너무 바빠져서 운동을 자주할 수 없자 돈 낭비라는 생각이 들어 이미 회원권을 취소했다.

새해 결심만이 아니다. 매년 의사를 찾아가는 55세 존을 생각해보자. 의사의 표정만 봐도 나쁜 소식이 있음을 알 수 있다. 의사는 존이 14킬로그램 과체중이고, 당뇨병 전 단계에 있으며, 뇌졸중에 걸릴 위험이 높다고 말한다. 그러면서 처방해준 약을 복용하고, 좀 더 건강에 좋은 음식으로 가려 먹고, 하루에 30분 이상 걸으라고 조언한다. 존은 습관을 바꾸겠다고 굳게 결심하면서 진료실을 나선다. 시간을 좀 더 빨리 돌려서 이틀 후로 가보자. 존은 소파에 누워 드라마 재방송을 시청하고 있다. 유일하게 걷는 것이라고는 차가운 맥주를 꺼내려고 소파에서 냉장고까지 갔다 오는 것이다.

샌드라와 존을 보면서 의지가 약하거나 자제력이 부족하다며 코웃음을 치며 넘기기는 쉽지만, 이것은 두 사람만 겪는 문제가 아니다. 결심하지만 오래 실천하지 못하는 사람이 많다. '새해를 맞아 새사람이 되겠어.'라고 선언하면서 야심 찬 장기 목표를 세우기는 쉽지만, 이 목표를 달성하기 위해 꾸준히 끝까지 최선을 다하기는 힘들다.

미국 헬스장 데이터가 이런 현상을 반영한다. 헬스장 회원권은 여느 달보다 1월에 많이 팔려서 연간 회원권 총판매의 약 11퍼센트를 차지한다.[1] 하지만 많은 사람이 샌드라와 마찬가지로 꾸준히 운동하지 못한다. 미국에서 새로 헬스장에 등록한 사람의 약 50퍼센트는 1월 말이면 회원권을 포기하고, 10월까지 유지하는 사람은 22퍼센트에 불과하다.[2] 사람들은 미래의 자제력을 과신해서 앞으로 헬스장을 좀 더 자주 가도록 행동을 바꿀 수 있다고 스스로를 과대평가하는 것 같다. 이렇게 과신하면서 치러야 하는 비용은 매우 클 수 있다.

캘리포니아대학교 버클리캠퍼스 교수인 스테파노 델라비나와 울리케 말멘디어는 지난 3년 동안의 미국 헬스장 회원 계약서 7,752장을 분석한 후에, 사용료로 월간 70달러 이상을 내는 회원은 헬스장을 한 달에 평균 4.3회 찾아서 1회 방문에 17달러 이상을 쓰는 셈이라고 발표했다. 두 사람의 계산에 따르면 이런 회원의 80퍼센트는 1회 방문에 10달러를 내는 10회권을 사는 편이 더 나았을 것이다. 그랬다면 회원권을 유지하는 동안 600달러까지 절약할 수 있었다. 델라비나와 말멘디어는 이런 행동을 가리켜 "헬스장에 가지 않으려고 돈을 지급하는 셈"이라고 말했다.[3]

이처럼 불필요하게 많은 돈을 내는 데는 두 가지 이유가 있을 수 있다.

앞에서 이미 언급했듯 첫째 이유는 지나친 자신감이다. 사람들은 헬스장에 등록할 때만 해도 지나치게 낙관적으로 생각해서 앞으로 헬스장을 훨씬 더 자주 이용하겠다고 생각한다.

둘째 이유는 자신을 상대로 벌이는 일종의 심리전일 수 있다는 것이다. 미래에 소파에서 몸을 일으켜 헬스장에 가고 싶지 않다는 유혹을 느끼리라는 것을 알고 있다. 아마도 일일권을 사기로 선택하고 헬스장에 갈 때마다 10달러를 내기로 하면 결국 소파에 계속 누워 있게 될 것이다. 그래서 미래의 자신이 헬스장에 가지 않으려고 핑계를 대지 못하게 미리 회원권을 사는 것이다.

병원에 다녀오고 나서 이틀이 지났을 뿐인데 존은 소파에 누워 빈둥댄다. 이런 유형의 행동을 보면 행동경제학자들과 정책 입안자들이 인센티브를 사용해 습관을 바꾸려고 할 때 어떤 난관에 부딪히는지 알 수 있다.

존이 직면한 문제보다 더 강력한 동기부여 요소가 있을까? 존은 그야말로 생사가 달린 건강 문제를 안고 있다. 그런데도 행동을 바꾸는 데 실패한 것은 아마도 정보나 동기가 부족하기 때문은 아닐 것이다. 당뇨병 전 단계라는 끔찍한 정보는 아마도 존의 머릿속에 생생하게 박혀 있을 테고, 동기도 어느 때보다 훨씬 강할 것이다. 그렇다고 지금보다 훨씬 건강해지기 위해 마라톤을 할 필요는 없고 그저 하루 30분 동안 걸으면 된다.

행동과학자들은 변화를 향한 동기부여가 이미 매우 강한 영역에 외재적 인센티브를 끌어들이려고 한다. 아울러 효과적인 인센티브와 비효과적인 인센티브를 가려내려는 노력은 점차 증가하는 추세다. 이런 영역에서 펜실베이니아대학교 교수들인 경제학자 캐서린 밀크먼과 심리학자 앤젤라 더크워스가 이끄는 '좋은 결단력을 갖추기 위한 행동 변화Behavior Change for Good Initiative'라는 집단을 주목할 만하다. 밀크먼과 더크워스는 학계 전문가들을 모아 학제 간 팀들을 결성하고, 이 팀들을 대규모 조직에 소개하고, 행동을 효과적으로 바꿀 방법을 시험한다. 그들은 표적 행동을 바꾸기 위해 과학팀이 제안하는 최고의 아이디어를 시험하는 동시에 대규모 연구를 수행한다. 행동 개입과 인센티브를 포함한 이 접근법은 매우 유망할 것으로 보인다.

또 학문적 지식이 경제적 성공을 끌어낼 수 있다. 몇 년 전, 대학을 갓 졸업한 스물두 살의 사만다 판타조풀로스는 자신이 고안한 앱에 관해 의논하고 싶다는 뜻을 전했다. 사만다는 내 사무실을 찾아와 한 시간 내내 그 아이디어를 설명했다. 나는 흥미로운 아이디어를 갖고 있는 사람을 자주 만나지만 이번에는 특별했다. 사만다는 정말 대단한 사람이었고, 그녀의 아이디어는 흥미로운 정도를 훨씬 넘어섰다. 사만다는 사촌인 딜런 바버(ABC에서 방영한 리얼리티쇼인 '천국의 독신남 Bachelor in Paradise' 시즌 6에 출연했다)를 설득해 비저를 공동으로 설립했다.[4]

두 사람의 아이디어는 간단하다. 스마트폰, 애플 워치, 핏빗을 통해 피트니스 활동을 추적하는 앱을 만들고, 여기서 수집하는 데이터를 사용해 매일 피트니스 목표를 달성하도록 사용자에게 인센티브를 제공하는 것이다. 비저가 제공하는 인센티브의 일부는 사회적 성격을 띤다. 사용자가 목표를 달성할 때마다 피딩아메리카가 한 끼 식사를 기부하고 배포한다.

이런 종류의 사회적 인센티브에 관해서는 이 책 11장에서 살펴봤다. 또 인센티브는 좀 더 전통적 성격도 띠어서, 사용자가 목표를 달성하면 포인트를 적립해 나중에 찾아 쓸 수 있다. 이것은 4년 전에 있었던 일이다. 딜런과 사만다는 앱을 계속 개발하면서 웰니스 세계에서 중요한 주자로 떠오르고 있다.

인센티브가 변화를 일으키는 방식을 살펴보기 전에 분명히 짚고 넘어가야 할 점이 있다. 사람들이 행동 변화에 실패하는 것은 실수일까? 존이 하루에 30분을 걷지 않거나, 샌드라가 운동 목표를 달성하지 못하는 것은 실수일까?

전통적인 경제학자의 관점에서 생각하면 그렇다. 그들은 인간이 새로운 정보를 완벽하게 통합하고 여기에 반응할 수 있는 완전히 합리적인 생명체라고 가정하기 때문이다. 하지만 내가 문제에 접근하는 관점은 다르다. 나는 무엇이 실수인지 아닌지를 판단하기보다는 내가 어떻게 도울 수 있을지를 생각한다.

나는 샌드라와 존이 비이성적인지 아닌지, 실수하고 있는지 아닌지 모른다. 그저 두 사람이 행동을 바꾸고 싶어 하지만 이런저런 이유로 실패하고 있다고 알고 있을 따름이다. 관건은 샌드라와 존 같은 사람들이 성공적으로 전력을 기울일 수 있는 방식을 선택해 행동을 바꿀수 있는 길을 찾는 것이다.

5부에서는 사람들이 행동을 바꾸지 못하게 방해하는 숨은 심리를 살펴보고, 장기적으로 바람직한 습관을 늘리고 부적응 습관을 줄이기 위해 인센티브를 활용하는 방법을 찾아보려고 한다. 이때 근본적인 질문은 어떻게 동기를 부여해야 최대한 적은 비용으로 행동을 바꾸게 할 수 있느냐다. 이 경우 금전적인 보상이 상당히 큰 효과를 낼 수 있다. 특히 인센티브가 장기적인 습관 형성에 유용할 때 그렇다. 좋은 개입은 인센티브를 제거한 후에도 지속적인 행동 변화를 끌어낸다.

5부에서는 인센티브가 행동 변화에 영향을 미칠 수 있는 네 가지 경로를 설명할 것이다. 이 내용은 내가 아그네 카작카이트, 스테판 마이어와 협력해 수행한 작업을 바탕으로 한 것이다.[5]

다양한 영역에서 장기적인 행동 변화를 끌어내고자 큰 노력을 기울이고 있는데, 이때 인센티브가 유용하게 쓰일 수 있다. 인센티브가 다른 동기부여 방법과 상호작용하는 방식을 이해하는 것은 건강, 생산성, 환경 보호, 절약을 증진하려는 노력을 성공시키는 비결이다.

17

변화는 한 번에 하나씩

습관 들이기

존은 운동을 하루에 한 시간씩 하고 싶어 한다. 처음 헬스장을 찾았을 때는 운동하는 것이 힘들었다. 심지어 10분간 운동했을 뿐인데도 온몸이 땀으로 범벅이 되었고, 집에 돌아올 때는 완전히 지쳐 있었다. 다음 날 눈을 뜨면 온몸이 욱신거렸는데, 복부보다 몸에 있는 군살이 더 아팠다.

이를 극복하고 헬스장에 꾸준히 가면 훈련과 경험이 쌓이면서 '습관이 축적'될 것이다. 운동해서 얻는 이점들이 구체적이고 눈에 띄게 분명해지면 운동하는 것이 더욱 즐거워질 테고, 그 정도까지 발전하지는 않더라도 최소한 고통은 줄어들 것이다. 기분이 더욱 좋아지고, 에너지가 솟으며, 체중이 줄고, 다리를 보면 근육의 윤곽을 희미하게나마 확인할 수 있을 것이다. 하지만 증거들을 보면 알 수 있듯 운동은 시작하기가 힘들다.

인센티브는 우리에게 동기를 부여해 새로운 행동을 시작하게 하고, 그 행동을 반복하게 해서 습관을 형성하는 데 유용하게 쓰인다. 존이 헬스장에 갈 때마다 보상을 받는다고 해보자. 그러면 실제로 헬스장에 가게 되는 더욱 강력한 외재적 동기가 생기는 것이다. 초반에는 아주 힘들더라도 결국 운동할 때 겪는 고통이 줄어들면서 점점 운동을 즐기기 시작할 것이고, 심지어 인센티브가 제거된 뒤에도 헬스장에 계속 다니게 될

첫날

몇 주 뒤

것이다.

이 장에서는 인센티브를 사용해 운동을 장려하는 실험을 소개하려고 한다. 헬스장에 가게 하려고 돈을 지급하는 방법이 효과가 있다는 점, 그 효과가 인센티브를 제거한 뒤에도 여전히 유지된다는 점을 입증할 것이다. 이런 증거는 '습관 축적 habitual stock' 개념을 뒷받침하면서, 소파에서 몸을 일으켜 운동량을 계속 늘려나가다 보면 운동이 서서히 즐거워지리라는 점을 시사한다. 일반적으로 우리는 인센티브에 힘입어 활동을 시작하고 행동을 습관으로 축적하면서 장기적인 행동을 지속하게 된다.

땀 흘리기 장려금

나 같은 연구자들에게는 논문이 약간 어린아이 같다. 논문이 발전해가는 상세한 과정이 늘 머릿속에 생생하게 남아 있기 때문이다.

투손에서 열린 회의에 참석하면서 나는 '운동을 북돋우는 인센티브'에 관심을 두기 시작했다. 친구인 게리 차네스와 함께 수영장 옆에 있는 온수 욕조에 몸을 담그고 애리조나주 산들의 풍광에 감탄하면서 인센티브에 관해 이야기를 나누었다. '돈 때문이 아니라 단순히 좋아하기 때문에 일하려는 내재적 동기를 인센티브가 어떻게 파괴하는가' 하는 주제로 논문을 발표한 직후였다. 우리는 특히 행동을 바꾸기 위해 아이들에게 '뇌물'을 줄 수 있을지에 토론했다. 뇌물을 주더라도 일부 경우에는 장기적인 문제 없이 분명히 아이들의 행동을 바꿀 수 있다.

예를 들어 아이에게 배변 훈련을 시킨다고 치자. 변기를 사용할 때마다 아이들에게 보상하면 훈련 과정이 가속될 수 있다. 아이들이 일단 기저귀를 떼고 나면 부모는 다시 기저귀를 찰까 봐 겁낼 필요 없이 뇌물을 끊을 수 있다. 일반적으로 배변 훈련처럼 '일단 달성하면 완성되는' 행동 변화는 인센티브를 사용해 영향을 줄 수 있다. 반복적인 행동이 필요할 때는 행동을 바꾸기가 더욱 어렵다. 예를 들어 아이들에게 독서를 하게 만들기는 쉽지만, 독서를 즐기면서 규칙적으로 하게 만들기는 더 어렵다.

게리와 나는 운동에 관해 논의했다. 규칙적으로 운동을 하게 하려면 반복적인 행동이 필요하므로 아마도 기존 행동을 바꾸기가 쉽지 않을 것이다. 사람들의 생활을 돌아볼 때 어째서 어떨 때는 운동할 가능성이 크고 어떨 때는 몸을 좀처럼 움직이기 싫어할까? 우리는 사람들에게 인센티브를 제공해서 운동을 시작하게 하고 한동안 유지하게 하면 인센티브를 끊더라도 계속 운동하는 습관을 유지할 것이라고 생각했다. 그래서 인센티브가 정말 운동 습관을 형성할 수 있을지 알아보기 위해 현장 실험을 설계했다.

실험을 진행하면서 몇 가지 다른 처치를 실시했지만, 여기서는 좀 더 흥미로운 처치를 골라 소개하려고 한다.

먼저 캠퍼스에 있는 헬스장에 다니게 하려고 대학생들에게 인센티브를 제공했다.[1] 학생들을 연구실에 불러 모아 운동의 중요성에 관한 자료를 읽게 하고, 다음 한 주 동안 헬스장에 1회 이상 가면 25달러를 주겠다고 말했다. 출석은 헬스장 입장 기록으로 확인했다.

다음 주에 학생들이 연구실에 돌아왔을 때 그들을 무작위로 대조군과 실험군으로 나눴다. 실험군에는 앞으로 4주 동안 헬스장을 8회 이상 찾으면 목표를 달성하는 날 100달러를 추가로 지급하겠다고 약속했다. 우리는 개입 전과 개입 중간, 개입 후에 학생들의 헬스장 출석을 관찰할 수 있었다.

학생들에게 돈을 지급해서 헬스장에 가게 하는 방법이 통했을까? 물론 통했다. 학생들은 100달러를 받으려고 무슨 일이든 거의 다 하려고 할 것이다. 하지만 그것은 우리가 달성하려는 목표가 아니었다. 우리는 인센티브를 중단한 뒤에도 학생들이 헬스장에 다닐지 알고 싶었다. 일단 학생들이 운동을 시작하고 그 '행동을 축적'하면 운동을 지속할 가능성이 커진다고 가정했다. 정기적으로 운동을 시작하고 조금만 시간이 흐르면 헬스장에 가는 것이 덜 고통스럽고 더 즐거워질 것이기 때문이다.

우리는 헬스장에 가는 것이 처음 몇 번은 비용도 많이 들고 그다지 재미도 없지만 4주가 지나면 이 비용 편익 상황이 바뀌어서 학생들이 인센티브를 받지 않더라도 계속 헬스장에 갈 것이라는 개념을 시험했다.

예상대로 인센티브를 받은 집단의 헬스장 방문은 매우 큰 폭으로 증가했고, 이 현상은 인센티브를 중단한 5주 차까지 지속되었다. 그 후에 흥미로운 현상이 일어났다. 인센티브를 중단한 5~12주 차까지도 헬스장을 찾은 빈도가 평균 두 배 증가한 것이다. 헬스장 출석률이 이렇게 증가한 학생들은 예전에 헬스장을 다니지 않았던 학생들이었다. 달리 말해서 실험에 참석하기 전에 헬스장을 정기적으로 다녔던 학생들은 우리가 제공하는 인센티브에 그다지 영향을 받지 않았다.

실험 결과를 살펴보더라도 금전적 보상을 지급하는 방식을 사용하면 좋은 습관을 들일 수 있다. 앞에서 살펴봤듯 금전적 보상은 사람들을 움직여서 계속 운동하는 데 필요한 행동 축적의 문턱을 넘어서게 하는 것 같다. 해당 연구를 바탕으로 작성한 논문은 운동하도록 동기를 부여하는 인센티브가 효과적이라는 사실을 입증했고, 이로써 운동과 습관 형성을 증진하기 위해 금전적 인센티브를 제공하는 방식에 관한 대화에 불을 지폈다. 우리가 실시한 실험을 복제하고 더욱 발전시켜서 습관 형성에 관해 추가로 통찰을 제공한 몇 가지 후속 연구를 살펴보자.

안일한 실수

우리가 실험하고 난 뒤 몇 가지 풀지 못한 문제가 남았는데 이를 조사하는 후속 연구들이 등장했다. 먼저 버클리대학교 교수 댄 애클랜드, 런던경제대학교 교수 매슈 레비가 수행한 후속 연구를 살펴보자.[2] 두 사람은 다음과 같은 질문을 던졌다. '운동을 하도록 인센티브를 받은 학생들은 앞으로 헬스장에 다니는 것을 어떻게 생각할까?' '이런 개입 후에 자신이 헬스장을 자주 다니리라 믿을까?' 그리고 '학생들의 추측은 맞을까?' 애클랜드와 레비도 참가자들에게 한 달간 헬스장에 다니도록 인센티브를 제공하고 우리와 비슷하게 실험을 설계했다.

실험으로 우리가 확인한 사실에 따르면, 인센티브를 중단하고 여러 주 동안 추적한 결과를 보면 인센티브를 받은 학생들의 헬스장 출석률은 그렇지 않은 학생들보다 높았다. 이런 운동 습관은 시간이 지나면 무너질까? 애클랜드와 레비는 개입하기 37주 전부터 개입 후 33주까지 범위를 넓혀 출석 데이터를 수집했다. 여름 방학과 겨울 방학을 포함해 세 학기를 관찰 기간으로 설정했으므로 습관의 형성과 붕괴를 조사하는 전체 그림을 파악하는 데 용이했다.

이 연구에서는 우리와 같은 결과가 도출됐다. 즉 헬스장 출석에 인센티브를 제공하는 방법은 실제로 단기 습관 형성을 증진한다. 하지만 좋은 행동은 오래 지속되지 않아서 인센티브 효과는 겨울 방학 4주 동안에 대부분 사라졌다. 이런 결과는 무엇을 시사할까? 인센티브가 개입된 이후에 습관이 형성될 수는 있지만, 이에 따른 효과에는 유통기한이 있다는 것이다. 또 장기적인 효과를 얻으려면 단순한 점화 이상이 필요하다.

애클랜드와 레비는 향후 헬스장 출석에 관한 참가자들의 생각을 파악하려고 참가자들이 처치 이전과 처치 이후에 어떤 추측을 했는지 물어봤다. 먼저, 개입을 종료한 후에 얼마나 자주 헬스장에 다닐 것이냐고 인센티브 기간 전과 후에 참가자들에게 물었다. 답변을 수집한 결과 참가자들에게 현재 편향 present bias(이 개념에 대해서는 19장에서 자세히 살펴볼 것이다)으로 인한 자제력 문제가 대두됐다. 더욱 중요한 사항은 참가자들이 자신에게 있는 자제력 문제를 과소평가해서 향후 헬스장에 자주 출석할 것이라고 부풀려 예측했다는 점이다.

이런 결과로 판단할 때 사람들은 자신의 자제력 부족을 온전히 인식하지 못하고, 미래의 자신을 과대평가해서 운동에 전념할 수 있으리라 생각하는 경향이 있다고 볼 수 있다. 이런 종류의 믿음 때문에 운동하겠다는 결심이 단기간에 무너지고, 실제 출석률을 고려할 때 당연히 일일권을 사야 하는데도 사람들은 월 회원권이나 연 회원권을 산다. 사람들은 자신들이 실제보다 훨씬 자주 헬스장을 이용하리라고 안일하게 믿는다.

'나를 돛대에 묶어라!'

자제력 문제를 생각해보자. 어떻게 하면 샌드라나 존 같은 사람들을 인센티브 프로그램을 사용해서 끝까지 노력하게 만들 수 있을까? 한 가지 방법은 이행 장치commitment device를 사용하는 것이다. 이행 장치는 의지력만 가지고는 실천하기 힘든 계획에 전념하도록 자신을 옭아매는 도구다. 매우 역사가 깊은 사례를 그리스 신화에서 찾아볼 수 있다.

사이렌은 매력적인 음악과 목소리로 근처를 지나는 선원들을 유혹하는 위험한 생물체였다. 전설적인 영웅이자 이타카의 왕 오디세우스는 사이렌이 몰고 오는 재앙을 피하려고 한 가지 전략을 생각해냈다. 사이렌의 노래를 듣고 넋을 잃어 갑판에서 바다로 뛰어내리지 못하게 하려고 배의 돛대에 자기 몸

을 묶는 것이었다.[3]

2015년 경제학자들인 헤더 로이어, 마크 스테어, 저스틴 시드노어는 헬스장 참가자들의 자제력 문제를 파악하고자 이행 장치를 활용한 현장 실험을 설계했다. 우선 〈포천〉 선정 500대 기업에 근무하는 직원 1천 명을 뽑아 두 무작위로 배정했다.[4] 한 집단은 대조군으로 어떤 인센티브도 제공하지 않았다. 다른 집단에는 인센티브를 제공했는데, 참가자들에게는 헬스장을 찾을 때마다 한 주에 최대 3회까지 회당 10달러를 지급하기로 했다.

예상대로 인센티브는 운동 습관 형성에 긍정적인 효과를 발휘했다. 또 게리와 내가 실시한 실험에서 도출한 결과와 마찬가지로 긍정적인 효과는 실험 전에 헬스장에 전혀 다니지 않았던 사람들에게만 나타났다. 이전에 헬스장에 다닌 적이 있는 사람들의 출석률은 인센티브가 없어진 후에 예전 수준으로 돌아갔다.

실험에서는 인센티브 기간이 종료된 후에 주요 개입을 시작했다. 인센티브를 받은 집단의 절반에게는 본인 부담 이행 장치를 제안했다. 즉 참가자들에게 자기 돈을 투입하는 것을 선택하게 했다. 참여 의사를 자발적으로 밝힌 참가자들은 앞으로 두 달 동안 연속으로 14일 이상을 결석하지 않고 헬스장을 계속 이용하겠다고 약속했다. 그리고 운동 목표를 달성하지 못하면 보증금은 자선 단체에 기부하기로 했다. 기본적으로 사용자들은 '자기 몸을 돛대에 묶고' 운동 목표를 달성하기 위해 매진하기로 한 것이다. 그들은 자기 돈을 걸면서도 자신에게 헬스장에 가라고 설득하는 것 외에는 미래에 아무 이익도 얻지 못한다. 게다가 목표 달성에 실패하면 보증금을 잃을 것이다.

참가자들은 재정적 손실 회피뿐 아니라 자기 신호의 영향도 경험했다. 노력하겠다고 공식적으로 약속한 후에 목표를 달성하지 못하면 자기 의지가 약하다는 부정적인 신호를 자신에게 보내서 자기 이미지가 손상된다. 반면에 약속을 지키면 의지가 굳다는 긍정적인 신호를 자기 자신에게 보내게 되므로 자기 이미지가 향상되고 지속되어 스스로 운동을 더 열심히 하게 된다. 그렇다면 이행 장치는 효과가 있었을까?

그랬다! 이행 장치로 습관이 형성되었고, 영향력이 지속적으로 확대되었다. 이행 계약을 맺기로 선택한 집단은 초기 인센티브가 종료되고 2개월 동안, 인센티브로 유도한 운동 증가량의 절반을 유지했다. 달리 표현해서 인센티브 프로그램의 '유통기한'은 이행 계약 덕택에 추가 비용을 들이지 않고 상당히 연장되었다. 습관이 형성되는 데 영향을 미쳤던 부분은 이행 계약 기간의 종료 후에도 지속됐는데, 이는 개입 이후에도 운동을 계속하도록 이행 장치를 활용해 개인을 밀어붙일 수 있다는 뜻이다.

함께 하면 더 낫다

나른한 일요일 오후 시나리오 두 가지를 현실로 불러내보자. 첫째, 오늘 헬스장에 가겠다고 다짐했지만 오늘따라 소파가 특별히 더 편안하게 느껴진다. 둘째, 역시 소파에 누워 편안하게 쉬고 있는데 헬스장에 가는 중이라는 친구의 문자를 받는다. 그제야 친구와 함께 운동하러 가자고 말했던 기억이 난다. 어떤 시나리오에서 소파를 박차고 몸을 일으킬 가능성이 클까? 친구는 헬스장 출석을 부추기고, 운동 인센티브를 촉진하고, 잠재적으로는 습관 형성을 강화할 수 있을까?

2010년 경제학자들인 필립 배브콕과 존 하트먼은 이런 질문에 관한 답을 찾기 위해 운동 인센티브의 사회적 효과에 초점을 맞춰 현장 실험을 했다.5 그들은 대학생들을 조사하고 그들에게 캠퍼스 레크리에이션센터에 가도록 인센티브를 제공했다. 실험 전에 사회적 효과를 파악하고자 학생들에게 우정 설문지를 작성해달라고 요청했다.

학생들은 실험 참가자 명단에서 자신이 아는 사람들의 이름에 표시했다. 따라서 연구자들은 모두 같은 기숙사에서 생활하는 참가자들의 상세한 우정 인맥을 파악할 수 있었다. 그다음 학생들을 대조군과 실험군에 무작위로 배정했다. 실험군 학생들에게는 다음 4주 동안 대학 헬스장에서 적어도 여덟 번 운동하면 80달러를 주겠노라고 약속했다.

무작위 배정이 끝난 뒤에 개별 참가자들을 처치를 받은 동료와 처치를 받지 않은 동료에게 자연스럽게 노출했다. 운동 인센티브의 사회적 효과를 분석하는 것이 목적이었던 배브콕과 하트먼은 참가자들을 처치를 받은 동료와 처치를 받지 않은 동료에게 노출할 때 동료의 수를 무작위로 바꿨고, 그때마다 인센티브 효과가 어떻게 달라지는지 살펴봤다. 우리는 초기 시나리오를 사용해 추론했듯 인센티브를 받은 참가자가 동기 부여가 되어 있는 친구와 함께 갈 때 헬스장을 더 자주 찾으리라고 생각했다.

운동 인센티브를 받은 사람들을 많이 만나 얼굴을 익히면 참가자들의 헬스장 출석률이 증가했다. 배브콕과 하트먼은 운동 인센티브를 받은 친구들이 많으면 역시나 운동 인센티브를 받은 참가자들의 헬스장 출석률이 증가했다고 밝혔다. 반면에 운동 인센티브를 받지 않은 대조군에 친구가 더 많으면 헬스장 출석률은 감소했다. 결론적으로 사람들이 운동하러 가는 것은 친구들에게서 영향을 상당히 많이 받는 것 같다.

마음이 맞는 친구가 헬스장 출석률을 높여줄 수 있다면 의존적인 짝은 어떨까? 2017년 웨스트체스터대학교 소속 경제학자 사이먼 콘들리페, 에브루 아이진, 브린 피츠제럴드는 팀워크가 운동량을 늘리는 데 기여하는지 알아보기 위해 실험을

설계했다.[6]

세 사람은 대학생을 모집해 앞서 설명한 실험 방식과 비슷하게 캠퍼스에 있는 학생 레크리에이션센터를 방문하게 했다. 짝 없이 실험에 참가한 개별 실험군과 짝을 무작위로 배정받은 실험군 사이에 매우 흥미로운 차이가 발생했다. 짝이 있는 실험군에서는 두 참가자를 재정적으로 함께 묶어서 둘이 목표를 달성했을 때만 인센티브를 제공했다. 연구자들은 학생들이 팀 단위로 인센티브를 받을 때 헬스장 출석률이 상당히 증가한다는 사실을 발견했다.

이런 결과는 소셜 네트워크와 동료를 활용하면 습관을 형성하기 위해 인센티브를 사용할 때 그 효과가 더 증가될 수 있음을 시사한다. 또 친구와 함께 운동하도록 일정을 짜면 실제로 운동 습관을 더욱 성공적으로 형성할 수 있다. 이런 네트워크 효과는 앞에서 설명한 이행 장치로도 작용할 수 있다. 지금 당장 헬스장에 가고 싶지 않지만 친구가 기다리고 있다는 것을 알고 있으므로 친구를 실망시키고 싶지는 않을 것이다.

친구를 실망시키지 않으려는 태도는 사회적 신호의 영향을 반영한다. 친구와 함께 운동하기로 약속했다가 마지막 순간에 취소하면 당신이 신뢰할 수 없는 사람이라는 신호를 친구에게 주게 되고 그로 인해 당신의 자기 이미지도 손상될 수 있다. 반면에 꾸준히 약속을 지키고 계획을 충실히 실천하면 당신의 자기 이미지가 증진되면서 이것이 더욱더 운동을 해야겠다는 당신의 동기가 된다.

언젠가 내 친구가 이와 관련해 자신이 겪은 경험을 들려줬다. 친구는 헬스장에 다니고 싶었지만 혼자서 다닐 엄두가 나지 않았다. 보다 못한 아내가 개인 트레이너와 함께 격주로 운동할 수 있는 3개월짜리 수업을 등록해줬다. 친구는 그 뒤로 수업에 한 번도 결석하지 않았다. 개인 트레이너가 이행 장치로 작용한 것이다. 친구가 수업에 출석할 수 없을 때는 마음씨 좋은 트레이너에게 결석 사유를 설명해야 했다. 요약해보면 누군가와 함께 하면 혼자 할 때보다 성공 확률이 높아질 수 있다.

루틴이냐, 유연성이냐

루틴을 지키면 안정적인 습관을 형성할 수 있다. 일정 패턴으로 행동을 반복하면 인지적 노력을 덜 기울이면서 원하는 행동을 할 수 있다. 자신의 아침 루틴을 생각해보라. 사람들은 대부분 규칙적인 아침 루틴을 어느 정도 갖고 있는데, 이는 사람마다 몇 년에 걸쳐 효율적인 과정으로 개발해온 것이다. 정신적 연상이 유동적으로 가동되면 궁극적으로는 일상 행동이 대부분 자동으로 이루어진다.[7]

앞에서 소개한 실험에서는 정기적인 출석을 장려하기 위해 인센티브를 제공했지만 참가자들에게 부과한 인센티브 일정은 유연했다. 참가자들은 금전적 보상을 받을 자격을 갖추기 위해 일주일에 여러 차례 헬스장에 가야 했지만 특정 시간대에 가서 운동해야 한다는 조건을 따를 필요는 없었다. 그렇다면 헬스장 출석에 엄격한 루틴을 적용하는 방식을 쓰면 유연한 인센티브를 제공하는 방식을 사용할 때보다 운동에 대한 동기가 더 생길까?

그 대답을 구하기 위해 최근 하버드대학교와 펜실베이니아대학교 와튼스쿨의 경제학자팀(존 베시어스, 이해님, 캐서린 밀크먼, 로버트 미슬라브스키, 제시카 위즈덤)은 구글 직원 2,508명을 대상으로 현장 실험을 했다.[8]

많은 회사가 그렇듯 구글은 직장 체육시설을 더욱 정기적으로 사용하도록 직원들을 격려한다. 초기 실험에 참가한 직원들은 매일 두 시간씩 운동하기에 가장 적합한 시간대를 선택하고, 매주 평일 운동 시간을 알려주는 알람을 받았다. 유연한 인센티브에 대비해서 루틴 인센티브의 효과를 시험하기 위해 참가자들을 세 가지 유형의 처치 집단, 즉 대조군, 유연한 실험군, 루틴 실험군 중 하나에 무작위로 배정했다.

대조군은 인센티브를 전혀 받지 않았다. 유연한 실험군은 평일에 직장 헬스장에서 30분 이상 운동하면 인센티브를 받았다. 루틴 실험군은 평일에 직장 헬스장에서 두 시간 단위로 이루어진 시간대를 선택하고 그 시간대에 30분 이상 운동할 때만 인센티브를 받았다. 유연한 실험군과 루틴 실험군을 가르는 기준은 참가자들이 매일 운동 시간을 얼마나 유연하게 선택할 수 있느냐 하는 것이었다.

경제학자의 관점에서는 유연성 있는 인센티브가 분명히 더 효과적으로 보인다. 선택지가 더 많기 때문이다. 하지만 방금 살펴보았듯 심리학자들은 시간대를 고정하는 방식이 루틴을 형성하는 데 유용할 것으로 추측하기도 한다. 그렇다면 헬스장에 가도록 직원들에게 동기를 부여하려고 할 때 엄격한 루틴과 유연한 일정 중에서 무엇이 더 효과적이었을까?

실험 결과에 따르면, 정해진 시간대를 지켜야 했던 참가자보다 운동 시간을 유연하게 선택할 수 있었던 참가자의 운동량이 훨씬 많았다. 인센티브를 없앤 후에도 그 결과는 유지되었다. 이런 발견은 과거의 심리학 이론과 직관과 다르게, 제한된 루틴에 따라 운동할 때 운동량이 더 적고 장기적인 습관을 형성하는 정도도 더 약하다는 점을 시사한다.

하지만 이런 결과를 보고 자신의 운동 루틴을 버리고 자발적으로 자유롭게 헬스장을 다니기로 마음먹기 전에 생각해야 할 점이 있다. 결과는 상황에 따라 달라질 수 있다는 것이다.

구글의 근무 환경은 진행 속도가 빠르고 일정이 매우 불확실하며 변동이 심할 수 있다. 따라서 직원들이 정해져 있는 두 시간 단위의 좁은 시간대를 지키기 어렵다. 설사 헬스장에 갈 때마다 7달러를 보상으로 받는다고 하더라도 예상하지 못했던 업무가 발생해 정해진 시간대를 지키지 못할 수 있다. 하지만 좀 더 안정적이고 일관성 있는 일정과 근무 환경에서 일하는 직원들에게는 오히려 루틴 인센티브가 습관을 형성하기에 효과적일 수 있다.

요점

인센티브는 헬스장 출석률을 끌어올리고 장기적인 운동 습관을 형성할 수 있다. 인센티브를 강화하고 습관을 오래 유지하려면 이행 장치와 소셜 네트워크와 같은 다른 심리적 강화 도구를 추가하라.

18

나쁜 행동을 차버린다

습관 깨기

인센티브로 습관을 형성하는 것과 같은 맥락에서 인센티브를 **습관을 깨는** 데도 유용하게 쓸 수 있다. 존은 인센티브 덕택에 지금은 운동을 더 많이 할 수 있지만 맥주 소비량은 여전히 많아서 의사는 이 점을 우려한다. 만약 과거의 맥주 소비가 행동 축적을 통해 습관을 형성하는 데 기여할 수 있다면, 맥주 소비를 줄임으로써 행동 축적을 감소시켜 습관을 '죽일' 수 있을까?

물론 그렇다. 지속적인 맥주 소비는 좋은 습관을 형성하기도 하고 나쁜 습관을 형성하기도 한다. 맥주 소비를 늘리는 행동이 습관으로 굳어질 수 있듯 맥주 소비를 줄이는 행동도 행동 축적을 감소시켜 습관을 '죽일' 수 있다.

운동 사례로 돌아가 보자. 오늘 헬스장에 가서 느끼는 즐거움에 더 많은 영향을 미치는 것은 아마도 1년 전 헬스장에 갔던 경험보다 한 달 전 헬스장에 갔던 경험일 것이다. 그러므로 다음 주에 헬스장에 갈지 말지를 가장 잘 예측할 수 있는 기준은 1년 전에 헬스장에 갔느냐가 아니라 이번 주에 헬스장에 갔느냐이다. 이와 비슷하게 오늘 담배를 피울지 말지를 가장 잘 예측할 수 있는 기준은 어제 담배를 피웠느냐다.

습관적인 행동이 시간이 지나며 사라진다면 특정 활동을 한동안 중단하도록 만들기 위해 인센티브를 사용해보자. 그러면 인센티브를 제거한 후에도 예전 습관으로 돌아갈 개연성이 줄어든다.

존의 맥주 마시는 습관을 깨기 위해 인센티브를 어떻게 활용할 수 있을까? 물만 마신 날마다 인센티브를 받으면 존은 맥주를 끊거나 최소한 퇴근해서 집에 오자마자 맥주를 마시는 습관을 깰 수 있다. 다시 말해서 습관을 죽일 방법은 습관으로 굳은 활동을 **한동안** 중단하도록 인센티브를 제공하는 것이다. 그러면 습관적인 행동의 축적이 줄어들기 시작할 것이다. 이때 목표는 인센티브를 제거하는 시점에 이르렀을 때 활동이 중단되는 수준까지 행동 축적을 감소시켜 아예 그 행동을 사라지게 만드는 것이다. 존이 맥주를 끊도록 자신에게 동기를 부여할 수 있는 실용적인 방법은 나중에 살펴볼 것이다.

18장은 놀랍도록 널리 퍼져 있으면서 해로운 습관인 흡연에 초점을 맞춘다. 미국에서는 매년 다섯 명 중 약 한 명이 흡연으로 사망한다.[1] 흡연 관련 질병은 연간 약 50만 명을 사망하게 할 뿐만 아니라 수십억 달러에 이르는 의료비와 측정할 수 없을 정도로 큰 신체적 손상을 초래한다.

흡연자 대부분은 이런 부정적인 결과를 인식하고 있으며, 흡연자의 70퍼센트가 담배를 끊고 싶어 하는데도 정작 금연에 성공하는 사람은 매년 약 3퍼센트에 불과하다.[2] 어째서 담배를 끊기가 이렇게 힘들까? 운동과 달리 흡연은 고통스러운 결과가 미래에 나타나고 즐거움은 즉각적으로 나타나기 때문이다. 그렇다면 금연 프로그램을 유용하게 만들 방법을 알아보자.

금연 장려금의 실제 효과

2009년 케빈 볼프와 동료는 다국적 기업 직원들에게 금연 장려금을 제공하는 현장 실험을 실시했다.[3] 직원들이 운동을 더 많이 하길 바라는 기업들은 직원의 금연에 대해서도 직접적인 경제적 동기가 있다. 흡연은 의료비를 늘리고 직원의 생산성을 줄이기 때문이다.

실험에서는 직원 878명을 대조군과 실험군에 무작위로 배정했다. 대조군은 금연 프로그램에 관한 정보만 듣는다. 실험군은 대조군과 마찬가지로 금연 프로그램 정보를 듣고 추가로 금전적 인센티브에 관해서도 듣는다.

인센티브 실험군이 금연 장려금을 받기 위해서는 생화학 검사를 통과해야 했다. 검사를 통과한 직원에게는 금연 프로그램을 마치는 경우에 100달러, 연구에 등록하고 6개월 동안 금연하는 경우에 250달러, 최초로 금연하고 추가로 6개월 동안 금연하는 경우에 다시 400달러를 주겠다고 약속했다. 장려금 지급 시기를 이렇게 구분한 이유는 흡연자 대부분이 금연 첫 달에 다시 흡연을 시작하고, 약 90퍼센트는 금연하고 6개월 안에 다시 흡연을 하기 때문이다.[4] 장려금 액수는 직원을 금연하게 만들기 충분할 만큼 컸다. 인센티브 실험군 참가자들이 금연 프로그램에 등록하고, 프로그램을 이수하고, 실험에 참여하여 첫 6개월 동안 금연한 비율은 상당히 높았다.

아마도 지금쯤이면 이해를 하겠지만 연구자들은 장기적인 효과에 관심이 있다. 금연을 다룬 과거 문헌을 살펴보면 흡연자가 1년 이상 금연한 경우에 20개월 동안 금연 상태를 유지할 확률은 95퍼센트다.[5] 흡연자들이 1년이라는 기간을 넘기는 데 인센티브가 효과적으로 작용했다. 금연 프로그램 등록 후 9~12개월, 인센티브 제공을 중단한 채 등록 후 15~18개월이 되면 인센티브 참가자의 금연 확률은 대조군의 비인센티브 참가자의 확률보다 상당히 높다.

결과가 매우 고무적이지만 인센티브 실험군의 장기적인 금연 비율은 9퍼센트에 불과했다. 하지만 인센티브를 받지 않은 대조군의 금연 비율이 3.6퍼센트로 더 낮다는 점을 감안하면 여전히 성공적이라고 볼 수 있다. 이것은 금전적 인센티브가 흡연자에게 동기를 부여해 금연 프로그램에 등록하고 단기적으로 금연하도록 유도할 수 있다는 뜻이며, 인센티브를 중단한 후에도 재흡연을 막고 장기적으로 흡연 습관을 깨는 데 유용할 수 있다는 뜻이기도 하다.

배 속의 아기 구하기

지금까지 장기적인 효과가 중요하다고 계속 강조했지만, 때로는 단기적인 성공이 그 자체로 성취가 될 수 있다. 예를 들어 임신부는 출산 후에 재흡연을 하는 한이 있더라도 임신 기간에는 금연해야 한다. 임신 기간 중 흡연은 예방이 가능한 요인임에도 미국에서 불행한 산후 결과를 초래하는 주요 원인이다. 흡연으로 태아의 폐와 뇌의 조직이 손상되고, 유산과 조산의 가능성이 높아지며, 태아의 체중이 감소된다.[6]

의료 전문가의 조언을 제공하고 자가 치료용 자료를 사용해 흡연 관련 위험을 교육하는 등 정보 전달 전략 위주로 많은 개입이 이루어지고 있지만 금연율을 낮추는 데는 그다지 효과적이지 않다.7 이것은 특별히 놀랄 만한 일은 아니다. 아마도 임신부는 흡연이 태아에게 해로울 수 있다는 사실을 이미 알고 있을 것이다. 다만 흡연이 태아에게 주는 손상이 지금 당장 눈에 띄지 않을 뿐이다.

임신부인 어맨다는 임신을 했는데도 계속 흡연하는 이유를 묻는 말에 이렇게 털어놓았다. "엄마들이 담배를 피우기 때문에 아기들이 건강 문제를 안고 태어난다는 사실은 알고 있어요. 하지만 임신 기간에 담배를 피웠는데도 건강한 아기를 낳은 사람들도 많아요." 그러면서 자신의 아기한테는 "나쁜 일이 일어나지 않을 것"이라 생각하면서 "흡연을 멈출 수 없었다."라고 말했다.8 금전적 인센티브를 사용하면 흡연하는 임신부가 임신 기간에 금연하도록 도울 수 있을까? 만약 그렇다면 어떤 종류의 인센티브를 제공해야 할까?

2012년 스티븐 히긴스가 이끄는 건강연구팀은 소매 상품으로 교환할 수 있는 바우처 형태의 인센티브를 사용해 이 주제를 조사했다.9

연구팀은 임신부 58명을 무작위로 대조군과 실험군으로 나눴다. 두 집단 모두 바우처를 받았지만 대조군은 흡연 여부와 상관없이 바우처를 단순히 선물로 받았다. 반면에 실험군은 생화학적 검사를 통과해서 금연을 확인받은 후에야 바우처를 받았다. 임신 기간에 금연하는지 처음에는 매일 확인했다가 점차 격주로 확인했다. 실험하는 동안 조건부 바우처는 처음에는 6.25달러였다가 금연을 검증받을 때마다 1.25달러씩 늘어나 45달러까지 되었다. 조건부 바우처의 가치는 임신부가 생화학적 검사를 통과하지 못하면 처음 수준으로 내려갔고, 검사 결과가 두 번 연속 음성으로 나오면 이전에 높았던 수준으로 회복됐다.

이런 인센티브 구조는 지속적으로 금연하면 바우처 형태로 금전적 인센티브의 영향을 서서히 구축하는 반면, 실패하면 회복할 여지를 허용하면서 처벌한다. 따라서 흡연하는 임신부는 최대한 금연 상태를 유지하고 재흡연을 해도 다시 회복할 수 있게 금전적 인센티브를 제공받았다. 대조군 임신부는 산전 방문 때마다 11.50달러, 산후 방문 때마다 20달러 상당의 비조건부 바우처를 받았다.

어떤 형태의 바우처가 더 효과적일까? 직관적으로 짐작할 수 있듯 조건부 바우처는 임신 후기에 7일간 금연율을 37퍼센트까지 높였다. 이 비율은 비조건부 바우처 집단의 9퍼센트라는 비율을 훨씬 크게 앞질렀다. 그렇다면 장기적인 효과는 어떨까? 산후 12주 산모의 경우 비조건부 바우처 집단의 금연 증가율은 0퍼센트지만 조건부 바우처 집단은 33퍼센트였다. 바우처 인센티브를 중단하고 12주 후인 산후 24주에 조사했을 때, 비조건부 바우처 집단의 7일간 금연율은 0퍼센트였지만 조건부 바우처 집단은 27퍼센트였다.

자기 돈을 걸고 담배 끊기

비조건부 바우처를 받은 흡연 임신부의 경우에서 살펴봤듯 자제력에만 의존해서 금연하는 것은 그다지 효과적이지 않다. 실제로 연구에 참여한 어떤 임산부 금연에 장기적으로 성공하지 못했다. 그렇다면 흡연자들은 자제력 부족에 어떻게 대처할 수 있을까? 헬스장 출석자들이 스스로 운동에 전념하도록 자신을 효과적으로 압박했던 이행 장치를 기억하는가? 같은 전략을 사용해서 돈을 걸면 흡연자에게 금연 동기를 부여할 수 있다.

2010년 경제학자 사비에르 지네, 딘 칼란, 조너선 진먼은 이행 장치를 사용해서 흡연자들을 금연하도록 도울 수 있을지 실험했다.[10] 필리핀 소재 은행에서 일하는 흡연 직원 2천 명을 두 집단 중 하나에 무작위로 배정했다.

대조군은 담배 포장에 인쇄된 혐오스러운 사진(담배 연기 때문에 손상을 입은 폐의 사진 등)이 들어간 지갑 크기의 카드를 받았다. 실험군은 금연을 목적으로 설계한 이행 계약서에 서명했다. 6개월의 개입 기간에 흡연자는 자발적으로 서명한 이행 계약서에 따라 스스로 금액을 정해 매주 납부했다. 6개월이 지나서 소변 검사를 통과하면 전액을 돌려받지만, 실패하면 그 돈을 자선 단체에 기부해야 한다. 매주 돈을 거둬서 보증금으로 묶어두는 계약 방식은 직원들을 금전적으로 점점 강하게 압박해서 6개월 내내 꾸준히 금연을 유지하게 했다.

운동 동기를 부여하는 이행 장치와 비슷하게 금연 보증금 계약도 자신에게 신호를 보낸다. 흡연자들이 계약 조건을 어기면 보증금을 잃을 뿐 아니라 결단력이 부족하다는 신호를 자신에게 보낸다. 따라서 흡연자는 부정적인 자기 신호를 피하고 자기 이미지를 보호하기 위해 금연 상태를 유지하게 된다.

이러한 인센티브를 설계할 때는 사회적 신호의 기능도 포함한다. 당신이 이 계약을 맺은 직원이라 생각해보자. 토요일 오후마다 은행 동료가 보증금을 걷으러 온다. 이번 주에 동료에게 돈을 건네지 않으면 당신이 금연에 실패했다는 뜻이다. 그러면 당신의 의지가 약하다는 신호를 동료에게 보내게 된다. 그리고 당신은 사회적 이미지에 손상을 입으면서 당혹감을 느낄 것이다. 이처럼 계약 형태의 사회적 압박을 추가하면 더 큰 금액의 보증금을 모을 수 있고 금연을 더욱 잘 실천할 수 있다.

하지만 이행 장치를 사용할 때 일반적으로 부딪히는 문제는 낮은 가입률이다.[11] 돈을 걸면 금연하는 데 유용할 수 있다는 사실을 알더라도 자기 돈을 걸면서까지 자제력을 시험해보고 싶은 사람은 많지 않다. 이 실험에서는 계약을 제안받은 흡연자 중에서 11퍼센트만 계약서에 서명했다. 하지만 서명한 사람들은 계약 조건을 매우 충실히 이행했다. 6개월의 기간이 종료되는 시점에서 평균 보증금은 550페소(11달러)였으며, 이 금액은 직원이 받는 한 달 치 급여의 약 20퍼센트였으므로 그만큼 많은 금액이 모였다는 면에서 의미가 있다.

가입자 수가 적다는 점을 고려해도 돈을 거는 방식은 흡연자를 금연하게 하는 효과적인 전략으로 보였다. 이행 계약을 맺었던 참가자들의 금연 확률은 계약 기간 6개월이 끝난 시점에서 대조군보다 3.3~5.8퍼센트 더 높았다. 참가자들은 개입이 끝난 지 6개월 후에 아무런 금전적 인센티브가 없는 상태에서 불시에 검사를 받았다. 이행 장치를 사용해 얻은 결과는 12개월 후에도 그대로 유지되었다.

이렇듯 효과가 입증되었지만 이행 계약을 맺었던 흡연자의 66퍼센트는 결국 금연에 실패했다. 일부 흡연자가 자신에게 자제력이 부족하기 때문에 이행 장치를 사용해야 한다고 인정하면서도 미래의 유혹에 저항하는 자기 능력을 여전히 과신한다는 사실을 알 수 있다.

'우리 함께 끊을까?'

우리 모두 또래 압력의 영향력을 알고 있다. 친구가 담배를 피우면 따라서 피우고 싶은 유혹을 느낄 수 있다. 반면에 금연을 돕는 도구로 또래 압력을 사용할 수 있다. 금연하려고 열심히 노력하는 친구들이 옆에 있으면 금연 결심이 무너지지 않는 동기가 될 수 있다. 펜실베이니아대학교의 스콧 할펀이 이끄는 팀은 이 아이디어를 떠올리고, 2015년 집단이 금연에 미치는 영향을 연구하기 시작했다.[12]

연구팀은 미국 대형 의약 유통기업인 CVS케어마크의 직원, 직원의 친구와 친척을 대상으로 현장 실험을 실시하기로 하고, 참가자들을 대조군과 네 개의 실험군 중 하나에 무작위로 배정했다. 대조군은 미국암협회의 금연 지침과 지역 금연 자원으로 구성한 '일반적인 관리'를 받았다. 일부 CVS 직원은 니코틴 대체 치료와 행동 수정 프로그램을 무료로 지원받았다. 네 개 실험군 중에서 두 실험군에서는 개인을 대상으로 인센티브 프로그램을 제공했고, 나머지 두 실험군에서는 구성원을 여섯 명씩 묶어 인센티브 프로그램을 제공했다.

연구자들은 사회적 효과를 시험하고 싶어 했고 또한 보증금 계약이 보상 프로그램보다 더 효과적인지를 파악하고 싶어 했다. 은행 직원에게 적용한 이행 계약에서 살펴보았듯 흡연자에게는 손실 회피가 상당히 큰 동기부여 요소였다. 하지만 과연 흡연자에게는 보상 프로그램으로 이익을 얻을 때보다 자기 돈을 보증금으로 넣었다가 잃어버리지 않으려고 할 때 더 큰 동기가 부여될까?

이런 질문에 대한 답을 찾으려고 연구자들은 금연에 성공할 경우 600달러를 주는 보상 프로그램을 개인 인센티브 실험군 하나와 집단 인센티브 실험군 하나에 제시했다. 나머지 개인 인센티브 실험군 하나와 집단 인센티브 실험군 하나에는 환불할 수 있는 150달러를 보증금으로 예치하게 하고 금연에 성공하는 경우 450달러를 주는 보증금 프로그램을 제시했다.

다시 말해 네 개 실험군은 집단 보상, 집단 보증금, 개인 보상, 개인 보증금 실험군으로 나뉜다. 앞에서 소개한 인센티브 설계와 비슷하게 모든 집단에 공통으로 보너스 600달러(보증금 기반 프로그램에서는 보증금 150달러 포함)를 참가자들의 목표 금연일 이후 14일, 30일, 6개월 시점에 세 차례로 나누어 200달러씩 지급한다.

집단 보상 실험군은 집단이 성공했을 때 보상을 받는다. 세 차례의 보상 시점에서 한 명만 금연에 성공하면 구성원들은 100달러씩 받지만 여섯 명 모두 금연에 성공하면 600달러씩 받는다. 이 인센티브 설계는 집단 성공률에 비례해 지급액을 늘림으로써 사회적 신호와 대인 관계상 책임 요소를 활용하는 것이고, 이를 이용해 흡연자에게 동기를 부여한다.

당신이 속한 집단에서 당신만 금연에 실패했다고 상상해보자. 이것은 당신이 자제력이 부족하다는 신호를 집단 구성원들에게 보내는 것이다. 따라서 집단에서 당신의 사회적 이미지는 손상을 입는다. 당신은 자신이 실패했기 때문에 다른 구성원들이 더 많은 보상을 놓쳤다고 생각하면서 당황하고 죄책감을 느낄 수 있다. 이와 반대로 금연에 성공하면 집단에서 당신의 사회적 이미지는 증진될 수 있다. 이런 방식을 사용하면 다른 구성원들을 지켜보면서 격려하기 때문에 서로 협력하고 노력하게 된다.

반면에 집단 보증금 실험군에서는 구성원들이 경쟁한다. 구성원 여섯 명 각자 예치한 보증금 150달러와 보너스 450달러를 포함해 전체 보상금 3,600달러는 세 시점에서 금연에 성공한 구성원들에게 재분배된다. 즉 각 시점에서의 보상금은 1,200달러다. 구성원 여섯 명 중 네 명이 14일에 금연에 성공한다고 치자. 이 네 명은 1,200달러를 보상으로 받아서 300달러씩 나눠 갖는다.

잠재적으로 노력을 방해하는 사태를 피하고자 집단 구성원들에 대해 익명을 유지했다. 이 인센티브는 집단 환경에서 발생하는 손실 회피를 활용해 설계되었다. 당신이 금연에 실패했기 때문에 당신이 예치한 보증금과 보너스를 다른 구성원들이 나눠 갖는 사태가 발생하면 무척이나 속이 쓰릴 것이다.

모든 실험군의 총기대치와 보너스를 동일하게 유지하기 위해 집단 보상 실험군과 집단 보증금 실험군에 속한 참가자들에게 6개월 동안 금연을 유지하는 경우에는 200달러의 보너스를 제공했다.

결과에는 앞서 언급한 이행 인센티브의 가입률 문제가 포함되었다. 보상 프로그램에 배정된 참가자의 90퍼센트는 이행 인센티브를 받아들였지만, 보증금 프로그램에 배정된 참가자는 13.7퍼센트만 참여하겠다고 결정했다. 6개월의 개입 기간에 계속 금연한 비율을 따져보면 네 개의 인센티브 프로그램 실험군이 모두 대조군을 크게 앞섰다. 연구자들은 집단 인센티브의 성과가 개별 인센티브를 능가하리라고 예상했다. 하지만 집단 인센티브 프로그램과 개별 인센티브 프로그램의 6개월 금연율은 각각 13.7퍼센트와 12.1퍼센트로 매우 비슷했다. 집단 인센티브의 성과가 개별 인센티브를 앞지르지 않았다는 것은 사회적 영향이 예상만큼 강하지 않았다는 뜻이다.

그렇다면 보상 프로그램과 보증금 프로그램은 어땠을까? 보상 프로그램의 금연율은 보증금 프로그램보다 상당히 높아서 5퍼센트포인트를 앞섰다. 하지만 그 원인은 두 가지 프로그램이 가입률에서 차이가 있었기 때문이었다.

이런 차이를 감안하자 결과는 뒤집혔다. 보증금 프로그램을 수락한 참가자들의 금연율이 보상 프로그램을 수락한 참가자들보다 13.2퍼센트포인트 높았던 것이다. 이런 결과를 놓고 보면 보증금 인센티브 같은 이행 장치는 자신의 자제력이 제한되었다고 인식하고 참여를 고민한 후에 프로그램을 수락한 사람들에게 효과적임을 알 수 있다.

가난한 흡연자

1940년대에는 교육 수준이 높은 사람들의 흡연율이 더 높았다. 하지만 그 후 수십 년 동안 흡연이 건강에 미치는 위험성이 분명하게 드러나고 해롭다는 인식이 널리 퍼지자 담배 산업계는 마케팅 전략을 저소득층을 대상으로 펼치기 시작했다. 담배회사들은 저소득층 주택단지 주민에게 푸드 스탬프와 선불·직불 카드 같은 것으로 담배를 구매할 수 있도록 쿠폰을 뿌리는 동시에 담배를 무료로 나눠주기도 했다. 이런 노력의 결과로 오늘날 흡연자의 72퍼센트는 저소득층이다.[13]

이처럼 빈곤층이 흡연으로 불공평하게 큰 피해를 입는데도, 병원이나 직장 밖에 있는 저소득층 흡연자들을 대상으로 금연할 수 있도록 돕는 인센티브를 제공했을 때 효과가 있다는 것을 입증하는 연구는 많이 이루어지지 않았다.

2016년 제네바대학교의 장프랑수아 에테르와 펠리시아 슈미트는 이 문제를 연구할 목적으로 스위스에 거주하는 저소득층 흡연자 805명을 모집했다.[14]

참가자들은 두 집단 중 하나에 무작위로 배정되었다. 대조군은 교육용 책자를 받았고 금연 웹사이트에 접속할 수 있었다. 실험군은 같은 정보를 받고, 여기에 추가로 금전적 인센티브를 받았다. 연구자들은 개입을 시작한 후 1주, 2주, 3주, 1개월, 3개월, 6개월 시점에 생화학적 검사를 실시하고 금연 상태임을 확인한 후에 여섯 차례에 걸쳐 인센티브를 제공했다. 또 계속 금연하도록 격려하기 위해 보상액을 점차 늘리는 방식을 사용했다.

최대 보상액은 1,650달러였고, 첫 주에 110달러로 시작해 6개월째에는 440달러까지 늘어났다. 참가자들의 과세 소득은 모두 5만5천 달러 미만이었으므로 이 보상액은 상당히 유의미했다. 참가자들이 생화학적 검사를 통과하지 못하는 경우에 다음 보상액은 가장 최근에 받은 보상액으로 재설정된다. 다시 말해서 이런 인센티브 설계 유형은 실패를 처벌하면서도 참가자들이 앞으로 금연 보상을 받기 위해 노력할 여지를 남겨두는 형태였다.

저소득층 참가자들이 금연 보상금을 받아서 담배를 구매하는 사태를 막으려고 담배나 술을 판매하지 않는 대형 슈퍼마

켓 체인점에서 사용할 수 있는 선불 카드 형태로 인센티브를 지급했다. 그리고 더욱 큰 동기를 부여하고자 흡연자들이 실험에 등록하려고 방문했을 때 금연할 날짜를 스스로 정하게 하고 그 결정을 명시한 계약서에 서명하게 했다. 연구 조교 한 명과 흡연자의 가족이나 친구 등 금연을 도와줄 사람이 계약서에 연대 서명했다. 금연 도우미에게는 참가자가 금연하기 위해 노력하는 동안 지지해달라고 요청했다.

앞서 언급했듯 이런 이행 계약을 설계할 때는 자기 신호와 사회적 신호가 포함된다. 이행 계약서에 서명하는 행위는 금연하겠다고 자신에게 공식적으로 약속하는 것이고, 자기가 서명한 약속을 지키는 것은 강력한 동기부여 방법이 된다. 사회적 지지자들이 계약서에 연대 서명을 하므로 흡연자들은 전력을 다해 금연하겠다는 신호를 자신에게 공식적으로 보낸다. 사회적 증인을 두는 방식은 상당히 효과적일 수 있다. 지지자와 맺은 약속을 깨거나 자신을 믿고 도와주는 사람을 실망시키는 것은 자신과의 약속을 깨는 것보다 훨씬 고통스러울 수 있기 때문이다.

결론적으로 금전적 인센티브는 저소득층 흡연자들에게 담배를 끊고 오랫동안 금연 상태를 유지하게 하는 데 효과가 있다. 인센티브를 받은 흡연자들의 7일간 금연율은 인센티브를 받지 않은 흡연자들보다 상당히 높았다. 3개월 시점에 54.9퍼센트 대 11.9퍼센트, 6개월 시점에 44.6퍼센트 대 11.1퍼센트, 18개월 시점에 18.2퍼센트 대 11.4퍼센트였다. 게다가 장기적인 금연을 측정하는 주요 지표, 즉 6개월부터 18개월까지의 지속 금연율에서도 인센티브 집단이 대조 집단보다 높았다.

금액을 점차 높여 금전적 인센티브를 계속 제공한 경우에, 인센티브를 받은 흡연자의 9.5퍼센트는 인센티브가 제거된 후에도 12개월 동안 금연 상태를 유지할 수 있었다. 금연 프로그램과 그 인센티브 구조에서 얻은 통찰은 금연을 장려하는 문제에 국한하지 않는다. 패스트푸드를 지나치게 많이 먹거나 텔레비전을 지나치게 많이 시청하는 따위의 다른 나쁜 습관을 고치는 데도 활용할 수 있다.

요점

인센티브를 장기적으로 시행하면 나쁜 습관이 서서히 사라지고 변화가 장기적으로 지속될 수 있다. 인센티브 효과를 강화하려면 보증금 기반 이행 장치와 사회적 지지자 같은 다른 심리적 강화 조건을 추가한다.

19
"나는 지금 당장 원해!"

하고 싶은 일과 해야 하는 일 사이

맥주 마시는 습관을 깨고 운동을 더 할 수 있도록 존을 부추기려면 달리 무엇을 할 수 있을까? 존이 건강이 좋아지는 편익을 실제로 실감하려면 아직 멀었지만, 존에게 인센티브를 먼저 사용하면 행동 변화를 방해하는 가장 근본적인 문제의 하나를 극복하도록 도움을 줄 수 있다. 편익은 먼 미래에 얻는 것이지만 비용은 일반적으로 현재 부담해야 한다. 예를 들어 운동을 해서 얻는 편익은 나중에 얻기 때문에 당장은 실체가 없지만, 소파에 앉아 맥주를 마실 때 느끼는 만족감은 즉각적으로 얻는다.

지금은 토요일 오후 2시다. 넷플릭스에서 새로 방영하는 드라마 한 편을 보고 '이어서 시청'을 누르기 직전에 오늘 헬스장에 가야 한다는 생각이 퍼뜩 든다. 일주일에 적어도 두 번은 헬스장에 가서 운동하겠다고 자신과 약속했다.

이 상황에서 어떻게 하겠는가? 우리는 텔레비전을 볼까, 비디오 게임을 할까, 건강에 좋지 않은 음식을 먹을까 등 매일 유혹을 맞닥뜨린다. 자신이 **하고 싶은** 일과 **해야 하는** 일 사이에서 선택해야 할 때 우리는 주로 하고 싶은 일을 선택한다.

구미가 당기는 활동을 함으로써 발생하는 시간 낭비와 죄책감을 줄이는 동시에 바람직한 습관을 갖도록 북돋울 방법은 없을까? 와튼스쿨의 캐서린 밀크먼, 하버드대학교의 줄리아 민슨, 펜실베이니아대학교의 케빈 볼프는 '유혹 묶기temptation bundling'라는 영리한 방법을 제안했다.[1] 이 개념은 즉각적인 만족감을 주는 '원하는' 활동(자신이 좋아하는 드라마의 다음 편을 이어서 시청한다)과 편익을 지연하고 의지력이 필요한 '해야 하는' 활동(헬스장에 간다)을 묶는 것을 말한다.

나는 지금까지 수년 동안 일립티컬 머신elliptical machine(발을 페달에 올리고 손잡이와 발판을 교차해서 움직이는 유산소 운동기구)에 올라가 운동을 할 때만 내가 좋아하는 드라마를 본다는 규칙을 지키고 있다. 나는 이런 조합을 통해 두 가지 문제를 해결한다.

첫째, '해야 하는' 행동을 즉시 해야 할 때 느끼는 고통을 줄임으로써 운동하려는 욕구를 조금 더 올릴 수 있다. 둘째, '원하는' 활동을 이로운 행동과 묶음으로써 내가 좋아하는 활동을 할 때 느끼는 죄책감을 줄인다.

밀크먼과 민슨, 볼프는 유혹 묶기 개념을 시험하기 위해 대형 대학교 피트니스센터에서 현장 실험을 실시했다. 그들은 책장을 넘기기 바쁠 정도로 흥미진진한 오디오 소설('원하는' 활동)과 운동('해야 하는' 활동)을 묶고, 참가자들을 무작위로 다음 세 집단에 각각 배정했다.

- **대조군:** 참가자들은 연구를 시작할 때 25달러짜리 반스앤드노블 상품권을 받았다.
- **최대 실험군:** 참가자들은 자신이 고른 오디오 소설 네 편을 담은 아이팟에 로그인할 수 있었고, 오디오 소설은 헬스장에서만 들을 수 있었다.
- **중간 실험군:** 조건은 최대 실험군과 같지만 오디오 소설을 개인 아이팟에 내려받아서 언제든 로그인할 수 있었다.

유혹 묶기의 결과에 따르면 중간 실험군의 헬스장 출석률은 대조군보다 29퍼센트 높았다. 따라서 사람들에게 오디오 소설을 헬스장에서 즐기도록 장려만 해도 헬스장 출석률은 상당히 올라간다. 훨씬 더 효과적인 방법으로, 최대 실험군의 헬스장 출석률은 대조군보다 51퍼센트나 증가했다. 따라서 '원하는'

활동에 접근하는 방법을 '해야 하는' 활동으로 제한하는 이행 장치는 효과적이다. 처치 효과는 시간이 지나며 감소했지만 실험이 끝나는 시점에서 이런 이행 장치에 대한 수요는 상당히 증가했다. 참가자들의 61퍼센트가 오디오 소설을 수록한 아이팟을 헬스장에서만 사용하겠다며 돈을 지급했다.

이처럼 이행 장치에 대한 수요가 생겨난 이유는 사람들이 자신의 자제력이 부족하다는 것을 인식하고, 자신이 '해야 하는' 활동을 하도록 자신을 강제하는 효과적인 유혹 묶기 방식에 기꺼이 돈을 지불하기 때문이다.

유혹 묶기의 효과를 인식한다면, 운동 외에도 여러 유익한 활동을 촉진하기 위해 이를 활용할 수 있다. 예를 들어 건강에 좋은 음식을 먹을 의지가 자신에게 부족하다고 인식하면 건강한 음식을 먹을 때만 자신이 좋아하는 텔레비전 프로그램을 시청하도록 제한할 수 있다. 또 집안일을 미룬다면 설거지나 빨래를 할 때만 좋아하는 오디오 소설을 듣도록 제한할 수 있다. 어떤 유익한 행동을 취할 의지가 자신에게 부족하다고 인식하고 있고 '해야 하는' 활동을 보완할 수 있는 유혹적인 활동을 발견한 경우에는 자신에게 맞는 유혹 묶기를 시도할 수 있다.

이러한 유혹 묶기는 '현재 편향'을 극복할 목적으로 설계되었다. 다음 두 가지 시나리오를 생각해보자.

- **시나리오 1:** 오늘 100달러를 받을지, 내일 110달러를 받을지 선택한다. 많은 사람이 100달러를 즉시 받는 편을 선호할 수 있다. 내일까지 기다리지 않고 오늘 100달러를 받아서 쓸 수 있기 때문이다. '지금'의 힘은 강력하다.
- **시나리오 2:** 1년 뒤에 100달러를 받을지, 1년하고 하루 하루 뒤에 110달러를 받을지 선택한다. 돈을 받기 위해 꼬박 1년을 기다렸다면 하루를 더 기다렸다가 10달러를 추가로 받는 것이 낫다. 두 선택지 모두 먼 미래에 일어나는 일이므로 하루쯤 더 기다려도 상관없지 않을까?

두 시나리오 모두 하루를 더 기다렸다가 10달러를 더 받는 선택지를 제공하지만, '시나리오 1'의 참가자는 마음이 더 조급해져서 기다리기가 힘들다. 미래에 더 큰 보상을 받으려고 기다리기보다는 보상이 더 작더라도 현재에 받는 것을 택하는 경향을 **현재 편향**present bias이라고 부른다. 현재 편향에 숨은 논리는 단순하다. '지금'이 매우 강력해서 여기에 저항하기 힘들기 때문이다.

이런 종류의 행동은 재미있는 반전을 만든다. '시나리오 2'에서 110달러를 받기 위해 1년하고 하루를 기다리기로 선택한 것을 기억하는가? 이제 정확히 1년이 지났다. 상황을 이렇게 바꿔보자. 원래 당신은 110달러를 받기 위해 하루를 더 기다리기로 선택했다. 하지만 이제 마음을 바꿀 기회가 생기면서 즉시 100달러를 받을 수 있다는 말을 듣는다. 이 새로운 선택지는 '시나리오 1'과 같고, 이때 당신은 하루를 더 기다리고 싶지 않으므로 마음을 바꿔서 100달러를 취한다.

이런 종류의 반전을 **동태적 비일관성**dynamic inconsistency이라 부른다. 사람들이 사전에 선택을 하지만 정작 행동할 때가 되면 이 선택을 바꾸는 것이다.

현재 편향과 동태적 비일관성은 행동 변화를 방해하는 주요 요소다. 목표 달성에 실패하는 것은 동기부여가 부족하거나 계획이 잘못되었기 때문이 아니다. 앞에서 언급했듯 비용과 편익은 발생 시간이 다르다. 비용은 지금 발생하지만 편익은 미래에 발생한다. 우리는 이 같은 영향이 얼마나 강한지 깨닫지 못하는 경우가 많다. 우리는 미래를 위해 목표를 세우고 그 목표에 시선을 고정하는 능력이 자신에게 있다고 과신한다. 내일부터 다이어트를 시작하거나, 운동을 시작하거나, 담배를 끊기 시작할 것이다. 하지만 실제로 '내일'이 되면 오랜 습관에 다시 말려들어 간다.

재미있는 예를 하나 들어보자. 심리학자 대니얼 리드와 바버라 반 리우웬은 참가자들의 간식 선택을 조사했다. 참가자들은 건강에 좋지만 맛이 떨어지는 간식과 건강에는 덜 좋지만 더 맛있는 간식 중에 선택할 수 있다. 참가자들이 지금 먹겠다고 선택한 간식과 다음 주에 먹겠다고 선택한 간식을 비교하자 흥미로운 결과가 나왔다. 다음 주에 무엇을 먹고 싶으냐는 질문을 받자, 참가자의 49.5퍼센트가 건강에 좋은 간식을 선택했다. 하지만 지금 무엇을 먹고 싶으냐는 질문을 받자, 참가자의 83퍼센트가 건강에 덜 좋지만 더 맛있는 간식을 선택했다.[2]

현재 편향이 영향을 미치는 것은 음식 선호만이 아니다. 상당히 중요한 재정적 결과도 좌우할 수 있다. 경제학자 스테판 마이어와 찰스 슈프렝어는 신용카드 부채를 연구했다. 신용카드 회사들이 높은 이자율을 부과하기 때문에 신용카드 부채가 더 쌓이는 악순환이 일어난다.

두 학자는 맨 먼저 일부 실험 기술을 사용해 참가자들의 현재 편향을 측정하고, 36퍼센트가 현재 편향에 근거해 선호를 결정한다고 밝혔다. 그런 다음 실험 데이터와 실제 데이터를 비교했는데, 이런 현재 편향을 지닌 개인들에게 신용카드 부채가 있을 개연성이 16퍼센트 크다는 사실을 발견했다.[3]

현재 편향과 동태적 비일관성은 효과적인 인센티브를 설계하는 방법과 연관성이 크다. 사람들이 무언가를 지금 갖고 싶어 하면 그들에게 지금 주라. 인센티브를 지나치게 먼 미래에 주지 말고 미리 주라. 자기 행동을 원하는 방향으로 바꾸고 싶어 하는 사람에게는 보상을 즉시 제공하라.

현재 편향과 시간 할인temporal discounting〔보상을 받을 수 있는 미래의 시점이 멀수록 보상의 가치가 떨어진다고 느끼는 현상)에 대응하는 또 다른 효과적이고 지속 가능한 방법은 장벽을 제거함으로써 현재 치르는 활동 비용을 낮추는 것이다. 이 해결 방법은 20장에서 살펴볼 것이다.

요점

현재 편향과 동태적 비일관성은 행동을 바꾸기 어렵게 한다. 가능하다면 즉시 보상해서 인센티브의 효과를 높이자.

20

강력한 동기보다 더 중요한 것

장벽 제거

부모와 의료 전문가, 정치인 중에 "아이들은 텔레비전을 더 보고 운동량을 줄여야 해!"라고 말하는 사람이 있는가? 신체 활동은 건강과 양의 상관관계가 있다고 알려져 있으며, 많은 연구가 체중 조절, 심혈관 질환을 포함한 질병에 걸릴 위험성 감소, 정신적·정서적 건강의 향상 등의 이익을 열거한다.[1]

그래서 어느 날 딸이 학교 예산이 삭감되어 체육 선생님이 해고되었고 앞으로 체육 수업을 받지 못한다고 말했을 때 나는 실망했다. 예산이 깎이면서 학교가 내린 이 결정은 현명한 것일까? 학교 경영진은 오로지 학업 성취도(슬프게도 이것이 사실일 때가 많다)에만 관심을 기울이고, 이에 따라 고통스러운 타

협을 해야 하는 상황을 상상해보자. 학생들이 현재 주당 수학 수업 열 시간, 체육 수업 두 시간을 받고 있는데, 예산 삭감으로 두 시간의 수업을 받을 수 없게 된다. 학교 경영진의 선택지는 수학 수업을 두 시간 줄이든지 체육 수업을 없애는 것이다.

아이들이 학업을 성공적으로 마치려면 주당 두 시간씩 수학 수업이 아니라 체육 수업을 받는 것이 더 도움이 될까? 아이들을 계속 공부시키지 않고 오후에 더 뛰어다니게 해야 할까? 기존 데이터만 가지고는 쉽게 판단할 수 있는 문제가 아니다.

규칙적인 신체 운동이 교육 성과를 달성하는 데 중요한지 여부는 정치인들이 어떤 항목의 학교 예산을 삭감할지 결정할 때 뜨거운 논쟁거리가 된다. 나는 알렉산더 카펠렌, 개리 차네스, 마티아스 에크스트룀, 베르틸 텅오든과 함께 다음과 같은 질문을 던졌다. '운동의 긍정적인 효과가 번져나가서 건강뿐 아니라 학업 성취도를 높일 수 있을까?'

세상 사람들은 일반적으로 "건강한 몸에 건강한 마음이 깃든다."라고 표현하며 이 문장이 맞는다고 말한다. 의학연구소는 다음과 같이 제안하는 보고서를 증거와 함께 발표했다. "활동성이 많은 아이들은 활동성이 적은 아이들보다 정신 집중력이 더 뛰어나고, 간단한 과업을 더욱 신속하게 수행할 수 있으며, 작업 기억력과 문제해결 기술이 더 탁월하다. 또 표준화 시험에서 더 좋은 성적을 거둔다."[2] 다음은 모든 부모의 꿈이다.

"아이들을 리틀리그Little League(9~12세 아이들이 출전하는 국제 야구 리그)에 던져놓으면 수학 시험에서 우수한 성적을 거둘 것이다." 하지만 이런 과거 연구 결과는 **인과관계가 아니라 상관관계**이기 때문에 문제가 된다. 운동을 더 많이 하는 아이들은 자제력이나 굳은 의지가 더 있기 때문에 학업 성적이 오를 수 있다. 즉 운동을 더 많이 하므로 학업 성적이 오르는 것이 아니라 다른 성격 특성 덕택에 운동을 더 많이 하는 동시에 학업 성적을 올리는 것이다.

이처럼 의학연구소에서 발표한 결과는 인과관계가 아니라 단순한 상관관계를 관찰해서 나온 것이다. 그러므로 이를 근거로 운동이 학업 성취도를 높인다는 결론을 내릴 수는 없다.

회원권이 무료!

신빙성 있는 인과관계를 밝히고 후속 정책을 권고하기 위해서는 실험이 필요하다. 그래서 나는 실험을 정확히 수행하기 위해 학생들에게 운동량을 늘리도록 인센티브를 제공한 후에 학업 성취도가 향상되는지 관찰했다.[3] 운동이 학업 성취에 미치는 영향을 직접 조사할 목적으로 참가자들을 헬스장에 갈 집단과 가지 않을 집단에 무작위로 배정했다. 또 운동이 학업 성취도를 향상한다는 가설을 시험하기 위해 대학생들에게 헬스장에 가라고 인센티브를 제공했고 이러한 운동 증가가 학업 성취도에 미치는 영향을 측정했다. 이렇게 개입하면서 개입의 영향을 측정 가능하게 만들려고 노력했다. 그래야 제안된 새로운 정책을 현실적인 규모로 실행할 수 있기 때문이다.

교육 분야에서 인센티브를 사용하려 할 때는 교육자들의 강력한 반발이 있을 것이라 예상해야 한다. 교육자들은 외재적 동기부여가 아니라 내재적 동기부여를 바탕으로 학습이 이루어져야 한다고 믿기 때문이다.

얼마 전에 나는 로스앤젤레스에 있는 한 고등학교의 교사들을 대상으로 인센티브에 관한 연구 내용을 발표했다. 학생들에게 인센티브를 제공하는 개념을 언급만 했을 뿐인데도 교사들은 자리를 뜨기 시작했다. 내 아이디어가 못마땅했던 것이다.

앞에서 살펴보았던 밀어내기 효과에 근거해 교사들의 주장을 들어보면, 학업 성취도를 높이려는 취지의 인센티브를 받은 학생들은 단기적으로 성적을 올릴 수 있지만 장기적으로는 학업에 관심이 없을 수 있다. 이런 난제를 염두에 두고 우리는 헬스장에 갈 때마다 참가자들에게 인센티브를 주는 단순한 접근 방식이 행정상 실현 불가능하다고 판단했다. 그래서 **장벽 제거**를 활용한 간접적인 접근 방식을 선택했다.

우선 노르웨이 베르겐에 있는 두 대학교에서 학생들을 모집했다. 이 두 대학교의 헬스장 회원권은 학기당 약 140달러다. 우리는 어느 헬스장에도 등록하지 않은 학생들을 모집해 운동하라고 돈을 지급하는 대신에 무료 헬스장 회원권을 주었다. 이로써 운동을 방해하는 주요 장벽, 즉 회원권에 관한 정보를 찾아보고 구매하는 절차를 제거했다.

우리는 모집한 참가자들에게 설문지를 작성하게 해서 공부하는 시간, 삶의 만족도, 자제력 등 생활 방식과 습관을 파악했다. 그런 다음 모집 인원 778명 중에서 무작위로 400명을 실험군에 배정하고, 이들에게 무료 헬스장 출입 카드를 주었다. 또 헬스장의 스캐너 데이터를 공유하겠다는 동의서를 모든 참가자에게 받고, 한 학기 동안 그들이 헬스장을 방문한 총횟수를 측정했다. 참가자들에게 동의를 받아서, 이수한 학점 수와 성적에 관한 행정 자료도 수집했다.

무료 헬스장 회원권을 제공해 운동 장벽을 제거하자 예상대로 참가자들의 시설 이용률이 높아졌다. 대조군은 헬스장에 거의 가지 않았지만 실험군, 즉 무료 헬스장 출입 카드를 인센티브로 받은 학생들은 대부분 1회 이상 헬스장을 찾았다.

하지만 학생들에게 무료 헬스장 회원권을 제공하는 방식이 운동을 더 많이 하도록 동기를 부여한다고 밝히는 것이 실험의 목표는 아니었다. 우리는 운동이 학업 성취도에 어떤 영향을 미치는지 파악하고 싶었다. 사람들이 일반적으로 생각하듯 우리도, 신체적 운동을 하도록 인센티브를 제공하면 학업 성취도에 긍정적인 영향을 미치리라고 예측했다.

학생들의 학업 성취도 관련 데이터를 이용할 수 있었으므로, 우리가 던진 질문에 대한 대답을 찾기 위해 해당 데이터를 사용했다. 이 방대한 양의 데이터에는 시험 기록, 각 시험에서 받은 성적, 관련 학점 수가 포함되었다.

예측대로 신체 활동에 인센티브를 제공하면 표준편차가 평균 0.15 상승하면서 학업 성취도가 상당히 올라간다는 사실을 밝혀냈다. 실험하기 전에 생활 습관 때문에 몸이 피곤하고 자제력이 부족하다고 보고한 학생들에게는 인센티브 효과가 두 배로 나타났다. 또 초기 조사 때와 비슷한 질문을 던지면서 후속 조사를 실시한 결과, 무료 헬스장 회원권 인센티브가 생활 방식의 여러 측면을 개선했다는 사실도 발견했다.

우리가 도출한 연구 결과를 보면 신체 활동에 인센티브를 제공하면 식생활이 향상되거나 수면 시간이 늘어나는 등 생활 습관이 긍정적으로 바뀌어서 궁극적으로 학업 성취도가 향상되었다. 이런 결과는 생활 습관과 학업 성취도 사이, 운동과 학업 성취도 사이 인과관계를 보여주므로, 현재 교육계에서 진행 중인 논의에 중요한 역할을 할 수 있다.

이 결과는 정책 입안자들이 예산 삭감에 관해 신중하게 생각하고 행동해야 한다는 점도 시사한다. 예산이 삭감되면 가장 먼저 체육 수업이 사라지는 일은 매우 흔하다. 헌터 선생님, 안녕히 가세요. 농구공 꼭 챙겨 가시고요!

미국 학교 교육에서 체육 수업을 중요하게 여기지 않는다고 우려하는 목소리가 커지고 있다. 일부 지역에서는 전체 학생의 절반이 일주일 동안 체육 수업을 한 번도 받지 않는다고 한다.[4] 정책 입안자들은 체육 수업을 한 시간 줄이더라도 수학 수업을 한 시간 늘리는 편이 낫다고 판단해서 좀 더 안전한 경로를 선택하고 있다. 하지만 수학 수업을 한 시간 더 하는 것보다 체육 수업을 한 시간 하는 것이 학생들에게 더 중요할 수 있다.

장벽 제거의 중요성

맥주를 마시고 운동이 부족한 생활 습관 때문에 어려움을 겪는 존의 사례로 돌아가 보자. 헬스장에 가지 못하게 존을 막는 다른 요인은 무엇일까? 존은 현재의 습관을 바꾸지 못하는 이유를 여럿 댈 것이다. 헬스장이 너무 멀리 있다, 회원권이 너무 비싸다 등등. 그렇다면 우리는 존을 어떻게 도울 수 있을까? 인센티브를 사용해서 장벽을 제거하면 된다.

앞서 제시한 사례에서 살펴봤듯 누군가에게는 헬스장 회원권을 제공받는 것만으로도 동기가 될 수 있다. 전환 비용도 장벽으로 작용할 수 있다. 아마도 존에게는 회원권 비용이 아니라 헬스장 위치가 문제일 수 있다. 헬스장이 집에서 너무 멀리 떨어져 있어서 가기 힘들지만, 더 가까운 헬스장을 찾느라 시간과 노력을 쓰는 것이 귀찮을 수 있다.

존은 게으름 때문에 절차상 전환 비용을 치르는 셈이다. 습관을 바꾸려면 더 가까운 헬스장을 알아봐서 찾아가 보고, 가격을 비교하고, 회원권 지급 방법과 시기를 물어보는 수고를 해야 한다. 하지만 이런 전환 비용이 장벽으로 작용하기 때문에 존은 집에서 멀리 떨어져 있는 헬스장을 고수하고 회원권을 사지만, 결국 그 헬스장에는 절대 가지 않는다. 이때 집에서 더 가까운 헬스장에 다닐 수 있도록 인센티브를 제공하면 존은 태도를 바꿔서 기꺼이 정보를 알아보고 헬스장을 바꿀 것이다.

최근에 수행한 경험적 연구를 보더라도, 헬스장 회원권을 지원함으로써 장벽을 제거하는 방식은 헬스장 출석률을 높이는 데 효과적이었다. 경제학자 타티아나 호모노프, 바턴 윌리지, 알렉산더 빌렌이 한 대학교에서 대규모 건강 프로그램을 가동했다. 그들은 이 프로그램에서 매년 학생 관찰 데이터 10만 건과 헬스장 출석 데이터 150만 건을 수집했다.[5]

연구팀은 6개월 동안 50회 이상 헬스장에 출석한 학생들에게 헬스장 회원권 비용을 환급해주었다. 운동 장벽을 제거한 것은 우리 팀과 마찬가지였지만, 우리 팀은 학생들에게 인센티브를 먼저 제공한 반면에 호모노프팀은 출석 목표를 달성한 학생들에게 인센티브를 제공했다. 두 연구에는 또 다른 중요한 차이가 있다. 우리 팀은 무작위 실험군을 대상으로 실험을 실시했지만 호모노프팀은 자연 실험을 실시해서 참가자들을 무작위로 분리하지 않았고 환급해주기 전, 환급해주는 동안, 환급해준 후에 나타난 장기적인 효과를 관찰했다.

그렇게 하기 위해서 호모노프팀은 5년 동안, 즉 인센티브를 실시하기 1년 전, 인센티브를 제공한 3년 동안, 인센티브를 종료하고 1년 후 개인별 헬스장 출석 데이터를 수집했다.

예상대로 호모노프와 동료들은 인센티브 가동 시기에 이 프로그램이 환급 자격 조건인 50회를 넘기게 하는 데 상당히 큰 영향을 미쳤다는 사실을 발견했다. 게다가 환급 프로그램은 학생들의 평균 헬스장 출석 횟수를 학기당 약 5회 늘려 평균치를 20퍼센트 끌어올렸다. 가장 중요한 것은 인센티브가 제거된 뒤에도 프로그램 효과의 50퍼센트가 지속되었다는 점이다.

따라서 존처럼 집에서 멀리 떨어져 있는 헬스장을 고수하면서 비용을 지불하지만 절대 헬스장에 가지 않는 사람들에게 전환 비용을 줄여주고 더 가까운 헬스장에 다닐 수 있는 비용을 지원해주면 그들은 헬스장에 가기 시작하고 심지어 장기적인 운동 습관을 형성하게 하는 동기가 유발될 수 있다.

장벽 제거 접근 방식은 운동을 촉진하는 것뿐만 아니라 에너지를 절약하기 위해 행동을 바꾸는 데도 효과적이다. 미국의 공공시설용 고객 참여 플랫폼인 오파워는 수백만 미국 가정에 정기적으로 가정 에너지 보고서를 우편으로 발송한다. 이 보고서는 개인이 에너지 소비를 줄일 수 있는 요령을 알려준다. 5부에서 소개한 사례에서는 금전적 인센티브를 사용했지만, 오파워의 보고서는 사회적 비교를 활용해서 이웃 대비 각 가정의 에너지 소비량을 표시한다. 이런 비교 보고서는 사회적 신호를 전달한다.

한 가구가 한 달 동안 이웃보다 훨씬 많은 에너지를 소비했다 치자. 그러면 해당 가구가 에너지를 낭비하거나 환경에 나쁜 영향을 주고 있다는 신호를 보낼 수 있으므로 결국 그 가구의 이미지가 손상된다. 이와 반대로 에너지 소비 순위가 낮은 가구는 환경을 의식하는 가구라고 여겨질 수 있다.

경제학자 헌트 올콧과 토드 로저스에 따르면, 가정 에너지 보고서를 받은 가구는 에너지 소비를 크게 줄였고, 이런 절감 효과는 개입이 끝나고 더는 보고서가 가지 않은 이후에도 지속되었다.[6] 사회적 비교의 긍정적인 효과는 시간이 지나며 퇴색했지만 유의미한 수준으로는 유지되고 있다.

에너지 소비 보고서는 어떻게 에너지 절약을 방해하는 장벽을 제거했을까? 앨릭 브랜던이 이끄는 경제학자팀은 2017년 오파워의 데이터를 분석했고 고객이 행동을 바꾼 이유가 대개 습관을 바꾸었기 때문이 아니라 자기 자본을 투자했기 때문이라는 결론을 얻었다.[7] 현실에 있을 법한 시나리오를 살펴보자.

잭은 매달 가정 에너지 보고서를 받고 자신의 전기 소비량이 이웃보다 훨씬 많다는 사실을 깨달았다. 걱정이 돼서 집 안을 둘러보며 어떻게 해야 에너지와 돈을 절약할 수 있을지 살핀다. 그래서 집 안의 전구를 에너지 효율이 높은 전구로 교체한다. 사회적 비교 인센티브 덕택에 잭과 같은 고객들은 에너지 효율이 좀 더 높은 전기 제품을 구매하는 등 더 나은 기술로 전환하는 비용을 감수하는 방향으로 동기가 유발된다.

인센티브를 사용해 전환 비용을 줄이는 방식은 건강 증진과 에너지 절약 이외의 목표에도 활용할 수 있다. 매장에서 접하는 많은 프로모션도 이런 개념에 근거한다. 예를 들어 쇼핑 습관을 생각해보자. 소비자는 타깃을 방문했을 때 대부분 같은 브랜드의 화장지를 반복해서 선택한다. 처음에 화장지를 선택할 때는 시간과 에너지를 투자해서 여러 선택지와 그 가격을 비교하고, 아마도 몇 가지 서로 다른 브랜드를 사서 써볼 것이다. 하지만 자신이 선택한 브랜드에 일단 만족하면 이후에는 그 브랜드를 거의 무의식적으로 반복 구매한다.

소비자가 이런 관성에서 벗어나려면 비용이 많이 든다. 경쟁 제품에 관해 알아보느라 더 많은 시간과 노력을 들이는 것 같은 자연적인 비용일 수 있고, 또는 회사가 고객의 충성심을 유지하기 위해 제공하는 반복 구매 할인을 놓치는 것 같은 인위적인 비용일 수 있다.

화장지 브랜드의 하나인 스콧이 소비자의 이런 습관을 뒤엎기로 결정하고 다른 경쟁 브랜드인 샤민의 충성 고객에게 스콧 브랜드를 써보라고 설득하려는 상황을 그려보자. 그러면 스콧은 전환 비용을 줄이고 장벽을 제거하기 위한 인센티브를 사용해서, 하나를 사면 하나를 공짜로 주는 것 같은 구미 당기는 프로모션을 진행할 수 있다. 샤민 고객은 마트에 갔다가 프로모션을 보고 스콧 진열대로 방향을 틀지 모른다. 이때 고객이 스콧을 사서 써보고 제품에 만족하면 프로모션이 종료된 후에도 계속 스콧을 사용할 수 있다.

샤민 화장지에서 스콧 화장지로 전환하는 경우와는 다른 형태의 전환 비용도 있다. 예를 들어 애플 스마트폰에서 삼성 스마트폰으로 전환하는 경우가 여기에 해당한다. 뚜렷한 정체성과 강력한 브랜드 충성도를 보유한 브랜드를 버리고 전환할 때는 정체성과 연결된 유대를 끊을 때 발생하는 심리적·정서적 불편이라는 '관계상' 전환 비용을 감수해야 한다.[8]

예를 들어 티모바일은 이런 관계상 전환 비용을 지원할 목적으로 경쟁사에서 옮겨오는 고객에게 회선당 650달러까지 전환 수수료를 지급하는 프로모션을 시행했다.[9] 아마도 프로모션 때문에 티모바일로 전환한 고객은 그 후에도 한동안 티모바일 고객으로 남을 것이다.

입법자들은 시장 경쟁력을 높이기 위한 정책을 종종 수립하는데, 이는 대규모 전환 비용과 관련해 기업들의 시장 지배력을 줄이기 위한 것이다. 예를 들어 휴대전화가 보급되던 초반에 고객은 지금처럼 쉽게 통신사를 바꿀 수 없었고, 통신사를 바꾸려면 전화번호도 바꿔야 했다.

전환 비용이 상당히 크다는 사실을 인식한 연방통신위원회 FCC는 2004년까지 번호 이동성을 제공하라고 모든 무선통신 사업자에게 지시했다. 몇 년 후 박민정은 이 새 정책이 무선 요금제에 미치는 영향을 조사했다. 약 10만 개의 전화 요금제를 조사한 박민정은 무선 요금제 가격이 FCC 결정 후 7개월 동안 6.8퍼센트 하락했다고 밝혔다.[10] 이를 통해 그동안 번호 이동성 부족이 전환에 상당히 큰 장벽이었음을 알 수 있다. FCC의 결정으로 장벽이 제거되자 기업들은 고객을 유지하기 위해 가격 인하 정책으로 돌아가야 했던 것이다.

인센티브를 사용하면 전환 비용을 줄일 수 있지만, 오히려 전환 비용을 만들어낼 수도 있다는 점을 기억해야 한다. 이런 통찰을 활용하는 많은 기업은 구미가 당기는 선불 거래를 제시하며 고객을 유인한 후에 배타적인 편의성을 창출하고 전환 비용을 비싸게 책정함으로써 고객을 제품에 '낚이게' 만든다.

소득세 신고용 소프트웨어인 터보택스가 자사 상품을 15달러 할인하자, 올해 세금을 신고할 때 사용해보기로 한다. 우선 터보택스가 지시하는 대로 주소부터 직장명까지 개인 정보와 재정 정보를 입력해야 한다. 많은 시간과 노력을 기울여 필요한 정보를 모두 입력하자 터보택스 소프트웨어가 이 모든 정보를 저장했다가 내년에도 다시 불러온다는 사실을 알고 놀랍기도 하고 반갑기도 하다. 이제 다음 해에 다른 소득세 신고용 상품이 훨씬 저렴하다는 사실을 알게 되더라도 당신은 성가신 전환 비용을 피하고자 터보택스를 고수할 가능성이 높다.

이와 비슷하게 아마존의 원클릭 특허도 전환 비용을 활용한다. 고객은 배송 정보와 결제 정보를 한 번만 입력하면 되므로 이후에는 신용카드를 꺼내고 집 주소를 다시 입력할 필요 없이 물건을 살 수 있다. 아마존이 원클릭 특허 덕택에 돈을 얼마나 벌었는지는 알려지지 않았지만 연간 수십억 달러에 이를 것으로 추정된다.

요점

인센티브는 행동 변화를 방해하는 장벽을 제거하는 데 유용할 수 있다. 인센티브를 사용해 전환 비용을 줄이면 활동을 좀 더 쉽게 시작할 수 있다.

6부

인센티브로
나쁜 문화도
바꿀 수 있을까

우리는 인센티브의 효과를 입증했고, 효과적인 인센티브가 어떻게 이로운 방향으로 이야기를 만들고, 복잡한 문제를 식별하고 해결하며, 개인의 행동을 장기적으로 바꿀 수 있는지 목격했다. 그렇다면 공동체 차원에서 이루어지는 행동 변화는 어떨까? 인센티브는 몇 세기 전부터 공동체 역사에 깊이 뿌리를 내리고 있는 동시에 널리 퍼져 있는 문화적 관행과 전통을 바꿀 수 있을 만큼 강력할까?

이런 난제는 임신부에게 장기간 담배를 끊게 하거나 직원에게 자동차로 출근하지 않도록 동기를 부여하는 것처럼 우리가 지금까지 도전해온 문제와는 거리가 있다. 문화는 상호 관련성이 있는 원인과 광범위한 사회적 영향을 수반하면서 수 세기 동안 진화해왔으므로 회복력을 갖추고 공동체에 깊이 뿌리내리고 있다. 하지만 공동체의 모든 전통은 개인의 행동이 모인 것이고, 개인의 모든 행동은 궁극적으로 인센티브로 결정된다. 인센티브를 예리하게 설계하고 신중하게 실행하면, 유해한 전통을 뿌리째 뽑을 수 있고 장기간 지속되는 유익한 관행으로 대체할 수도 있다.

6부에서는 마사이족이 사는 동아프리카의 케냐와 탄자니아로 무대를 옮기려고 한다. 그곳에서 인센티브를 사용해 몇몇 위험하고 유해한 문화 관행을 바꾸는 시도를 할 것이다. 이런 시도가 성공하면, 공생하면서 오래갈 수 있는 생태계가 이곳에 구축될 것이고 수십만 명의 소녀들을 불행에서, 때에 따라서는 죽음에서 구할 것이다.

경고: 다음에 이어질 장들은 민감한 내용을 담고 있어서 누구에게나 적합한 내용은 아닐 수 있다.

21

사자 포획자에서 사자 구조자로

실제로 이익이 되는 인센티브

누구나 상상하듯 창만 가지고 사자를 죽이는 것은 매우 위험하다. 샘슨이 달랑 창만 들고 사자를 죽이려는 찰나다. 샘슨은 열여섯 된 마사이족 소년이고, 지금 이 행위는 그가 치러야 하는 통과의례다. 샘슨이 어떻게 자신의 용맹과 능력을 입증하고 어떻게 전사가 될지가 시험 무대에 오른다. 그는 무시무시한 사자들을 창으로 찔러 죽여 마을을 구한 마사이 전사들의 영웅담을 잠자리에서 들으며 자랐고, 아주 어렸을 때부터 이 순간에 대비해왔다.

이런 이야기가 약간 비현실적이라고 생각할지 모르지만 전혀 그렇지 않다. 사자를 죽이는 것은 샘슨이 성장한 문화에서 핵심적인 행위다. 마사이족은 케냐와 탄자니아에 거주하는 나일강 유역 부족이다.[1] 그들에게는 은행 계좌도 없고 고급 자동차도 없다. 모든 자산을 가축에 투자한다. 사자가 당신의 은행 계좌를 노린다고 상상해보자. 과연 태연한 태도를 유지할 수 있을까? 당신이 자신의 재정적 행복을 지키려고 전력으로 질주하듯 마사이족에게는 자신들의 소와 양을 죽이고 생계를 위협하는 사자를 뒤쫓을 경제적 이유가 충분하다.

이쯤 되면 캘리포니아대학교 샌디에이고캠퍼스 교수가 이 이야기와 무슨 상관일지 궁금할 것이다. 그래서 한 가지만 간단히 밝히고 넘어가려고 한다. 나는 케냐와 탄자니아에 머무는 동안 사자를 창으로 찌른 적이 없다. 하지만 마사이족과 함께 시간을 보내면서 많은 것을 목격하고, 오랜 전통을 바꿀 방법을 생각해냈다.

사자라고 하면 이따금 마주치는 통통한 관광객이나 조심성 없는 부족을 먹잇감으로 삼고 싶어 몸이 근질근질한 포식자라고 생각할지 모르겠다. 하지만 실제로 사자는 다른 많은 동물과 마찬가지로 대개 인간을 피하려고 한다. 하지만 이따금 가축을 공격한다. 새끼 사자가 부모를 잃고 아직 야생동물을 사냥할 만큼 강하지 않거나 가뭄이 계속되는 등 혹독한 환경에 놓일 때 그렇다.

사자가 마사이족 땅에서 가축을 공격하면 마사이족 전사들은 그 사자를 쫓아가 창으로 찌른다. 그 사자가 가축을 다시 공격하지 못하도록 막는 것이 목적이다. 마사이족과 사자는 수백 년 동안 이런 평형상태를 유지하며 공생해왔다.

하지만 지난 수십 년 동안 경제가 발전하면서 케냐의 사자 개체수가 급격히 감소하자, 사자를 죽이는 마사이족 전통이 문제로 떠올랐다. 케냐 인구는 1928년 290만 명에 불과했지만 20세기 동안 16배 넘게 증가했고, 2019년 5,200만 명을 넘어선 이후로 계속 증가하는 추세다.[2] 인구가 증가하면서 경제가 발전하고 이 두 가지 요인이 결합하면서 자연 서식지가 사라지고 나아가서 사자 개체수가 줄어들었다. 아프리카에 서식하는 야생 사자는 30년 전에 약 20만 마리였지만 현재는 2만 마리 정도만 남아 있는 것으로 추정된다.[3]

사자 개체수 감소는 여러 가지 이유로 해로운 현상이다. 먼저 케냐는 자국의 국제적 이미지를 형성하는 데 크게 기여한 이 웅장한 동물들을 잃고 있다. 게다가 멸종 위기에 처한 다른 종들과 마찬가지로 사자 개체수 감소는 먹이 사슬의 균형을 위협한다. 경제적 관점도 고려해야 한다. 사자는 케냐 관광 산업의 핵심으로 커다란 경제적 이익을 창출한다.

사자 개체수가 줄어들기 시작하자 일부 사람은 다음과 같은 의문을 품었다. '자신들이 키우는 가축을 구하려는 경제적 필요에 깊이 뿌리를 내리고 있는 마사이족의 사자 죽이기 전통

을 인센티브를 사용해 바꿀 수 있을까?'

케냐로 가는 비행기에서 나와 친구들은 이에 관해 논의하면서, 이 어려운 상황에 대응해 싸우는 사람들을 직접 만날 생각에 들떴다. 나이로비에서 출발한 소형 경비행기가 탄자니아 옆케냐 남부에 있는 최종 목적지에 도착했다. 착륙하자마자 우리는 무엇이든 할 수 있다는 정신으로 똘똘 뭉친 활력 넘치는 이탈리아인 루카 벨피에트로를 만났다.

북부 이탈리아에서 태어나고 성장한 루카는 어릴 때 아버지를 따라 아프리카에 왔다. 단호한 환경 보호 활동가에게는 흥미로운 배경인데, 루카의 아버지는 열렬한 사냥꾼이었다. 1996년에 루카와 안토넬라 보노미 부부는 마사이족이 소유한 황야보호구역에 생태 관광 숙소인 캠피야칸지Campi ya Kanzi를 지었다. 숙소 뒤로는 킬리만자로산과 어니스트 헤밍웨이의 '아프리카의 녹색 언덕'이 병풍처럼 눈부시게 펼쳐져 있다.

우리는 루카와 저녁 식사를 하려고 '숨겨진 보물 캠프Camp of the Hidden Treasure'의 본관으로 갔다. 루카는 손에 그라파grappa〔이탈리아산 브랜디〕 잔을 들고 자신의 10대 시절 이야기를 꺼냈다. 이탈리아에 살 때였는데 아프리카 탐험에 따라나설 준비가 되었다고 아버지를 설득하려고 집 밖에 텐트를 치고 생활했다고 했다.

당시 탐험을 하면서 케냐를 깊이 사랑하게 되었고 결국 마사이 땅에 영구 이주하기로 하고, 이곳에 집을 짓고 살기 시작했다고 했다. 루카 부부의 아이들은 마사이족 아이들과 같은 학교에 다니고, 루카 가족의 가장 친한 친구들도 부족 사람들이다. 하지만 마사이족과의 관계가 어떤지 묻는 말에 루카는 이렇게 대답했다.

> 여전히 발전 중이에요. 마사이족 세계는 마사이족만으로 형성되어 있어요. 마사이족으로 태어나지 않았다면 그 세계에 들어갈 문이 전혀 없죠. 그래도 제게는 안을 들여다볼 수 있는 창문을 이따금 열어주니 기쁩니다.[4]

하지만 루카는 그저 잠자코 앉아서 창문이 열리기를 참을성 있게 기다릴 사람이 아니다. 마사이족 전통을 이해하고 전적으로 존중하는 활동가답게, 마사이족 공동체를 도우려고 마사이 야생보호기금Maasai Wilderness Conservation Trust을 설립했다. 해당 기금은 마사이족을 300명 이상 고용하고, 황야, 마사이족 땅, 문화를 보존하는 데 기여하고 있다.[5]

가장 유명한 후원자인 배우 에드워드 노턴은 마사이족과 이곳 땅을 사랑하고, 미국에 해당 기금 지사를 설립했다. 노턴은 기금의 인지도를 높이려고 몇몇 마사이족을 뉴욕마라톤대회에 초대해 함께 뛰기도 했다. 이 장의 첫머리에 소개한 샘슨 파라시나도 그때 참여했던 마라톤 주자들 중 한 명이었다. 서른 일곱 살 샘슨은 더는 창을 들고 풀밭에 숨어서 사자를 잡는 소년이 아니었다. 그는 이제 루카 옆에 편안하게 서서 두 사람이 만난 경위를 영어로 유창하게 설명했다.

샘슨은 마사이족 전사가 되려고 훈련하는 동안 루카가 운영하는 숙소에서 웨이터로 일했다. 전사가 되려는 또래와 마찬가지로 가축을 보호하고, 필요한 경우에는 사자를 죽이기 위해 창 다루는 훈련을 했다. 그와 동시에 직장에서 승진하며 경영을 배웠다. 이렇게 동서양 문화를 경험한 샘슨은 교육을 더 받으려고 나이로비 소재의 대학교에 진학했다. 샘슨의 잠재력을 알아본 루카는 졸업과 동시에 샘슨을 관리자로 임명했다. 나중에 샘슨은 기금 이사회의 의장 겸 회장이 되었다.

이런 직책에 오른 샘슨이 가장 먼저 시도한 임무는 사자 개체수의 급격한 감소에 대한 해결책을 찾는 것이었다. 그가 취임했을 당시 숙소가 들어서 있는 쿠쿠목장에는 사자가 10마리에 불과했다. 근처 땅만 하더라도 10년 전에는 300마리가 넘게 서식했지만 현재는 70마리로 줄었다. 개발이 진행되면서 땅을 잠식했기 때문이기도 했지만 마사이족에게도 책임이 있었다. 2000년 초에 100마리가 넘는 사자가 지역 마사이족에게 죽임을 당했고, 이런 추세는 멈추지 않았다.[6] 이처럼 사자 개체수가 줄어드는 문제에 대처하기 위해 루카와 샘슨은 머리를 맞대고 금전적 인센티브 기반 프로그램인 '심바 프로젝트Simba Project'(심바는 스와힐리어로 '사자'를 뜻한다)를 설계했다.

사자가 소를 죽였다고 치자. 마사이족 전통에서는 소의 주인인 장로가 전사들을 부르고, 모여든 전사들이 사자를 쫓아가 창으로 찔러 죽인다. 이렇게 대응한다고 해서 소를 잃은 장로가 보상받는 것은 아니지만 앞으로 같은 사자가 가축을 다시 공격하는 사태를 방지할 수 있다.

심바 프로젝트는 가축을 소유한 장로들을 겨냥해 실시하는 인센티브 제도로서 사자 개체수가 줄어드는 구조를 뒤집기 위해 설계되었다. 루카와 샘슨은 소를 잃은 마사이족 장로들이 심바 프로젝트 아래서 금전적으로 보상받을 수 있지만, 소를 잃고 난 후에 사자를 죽이지 않아야 한다는 조건을 지켜야 한다고 설명했다.

이 인센티브 제도가 장로들이 직면한 현실을 바꿨다. 새로 바뀐 현실에서는 장로가 전사를 부르고 전사가 사자를 쫓아가 죽이면 장로는 보상받지 못한다. 이때 전사가 사자를 죽이지 않으면 장로는 보상받을 자격을 갖춘다. 따라서 심바 프로젝트 아래서 장로는 전사들에게 사자를 죽이지 말라고 말할 동기가 생긴다. 심바 프로젝트는 하이에나나 표범, 치타, 들개 같은 다른 야생동물에게 가축을 잃은 경우에도 금전적 보상을 제공한다. 다른 동물로 인한 피해를 보상 계획에 포함하는 방침은 포식자를 쫓지 않고 먹이 사슬의 균형을 유지하는 규범을 굳히는 데 중요하다.

심바 프로젝트를 출범하기 전의 초기 결정을 아래 게임 트리에 표시했다. 간단히 말하면, 사자가 소를 죽였을 때 장로는 전사를 부를지 말지 결정해야 한다. 전사를 부르지 않겠다고 결정하면 장로에게는 별 이익이 없다. 소 한 마리를 잃고 사자는 다시 소를 공격할 수 있다(결과 1). 장로가 전사를 부르고 전사들이 사자를 죽이면 장로는 여전히 소 한 마리를 잃지만 같은 사자가 돌아올 일은 없으므로 소를 다시 잃을 위험성은 줄어든다(결과 2). 이때 장로는 '결과 2'가 '결과 1'보다 나으므로 전사를 부를 것이다.

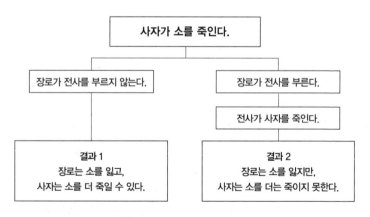

심바 프로젝트를 실시하기 전에 마사이족의 사자 죽이기 인센티브: 장로에게는 무엇이 더 이로울까? '결과 1 〈 결과 2' → 사자는 죽임을 당할 것이다.

게임 트리를 그려보면 인센티브가 각 '선수'에게 미치는 영향을 고려할 수 있으므로 프로젝트 진행 과정에서 인센티브가 가장 효과적으로 작용하는 지점을 판단하기에 유용하다. 우리가 그린 게임 트리에서 선수는 전사와 장로다. 그들은 서로 경쟁하지 않지만, 한쪽의 결정이 반대쪽의 이익에 여전히 영향을 미친다는 점을 주목해야 한다. 장로가 얻는 이익은 남은 가축의 생명이고, 전사가 얻는 이익은 사냥해서 사자를 죽이는 과정을 겪으며 통과의례를 달성하는 것이다. 전사는 이 통과의례를 마친 뒤에 전사 집단의 일원이 될 수 있다.

루카와 샘슨은 장로들이 전사를 불러 이익을 취하는 방식을 바꿈으로써 심바 프로젝트에서 인센티브 제도의 초점을 장로

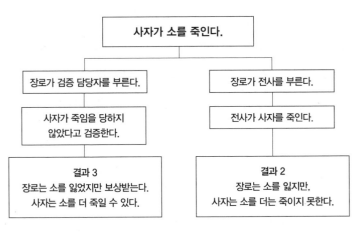

심바 프로젝트를 실시한 후에 마사이족의 사자 죽이기 인센티브: 장로는 어떤 결정을 할까? '결과 2 〈 결과 3' → 사자는 죽임을 당하지 않을 것이다.

에게 맞추기로 했다. 두 사람은 좀 더 매력적인 대안을 마련하고 공동체 회의를 열어서 장로들에게 인센티브 제도를 설명했다. 장로들이 전사를 부르지 않고 심바 프로젝트의 검증 담당자들에게 사건을 보고하면, 죽은 소에 대해 보상받는다. 살아남은 사자가 돌아와 다시 소를 죽이더라도 보상받는다(결과 3).

첫 공동체 회의에서 샘슨에게 프로그램에 관해 설명을 듣는 동안 장로들은 처음에 혼란스러운 표정을 지으며 고개를 젓다가 점차 프로그램의 취지를 이해하고 받아들이면서 한 사람씩 고개를 끄덕이기 시작했다. 장로들이 회의장을 떠난 후에 루카와 샘슨은 다음 질문을 던지고 그에 관해 숙고했다. '인센티브가 장로들의 행동과 부족의 오랜 전통을 바꾸기에 충분히 클까?'

이 인센티브 제도를 실행할 때는 얼마를 지급할 것이냐가 중요하다. 심바 프로젝트가 전사를 부르지 않은 장로에게 터무니없는 거액, 예를 들어 건당 100만 달러를 제공한다면 인센티브는 틀림없이 효과가 있을 것이다. 누가 이 거액을 거절할 수 있겠는가? 하지만 첫 소가 죽어서 보상해주고 나면 프로젝트는 파산할 것이고 문제는 사라지지 않을 것이다.

그래서 심바 프로젝트는 가축의 시장 가치를 따져서 보상한다. 사자 개체수와 연결되어 있는 관광이 마사이족에게 안길 경제적 이익을 고려할 때 이 정도 보상액은 감당할 만한 대가인 것 같다.

프로젝트가 경제적으로 지속 가능해야 하므로 재정적인 계산이 대단히 중요하다. 루카의 설명에 따르면 캄피야칸지 숙소에 묵은 손님들이 숙박비를 지불하며 내는 추가 세금을 기금에 투입하고, 포식자의 공격으로 발생하는 가축 손실을 이 기금을 사용해 보상한다고 한다. 다시 말해 야생을 경험하려고 숙소를 찾은 관광객들이 야생을 보존하는 프로그램에 자금을 지원하는 셈이다.

요점

인센티브는 이익 구조를 바꿈으로써 문화를 바꿀 수 있다.

22

"내가 왜 울타리를 고쳐야 하죠?"

보험 사기와 도덕적 해이를 막는 방법

어떤 프로그램이든 성공은 세부적인 사항에 달려 있다. 21장에서 그랬듯 심바 프로젝트의 인센티브 제도를 실시할 때 발생할 수 있는 문제들을 이미 머릿속에 떠올렸을지 모르겠다. 실제로 프로그램은 '사자 죽이기'를 멈추기 위해 장로들을 대상으로 실시하는 보험 정책을 도입했다. 서구 국가에서 교통사고에 대비해 자동차 보험을 드는 것과 같은 이치다. 또 모든 보험 정책이 그렇듯 심바 프로젝트를 수행하려면 전략적 문제를 해결해야 한다. 22장에서는 두 가지 주요 문제를 살펴보고 샘슨과 루카가 어떻게 협력해서 이 문제에 대한 해결책을 찾았는지 설명할 것이다.

보험 사기 유혹을 차단하는 GPS

만약 보험 사기가 서구 사회에서 처음 발생했다고 생각한다면 다시 생각해보라. 케냐의 장로들은 사자 보험에 가입하려고 했으며, 샘슨은 사자 보험 사기가 발생할까 봐 걱정했다. 그는 장로들이 사건을 정직하게 보고하도록 시스템을 구축하는 것이 프로젝트에서 무엇보다 중요한 과제라고 생각했다. 장로들이 사자 보험을 부당하게 이용하면 심바 프로젝트는 실패할 것이다.

아픈 소를 키우는 장로를 상상해보자. 심바 프로젝트가 가동할 때 장로는 '보험에 든' 아픈 소를 사자가 출몰하는 영역에 풀어놓고 싶은 유혹을 느낄 수 있다. 그러면 사자는 이 불쌍한 소를 죽일 테고, 장로는 정당한 사건으로 위장해 보상을 요구할 수 있다. 장로를 선수로 간주하고 이 시나리오를 게임 트리로 그려보자. 장로에게는 선택지가 두 가지 있다. 첫째, 소를 자연사하도록 두어 보상을 받지 못한다. 둘째, 소를 사자 근처에 풀어놓고 공격을 받게 하여 보상을 받는다.

보험 사기는 이에 대한 해결책과 마찬가지로 각양각색이다. 드라마 〈소프라노스〉의 48부 에피소드인 '대체 누가 이 짓을?Whoever Did This'을 기억하는가? 이 에피소드에서 토니는 자신이 사랑하는 절름발이 경주마 파이오마이를 의문의 화재로 잃는다.[1] 토니는 파이오마이의 공동 주인인 랄피가 화재에 연루되었다는 사실을 단박에 간파한다. 랄피는 머리를 써서 계산기를 두드려보고, 파이오마이가 살아 있을 때보다 죽었을 때 더욱 가치가 큰 시점에 이르렀다는 결론을 내린다. 그래서 보험금을 타내려고 방화범을 보내 마구간과 말에 불을 지른 것이다. 토니는 자신만의 방법으로 이 행동에 대처하기로 하고, 즉시 차를 몰고 랄피의 집으로 달려가 맨손으로 랄피를 죽인다.

루카와 샘슨의 해결책은 토니의 극단적인 해결책보다 훨씬 온화해서, 집행 메커니즘을 가동해 사기를 방지하는 것이었다. 바로 다음 날 샘슨이 연락해서 현장에 같이 가보자고 초청했으므로 우리는 두 사람의 해결책이 현장에서 어떻게 작용하는지 직접 목격할 수 있었다.

현장으로 가는 길에 샘슨은 자신과 루카가 조직에서 '검증 담당자' 집단을 결성한 경위를 설명했다. 쿠쿠 마사이 땅 28만 에이커를 감독하는 임무를 맡는 검증 담당자들은 공동체에 접수되는 보상 청구를 평가한다. 자동차 보험 심사관들과 거의 비슷한 활동을 하는 것이다.

우리가 마사이족이 거주하는 자그마한 진흙 오두막인 보마에 다가갔을 때 한 검증 담당자가 오토바이를 타고 와서 우리 옆에 섰다. 우리는 보마 밖에서 기다리고 있는 장로에게 함께 걸어갔다. 검증 담당자는 장로에게 사건 경위를 묻고 장로가 하는 말을 기록했다. 첫 인터뷰를 마치고 나서 장로는 염소가 죽임을 당한 현장으로 안내했다.

검증 담당자는 어떤 일이 벌어졌는지 금세 파악하고, 장로가 진실을 말하고 있음을 확인했다. 하이에나 두 마리가 염소를 공격했고, 발톱 자국과 다른 발자국들이 그 사실을 뒷받침하는 뚜렷한 증거라고 말했다. 샘슨은 검증 담당자들이 엄격한 훈련을 받았으므로 장로의 말이 사실인지 아닌지를 몇 초 만에 믿기 힘들 정도로 정확하게 분석할 수 있다고 설명했다.

하지만 검증 과정은 여기서 끝나지 않았다. 검증 담당자가 GPS를 탑재한 휴대전화로 현장을 사진과 동영상으로 찍자, 샘슨은 증거가 있는 지리적 위치가 이미 통계 분석용 데이터베이스에 자동으로 입력되었다고 설명했다. 이 특정 사건에 관해 검증 담당자가 내린 분석과 결론은 명확했다.

염소가 보마에 상당히 가까이 머물렀고 건강한 상태에서 공격을 받았다는 주장이 사실로 입증되었다. 그렇더라도 담당자는 공식 승인을 받기 전에 팀이 심층 분석을 하도록 청구 내용을 데이터베이스에 입력했다. 그런 다음 염소를 잃은 장로에게 보상받을 수 있는 바우처를 주었다.

샘슨에 따르면 프로젝트가 처음 출범했을 당시에 검증 시스템이 엄격하다는 소문이 퍼졌으므로 장로들은 사건을 거짓으로 보고해서 검증 담당자들을 속일 수 없다는 사실을 금세 깨달았다고 한다.

도덕적 해이를 막는 울타리

보험 사기 문제를 해결하고 나자 루카와 샘슨은 경제학자들이 '도덕적 해이moral hazard'라고 규정한 문제에 직면했다. 이론대로라면 자동차나 집에 보험을 들었다면 자동차나 집을 안전하게 유지하려는 동기는 줄어든다.

보험에 가입하지 않았는데 자동차를 도난당한 경우를 가정해보자. 그러면 자동차의 가치를 모두 잃는다. 그러므로 사람들은 이런 일이 일어나지 않도록 막으려는 극단적인 동기를 갖는다. 보험 미가입자가 핸들 잠금장치 같은 추가적인 예방조치를 사용할 가능성이 보험 가입자보다 훨씬 큰 것도 이 때문이다. 보험에 가입했다면 차를 도난당했을 때 받는 타격도 상당히 완화된다. 도난당하는 것은 여전히 불쾌하지만 적어도 보험을 통해 손해본 만큼 대부분 돌려받을 수 있기 때문이다.

따라서 처음 언뜻 생각하기에는 이해하기 힘들 수 있지만 사진으로 확인할 수 있듯 매우 낡은 자동차를 보호하려고 핸들 잠금장치를 흔히 사용한다. 이처럼 낡은 자동차들은 그만

어째서 이렇게 차체가 녹슬고 낡은 자동차에 핸들 잠금장치를 걸어놓았을까? 주차장에 있는 다른 차들에는 이러한 장치를 볼 수 없다.

한 가치가 없기 때문에 애당초 보험에도 들지 않는다!

심바 프로젝트를 시행하면서 샘슨은 마사이족 공동체 안에서 도덕적 해이가 쉽게 발생할 수 있다는 사실을 인식했다. 우리가 숙소로 돌아가는 길에 샘슨은 포식자에게서 가족을 보호하려고 보마 주위를 빙 둘러쳐 놓은 원형 가시덤불 울타리를 가리켰다. 이 울타리 안에는 울타리가 하나 더 있고, 가축들은 이 두 개의 동심원이 형성한 구역에 살았다. 이런 울타리를 건실하게 유지하려면 공동체가 지속적으로 상당히 노력해야 한다.

처음에 루카와 샘슨은 가축에 보험을 들어두면 장로들이 가축을 보호하려고 노력할 동기가 줄어들까 봐 걱정했다. 장로들은 이를테면 핸들 잠금장치를 장착할 필요를 느끼지 못할 것이다. 물론 밤이 되면 사자들이 출몰하지 않기를 여전히 바라더라도 울타리를 건실하게 유지해야 한다는 압박감은 상당히 누그러질 수 있다. 부정 신고가 발생할까 봐 우려하는 것과 달리 보험에 든 가축을 적절하게 보호하라고 장로들을 설득할뿐 달리 부정행위가 일어날 가능성이 없다. 하지만 프로젝트를 수행하는 관점에서 생각하면, 부주의하거나 태만해서 울타리를 제대로 보호하지 않은 경우에도 보상받을 수 있으므로 이런 가능성을 남겨두는 것은 바람직하지 않다.

이런 도덕적 해이 문제를 해결하고자 루카와 샘슨은 심바 프로젝트를 설계하면서 보마의 울타리에 명확한 기준을 설정했다. 즉 보마의 울타리는 높이가 최소 2.5미터이고, 포식자들이 공격하지 못하도록 빈틈을 꼼꼼히 메워야 하고, 튼튼한 문을 달아야 한다는 조건을 달았다. 기금 측은 마사이족 전문가를 고용해 장로들에게 더 나은 목축 전략과 울타리 구축 기술을 가르쳤다.

청구가 들어오면 검증 담당자는 장로를 인터뷰하고 현장을 조사하는 것 외에도 보마를 점검하는 임무도 수행한다. 만약 심바 프로젝트의 기준을 지키지 않고 보마를 적절하게 유지하지 않았거나 제대로 목축하지 않았다고 검증 담당자가 판단하면 문제의 심각성 정도를 반영해 장로들에게 지급하는 보상액을 줄인다.

도덕적 해이 문제를 해결하기 위해 심바 프로젝트는 보상을 세 가지 유형으로 나눈다.[2] 첫째, 프로젝트가 승인한 방식대로 목축하거나 적절하게 지은 보마에서 가축이 안전하게 지내는 동안 공격받았을 때 보상한다. 이 경우에는 보상액이 가장 커서 장로는 잃은 가축 한 마리당 시장가의 70퍼센트를 받는다. 자동차 보험에서 그렇듯 장로들은 100퍼센트를 보상받지 못한다. 대부분의 보험 정책이 사건의 재발을 막으려고 본인 부담금 제도를 유지하는 것과 같은 이유다. 보상액을 점진적으로 줄이는 나머지 보상 유형 두 가지는 목축이나 보마의 보안 문제와 관계가 있다.

요점

안일하게 생각하지 마라. 보험은 조심해야 한다는 동기를 감소시킨다.

23

새로운 전사의 탄생

이야기로 전통 바꾸기

한 장로의 회상: 전사의 삶은 흥미진진하고 재밌다. 특권도 많고 의무도 많다. 결코 쉬운 삶은 아니지만 많은 사람이 그 시절을 떠올리며 삶의 전성기였다고 생각한다. 전사가 되려면 용맹성을 보여주어야 한다. 부족이 모두 모인 앞에서 할례를 받아야 한다. 몸을 움찔하거나 눈을 가늘게 떠서도 안 되고, 자신이 통증을 느끼고 있다는 것을 절대 표 내선 안 된다. 참을 수 있는 고통을 용감하게 견뎌낼 수 없다면, 목숨을 걸고 가축과 공동체를 보호하겠다고 장로들에게 어떻게 약속할 수 있겠는가?

그래서 마사이족 소년들은 어릴 때부터 포식자를 죽일 뿐 아니라 고도의 신체적 고통을 견디도록 훈련을 받으므로 열다섯 살이 되면 울지 않고 할례를 받을 수 있다. 할례 의식이 거행되는 동안 열다섯 살 소년들은 일렬로 앉아서 시술가들이 한 사람씩 할례를 실시하는 광경을 침착한 표정으로 지켜본다. 울거나 조금이라도 고통을 내보이는 것은 나약함을 드러내는 심각한 표시로 간주되므로 그 소년은 부족에게 수치스러운 존재로 전락한다.

지금까지는 장로들과 장로들에게 제공하는 보상 방식을 바꾸는 방법에 초점을 맞춰서 내용을 전개했다. 그렇다면 전사들은 심바 프로젝트에 대해 어떻게 느낄까? 단순히 한 발자국 물러서서 전통이 사라지는 현실을 수동적으로 받아들일까?

많은 케냐인이 경제 발전이 불러온 현대적인 생활 방식을 즐기기는 하지만 마사이족은 조상 대대로 내려오는 전통에 자부심을 느끼며 사회 구조를 유지해왔다. 지금은 한곳에 정착할 가능성이 크지만 여전히 자신들을 반유목민으로 여기면서 각자 전통적인 역할을 수행한다. 여성은 아이를 키우고, 염소와 양을 돌보고, 집안일을 맡는다. 마사이족 공동체는 극단적인 형태의 가부장제 사회여서 서구 사회에서 우리에게 익숙한 성역할과는 다르다는 사실을 금세 알아차릴 수 있다.

나와 동료가 숙소에 도착했을 때 남자들이 우리를 맞이하는 동안 여자들은 우리 짐을 텐트로 옮겼다. 일반적으로 여성의 노동량이 남성보다 많다. 전사들은 여전히 젊은 남자들이고 포식자와 적에 맞서 부족을 지키는 역할을 맡는다. 전사로 복무를 마친 남자 장로는 부족을 통치하는 역할에 큰 자부심을 느끼는데, 이 자부심은 특히 전사들의 전통을 생각할 때 결코 쉽게 무너지지 않는다.

샘슨은 사자를 죽이는 것이 어떻게 통과의례가 되었는지 설명하면서, 마사이족 전사는 부족의 복지에 기여하는 사람으로 정의한다고 덧붙였다. 샘슨의 친구는 이렇게 설명했다.

> 우리는 의무와 책임을 공유하는 또래 집단입니다. 우리에게는 지켜야 할 엄격한 규칙이 있어요. 우리는 집에서 고기를 먹을 수 없습니다. 고기를 먹으려면 덤불 속으로 들어가 다른 전사들과 함께 동물을 죽여야 해요. 나머지 가족들에게 돌아갈 고기를 먹지 못하게 하려는 목적에서 나온 규칙입니다. 우리는 술을 마시거나 약을 먹어서도 안 됩니다. 언제나 경계심을 늦추지 않고 가축을 구하거나 공동체를 보호하기 위해 즉각적으로 행동할 준비를 갖추고 있어야 하기 때문이죠.

부족을 보호해야 하는 의무를 양어깨에 짊어지고 있는 이 젊은 남자들은 성숙한 전사로서 자부심을 느끼며 활동하다가 서른 살 무렵에 장로가 되면서 아내를 맞이하고 가정을 꾸린다.

전사였던 샘슨은 심바 프로젝트의 핵심 과제는 전사들의 참여라는 사실을 이내 깨달았다. 루카와 샘슨은 금전적 인센티브를 사용해서 장로들을 전통에서 벗어나게 할 수 있으리라고 예상했지만, 전사들에게는 행동을 바꿀 인센티브가 전혀 없다는 점에 주목했다. 창으로 사자를 죽이는 것은 전사들이 겪는 통과의례이고 성인기로 진입하는 관문으로 남아 있었다.

그러므로 심바 프로젝트는 가축을 잃은 장로들뿐 아니라 전통을 바꿔야 하는 전사들에게도 보상해야 했다. 이런 노력의 일환으로 프로젝트는 '심바 스카우트Simba Scouts'라는 집단을 결성했다. 검증 담당자들이 청구를 처리하는 동안, 권한을 위임받은 심바 스카우트는 전사들이 지켜온 전통에 반하는 임무, 즉 사자를 보호하는 임무를 맡는다. 심바 스카우트는 교육을 통해 이런 변화를 달성했다. 전사들은 나이와 상관없이 사자를 구조하는 것이 얼마나 중요한지 배운다.

나이와 경험이 더 많은 전사에게 가르침을 받은 젊은 전사들이 서서히 생각을 바꾸기 시작했다. 나이가 든 전사 중에는 친구가 사자를 죽이려다가 죽는 광경을 목격한 사람도 많았으므로 생명을 살리는 동시에 전사의 전통도 보존하는 삶의 방식을 환영했다. 심바 스카우트는 마사이족 전사의 핵심 가치인 용맹성을 사자 죽이기가 아니라 사자 보존하기로 재정의함으로써 불필요한 죽음을 막고 전사와 사자가 공생하는 환경을 조성했다. 또 공동체에서도 귀중한 역할을 맡아서 근처에 사자가 있는 위치를 목동에게 알려주어 가축의 손실을 막는다.

심바 프로젝트는 이야기를 바꿈으로써 전사들이 자부심을 느끼는 동시에 전사의 전통적인 역할을 유지하는 대체 통과의례를 만들었다. 그들은 새로운 인센티브를 사용해 이야기를 바꾸어 서서히 추세를 뒤집었다. 점차 많은 전사가 새로운 전사의 역할을 이해하고 경제적으로 여유롭게 생활하는 동시에 전통을 보존하려고 심바 스카우트에 지원하기 시작했다.

나는 케냐에 머무는 동안 심바 스카우트의 지도자를 만났고, 스카우트들이 활동하는 광경을 지켜볼 기회를 얻었다. 어느 날 아침, 카리스마 있고 강건한 마사이족 전사인 스물세 살의 데이비드 카나이가 스카우트 무리와 함께 사자를 찾으려고 산비탈을 수색하는 임무를 수행하러 떠나면서 우리에게 함께 갈 것인지 물어봤다.

우리는 마사이족 전통 의상을 입은 다른 스카우트 여섯 명과 함께 산으로 올라갈 지프를 타러 갔다. 스카우트들은 낡은 자동차 타이어로 만든 샌들을 신고 손에는 창을 들었다. 날카롭게 날을 세워 허리띠에 꽂은 칼들이 쨍쨍 부딪쳤다. 동행이 생겨서 흥분한 스카우트들은 가는 내내 창을 던지는 인상적인 묘기를 보여주었다(그러면서 내 참담한 기술을 놀렸다).

지프에 타고 산에 올라가는 동안 데이비드와 스카우트들은 자신들의 계획을 알려주면서 우리가 어떻게 행동할지 설명했다. 목적시에 도착해서 지프에서 내리사마자 스카우트들은 언제 그랬냐는 듯 느긋한 태도를 버리고 신속히 대형을 갖춘 뒤 주변을 경계하며 정찰을 시작했다.

데이비드는 특별 추적용 목걸이의 도움을 받아서 해당 지역에 있는 사자들의 움직임을 감시하는 것도 심바 스카우트들이 수행하는 임무라고 설명했다. 그러더니 허리띠로 손을 뻗어 안테나를 꺼냈다. 안테나는 근처에 있는 사자들이 착용한 목걸이에서 보내는 신호를 감지한다.

구식 기술이기는 하지만, 스카우트들은 이 기술을 사용해 아주 정확하지는 않더라도 사자의 위치를 파악한다. 그들은 사자의 일반적인 움직임과 행동을 더욱 잘 이해하기 시작하면서 사자 개체군과 마사이족을 모두 보호할 수 있었다. 심바 스카우트의 임무는 애당초 가축의 죽음이라는 결과를 초래하는 인간과 야생생물의 상호작용을 줄이는 것이었다. 스카우트들은 자신들이 수집한 정보를 활용해 사자의 위치를 파악한 후에 목동들에게 알려주므로, 목동들은 문제가 발생하기 전에 가축을 멀리 이동할 수 있다.

산을 올라가는 내내 사자는 눈에 띄지 않았지만, 데이비드는

심바 스카우트 집단의 지도자인 데이비드와 그의 팀원인 조셉이 사자를 수색하고 있다.

사자들이 근처에 숨어서 지켜보고 있다고 귀띔했다. 전사들은 사자 발자국을 따라가다가 불과 몇 시간 전에 사자에게 잡아먹힌 얼룩말의 잔해를 발견했다. 그날 사자를 보지는 못했지만 헛수고는 아니었다. 스카우트들은 사자가 있는 위치를 파악하고, 근처에 있는 목동들에게 알려서 그 지역에서 멀리 떨어지라고 경고함으로써 잠재적인 문제를 적극적으로 예방했다.

인센티브를 가동하는 힘든 작업이 결실을 거뒀다. 루카와 샘슨은 인센티브를 제대로 이해하고 심바 프로젝트 이면의 아이디어를 추진함으로써 결국 프로그램을 성공으로 이끌었다. 앞에서 언급했듯 프로젝트가 시작할 당시 해당 지역에 남아 있던 사자는 약 10마리에 불과했지만 10년 동안 65마리까지 늘어났다. 천연자원에 한계가 있으므로 해당 지역에서 도달할 수 있는 최대 개체수까지 증가한 셈이다.

마사이족 공동체 안에서도 전통은 진화했다. 장로들은 가축이 공격을 받더라도 더는 전사들을 부르지 않는다. 젊은 마사이족 남자도 더는 사자를 죽이려고 하지 않는다. 이 지역의 사자 개체수가 늘어나는 동시에 관광 산업이 활기를 띠었으므로 마사이족과 루카는 더할 나위 없이 만족해한다. 심바 프로젝트는 유해한 전통을 이로운 전통으로 바꾸는 데 성공했다. 인센티브가 이야기를 바꾼 것이다.

우리가 심바 프로젝트의 성공에 관심을 두기는 했지만 이것이 케냐를 여행한 이유는 아니었다. 이것과 관계가 있는 다른 목표가 있었다. 우리는 심바 프로젝트에서 교훈을 얻고, 이렇게 얻은 교훈을 활용해서 마사이족 공동체에서 벌어지는 끔찍한 전통인 여성 생식기 절단genital mutilation, 즉 여성 할례를 없애기 위한 인센티브 계획을 설계하고자 했다.

요점

인센티브를 사용해 새로운 전통을 세워라.

24
수천 명의 목숨을 구할 수 있다면

여성 할례의 경제학

루시가 결코 잊지 못할 밤: 엄마와 여자 셋이 서 있었다. 한 명이 칼을 들고 섰는데, 곡선 모양으로 기다란 칼날에 묻은 피가 불빛을 받아 반짝였다. 칼을 쥔 주름진 손에 단호한 힘이 느껴졌다. 나는 뒤로 물러섰지만 칼에서 눈을 뗄 수 없었다. 거의 문 앞까지 뒷걸음질했다. 보마 밖에서 놀고 있는 아이들의 재잘대는 소리가 들렸다. 단단하고 단호한 몸에 등이 부딪혀서 더는 뒷걸음칠 수 없었다. 내가 좋아하는 이모가 몸으로 입구를 막았던 것이다. 세 사람에게 팔을 붙들려 옴짝달싹할 수 없었다. 한 여자가 나를 밀어 단단한 땅바닥에 눕히자, 이모가 거들려고 다가섰다. 할례 시행자인 남은 한 여자가 다가와 엄마 뒤에 섰다. 나는 온몸으로 애원하며 엄마를 바라봤다. 내 엄마 아닌가? 그러니 나를 보호해주겠지, 그렇죠? 하지만 엄마는 슬프지만 단호한 눈빛으로 말했다. '얘야, 해야만 한단다.' 그러면서 여자들이 자르기 시작했고 나는 내내 비명을 질렀다.

이는 루시 내쇼가 아홉 살 때 몸소 겪은 일을 기록한 글이다. 그 후 루시는 근 한 달 동안 피를 흘리고 밤에도 고통으로 몸을 뒤틀며 잠을 이루지 못했다. 마침내 출혈은 멈추었지만 루시는 곧바로 아내가 둘 있는 마흔 살 먹은 마사이족 남자와 결혼해야 했다. 케냐와 이웃 나라 탄자니아에서는 여성 대다수가 할례(또는 '생식기 절단')를 받는 것으로 추정된다.[1] 소녀들은 12~15세에 할례를 받는다. 마사이족 소년에게 사자를 죽이는 일이 통과의례라면, 마사이족 소녀에게 할례는 성숙한 여자가 되려면 거쳐야 하는 통과의례다.

케냐 정부는 매년 루시와 같은 불행한 일을 겪는 소녀들의 여성 할례 관행을 끝내려고 노력하고 있다. 2011년에는 아프리카의 다른 국가들과 함께 여성 할례를 불법으로 규정했다. WHO는 여성 할례를 '비의료상의 이유로 여성 외부 생식기의 일부분이나 전체를 제거하거나 기타 상처를 입히는 행위'로

정의했다.[2] 여성 할례 전통은 케냐 42개 부족 중 다섯 개 부족이 따르고 있으며 그중 마사이족에 가장 많이 퍼져 있다.

루시를 구하기 위해 변화를 꾀하기에는 너무 늦었지만 매년 할례를 받아야 하는 마사이족 소녀 수천 명을 구하기에는 지금도 늦지 않았다. 이것은 초대받지 않은 부유한 서구인들이 불청객으로서 제3세계를 찾아가 마사이족 문화에 참견하는 행위가 아니라는 것을 확실히 짚고 넘어가야겠다. 어린 소녀를 강간하는 행위와 함께 거론되는 여성 할례는 중단되어야 마땅한 관행이고, 이를 저지하기 위해 많은 사람이 노력하고 있다. 이렇듯 기본적인 인권을 침해하는 행위를, 이해하지 못하는 문화의 일부로 치부할 수도 없고 그렇게 치부해서도 안 된다.

전 세계적으로 남자 아기에게 할례를 시행하는 경우도 흔한데 유독 여성 할례에 크게 반발하는 이유가 궁금할지 모르겠다. 앞에서 설명했듯 마사이족 소년들도 10~15세에 할례를 받는다.[3] 남성 할례가 정당하다고 말하는 것은 아니지만, 여성 할례는 많은 측면에서 남성 할례와 전혀 다르다. 남성 할례는 합병증을 유발하는 경우가 드물지만, 여성 할례는 전혀 그렇지 않다. 여성 할례는 현대 세계가 침묵하는 가운데 가장 오랫동안 끊이지 않고 행해지는 인권 침해 행위다.

피해자들은 중등 교육을 마치지 못하고 미성년자로 결혼하게 되고 가족계획도 세울 수 없는 것은 물론이고 평생 신체적·정신적 건강에 악영향을 겪는다. 음핵과 음순의 많은 부위를 절단당한 소녀들은 합병증을 앓아서 몇 달 동안 학교에 다니지 못한다. 성관계를 즐길 수 없고 반복적으로 감염되고 종종 배뇨를 제대로 조절하지도 못한다. 흉터 때문에 출산 과정에서 합병증이 생겨 산모와 아기 모두 위험에 빠질 가능성도 크다.

이처럼 건강에 부정적인 결과를 많이 초래하는데도 어떻게 이런 관행이 전통으로 굳어졌을까? 오래전 마사이족 남편들은 사냥하거나 부족을 보호하려고 1년 동안 집을 떠나 있다가 집에 돌아왔을 때 아내가 다른 남자의 아이를 밴 것을 알았다. 여성 할례는 이러한 사태에 대한 염려를 종식하는 해결책으로 시작되었다. 아내들이 할례를 받으면 성관계를 즐길 수 없으므로 불륜이 일어날 가능성이 줄어든다고 여긴 것이다. 시간이 흐르면서 여성 할례는 전통이 되었고, 소녀들이 성인이 되고 결혼하기 위해 거쳐야 하는 통과의례로 자리를 잡기 시작했다.

정부와 비정부 기구가 교육과 법적 조치로 마사이족의 여성 할례 전통을 바꾸려고 노력했지만 안타깝게도 대부분 실패했다. 2011년 법이 제정되기 전에도 케냐는 여성 할례를 끝내기 위한 교육 운동을 한동안 펼쳤지만, 변화 속도가 매우 느려서 사회 규범을 바꾸지는 못했다.[4] 교육을 통해 때때로 어머니를 설득해 딸의 할례를 막았다고 하더라도 그 가족은 공동체에서 따돌림을 당할 위험을 무릅써야만 했다. 변화를 지속하려면 사회 규범이 바뀌어야 하는데, 진행 속도가 느린 교육적 노력에만 의존해서는 소녀들이 겪는 고통을 결코 줄여줄 수 없다. 이것은 도저히 용납할 수 없는 일이다.

나는 알렉산더 카펠렌, 에일렛 그니지, 랜비그 팔치, 베르틸 텅오든과 함께 여성 할례를 종식할 다른 접근법, 즉 인센티브를 이용하는 방식을 제안하기 위해 케냐에 갔다.

여성 할례 전통에는 경제적 함의가 있다. 할례를 받은 신부는 결혼 시장에서 더 큰 '가치'를 인정받는다. 부모들은 지참금이나 소를 더 많이 받고, 소녀들은 지위가 더 높은 남편을 구할 수 있다.[5] 이런 금전적 인센티브에 더해 전통을 따르라는 엄청난 압박을 사회로부터 받기 때문에 마사이족 부모 대부분이 딸의 건강을 위험에 빠뜨리는 대가를 기꺼이 치르려고 한다. 설사 어머니가 같은 비극적인 전통을 겪었더라도 이런 현상은 바뀌지 않는다.

뿌리 깊은 전통은 아무리 해로워도 특히나 바꾸기 어렵다. 게다가 여기에 금전적 인센티브까지 합세하면 더더욱 어렵다. 하지만 앞선 장들에서 살펴보았듯 다른 마사이족 전통들이 더는 행해지지 않는 것을 생각하면 변화는 가능하다. 심바 프로젝트가 금전적 인센티브를 사용해 사자 죽이기 전통을 성공적으로 깬 것을 보더라도, 우리는 여성 할례 관행을 끝낼 수 있다고 낙관한다. 그래서 우선 '마사이족에 만연한 여성 할례를 끝내는 데 금전적 인센티브가 유용하게 작용할까?'라는 질문을 던졌다. 우리 팀은 의사결정자들이 맞닥뜨린 목표를 바꿔서 여성에게 할례를 **가하지 않도록** 금전적 인센티브를 창출한다는 목표를 세우고 '개입'을 진행하고 있다.

"학비를 지원해드립니다"

이 목표를 달성하기 위해 우리가 어떤 개입을 설계했는지 살펴보자. 우선 현재 진행 중인 인센티브를 다음의 게임 트리로 시각화했다.

이 게임 트리에서 의사결정자는 어머니다. 어머니는 마사이족에서 여성 할례 집행자이기 때문이다. 어머니는 딸에게 할

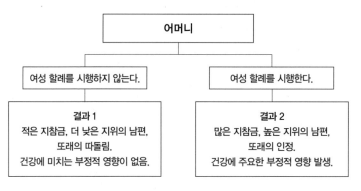

우리가 제안한 인센티브를 실행하기 전, 여성 할례 여부에 관한 결정

례를 시행할지 말지 결정하는 권한을 가진다. 어머니가 할례에 반대한다면, 아마도 딸은 높은 지위의 남편을 구할 수 없을 뿐만 아니라 또래에게서도 따돌림을 당할 것이고, 가족도 많은 지참금을 받지 못할 것이다(결과 1). 반면에 어머니가 할례에 찬성한다면, 딸은 높은 지위의 남편을 구할 뿐만 아니라 공동체에서도 더 탄탄한 지위에 오를 것이고, 가족도 많은 지참금을 받을 가능성이 커질 것이다(결과 2). 그러므로 '결과 2'는 사회적·경제적 측면에서 볼 때 '결과 1'보다 낫다. 따라서 어머니는 대다수 마사이족 어머니가 현재 그렇게 하듯 딸이 할례를 받는 쪽을 선택할 것이다.

우선, 변화를 추진하는 과정의 어느 지점에서 인센티브를 사용해야 어머니의 행동을 가장 효과적으로 바꿀 수 있을지 결정해야 했다. 인센티브를 어떻게 사용해야 여성 할례의 대안을 선호하게 만들 수 있을까? 분명한 건 인센티브는 상당한 규모여야 하는 동시에 추적할 수 있는 규모여야 하고, 효과를 측정할 수 있어야 한다는 사실이었다. 우리는 예산을 최대한 활용했다. 후원하는 조직을 설득해 다른 지역에서도 인센티브 제도를 실행할 수 있기를 희망했다.

우리는 샘슨과 루카를 포함해 공동체 구성원들과 많은 토론을 하고 나서, 전형적인 마사이족 부모들이 딸들을 고등학교에 진학시키고 싶어 한다는 사실을 확인했다. 하지만 현재 대부분 마사이족 소녀는 열네 살에 초등학교를 졸업하자마자 할례를 받고 결혼한다.

안타깝게도 2011년에 제정된 법은 의도하지 않았지만 여성 할례를 받는 나이를 더 낮추는 결과를 초래했다. 나이가 어릴수록 관행의 불법성을 인지하고 자기 권리를 주장하며 할례에 저항할 가능성이 더 낮기 때문이다.[6] 따라서 많은 소녀가 열다섯 살이면 이미 첫 아이를 임신해서 가족을 꾸리기 시작한다.

하지만 소수이기는 하지만 매우 다른 길을 걷는 운 좋은 소녀들도 있다. 고등학교 교육을 받을 수 있으면 할례와 상관없이 더 나은 미래를 설계할 수 있지만, 마사이족이 거주하는 지역에는 고등학교가 없기 때문에 고등학교에 진학하는 소녀는 거의 없다. 소녀들이 고등학교 교육을 받으려면 집에서 비교적 멀리 떨어진 기숙학교에 가야 한다. 기숙학교에 다니려면 연간 2천 달러가 들기 때문에 대부분의 마사이족 가족에게 이는 그림의 떡이나 다름없다.

하지만 이런 기회를 얻고 고등학교를 졸업한 극소수의 여성은 할례를 받고 결혼한 여성과 매우 다른 삶을 산다. 교육받은 마사이족 여성은 학교를 졸업하고 18세에 부족으로 돌아오는 즉시 보수가 좋은 직업을 구할 수 있다. 이들 중에는 지역사회에서 매우 바람직한 직업으로 인정받는 교사나 간호사로 일하는 여성이 많다. 그들은 학업을 마치고 돌아와서 여성 할례를 받으라고 강요당하더라도 이를 거부할 정도로 교육을 받아 독립성이 강하다. 또한 교육받은 마사이족 여성은 할례 여부와 상관없이 결혼 시장에서 훨씬 높은 가치를 인정받는다.

우리는 심바 프로젝트의 성공에 힘입어 보상에 관해 얻은 통찰을 여성 할례 문제에 적용했다. 우리가 제안한 인센티브 제도는 간단하다. 할례를 받지 않은 소녀에게 고등학교 학비를 지급한다. 학기가 시작하기 직전에, 자격 조건을 갖춘 소녀들을 대상으로 건강 검진을 실시한다. 할례를 받지 않았다는 사실을 검증받은 소녀들에게 다음 해 고등학교 학비를 지급한다. 이렇게 선정된 소녀들을 대상으로 고등학교를 졸업할 때까지 매년 건강 검진을 실시한다. 고등학교를 졸업할 무렵이면 여성들은 여성 할례를 강요당하더라도 스스로 거부할 정도로 교육을 받아 독립성이 강해진다.

우리가 설계한 인센티브, FGM Female Genital Mutilation 프로젝트에서는 어머니가 딸에게 할례를 시키지 않는 경우에 한해 딸의 고등학교 학비를 지급한다. 따라서 할례의 대안이 어머니들에게 훨씬 더 매력적인 선택지가 되면서 딸에게 할례를 시키지 않을 강력한 동기로 작용한다.

이 프로젝트는 어머니가 딸에게 할례를 시키지 않겠다고 선택하더라도 가족이 여전히 많은 지참금을 받을 수 있도록 돕는다. 따라서 딸들은 건강을 지키고, 고등학교 졸업장을 받고,

결과적으로 밝은 경력을 보장받는다(결과 3). 이는 또래에게도 계속 영향을 미칠 것이다. 교육을 받고 경력을 쌓는 일이 여성 할례를 받지 않았다는 사실을 무마하면서 지역사회에서 상당히 존중받는 형태로 나타나기 때문이다.

사자를 죽이는 전통을 끝내는 것은 관광 산업에서 산출한 이익으로 상쇄되었다. 하지만 여성 할례를 끝내는 것은 공동체 차원에서 이만큼 즉각적이고 가시적인 경제적 이익을 거두지는 못할 것이다. 금연과 운동이 그렇듯 궁극적인 보상에 도달하려면 장기적으로 노력해야 한다. 하지만 여성 할례를 끝내고자 하는 노력은 앞으로 몇 세대에 걸쳐 마사이족 여성의 건강과 복지를 증진할 것이고, 성공하면 미래에 경제적 이익을 거

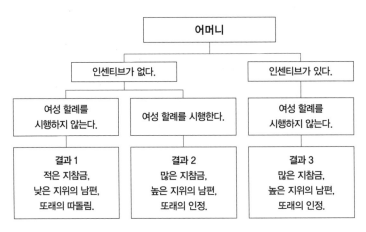

제안된 인센티브를 가동하는 경우 여성 할례 결정

둘 것이다.

이처럼 우리가 제안한 인센티브 제도는 단순히 여성 할례를 중단하는 데 그치지 않고 교육을 통해 여성에게 힘을 실어주고, 자신만의 소득원을 확보하게 해주며, 장기적으로는 공동체 전체에 긍정적인 효과를 불러일으키는 장점이 있다.

6년의 계획과 문제

항상 그렇듯 우리는 인센티브 제도의 효과를 시험하고 싶어 한다. 그래서 **무작위 대조시험**RCT: Rrandomized Control Trial으로 알려진 현장 실험을 계획했다. 무작위 대조시험을 활용하면 인센티브를 제공받은 소녀들의 결과와 그렇지 않은 소녀들(우리의 대조군 소녀들)의 결과를 비교할 수 있다. 그럼으로써 인센티브의 효과를 정량화하고, 다른 방법과 비용 효과를 비교할 수 있다.

적합한 연구 허가를 받은 후에 밟아야 하는 첫 번째 단계는 소녀들과 그 부모들의 동의를 받는 것이다. 연구 시작일 기준 11~14세, 할례를 당할 위험이 가장 큰 마사이족 모든 소녀에게 연구 참여 자격을 부여한다. 동의를 받고 난 뒤에는 참여 학교 22군데에서 건강 검진을 실시한다. 건강 검진에서는 연구팀 간호사들이 각 학생이 할례를 받았는지 여부를 기록한다.

두 번째 단계로 11개 학교를 소녀들과 가족들에게 인센티브를 제공하지 않는 대조군에 무작위로 배정하고, 11개 학교는 인센티브를 제공하는 실험군에 배정한다. 실험군에 속한 11개 학교에서는 소녀들과 가족들에게 인센티브 제도를 이렇게 설명한다. '할례를 받지 않은 소녀는 다음 해에 고등학교에 진학해 공부할 수 있도록 전원 장학금을 받을 것이다.' 우리는 아직 고등학교에 진학하기에 이른 소녀라고 하더라도, 인센티브를 받을 수 있다고 생각해서 할례를 받지 않겠다고 가족들을 설득하기를 희망했고, 6년 동안 매년 마을에 돌아와 건강 검진을 반복 실시한다는 계획을 세웠다.

심바 프로젝트를 시행할 때와 마찬가지로 잠재적인 문제를 피하려면 먼저 예상을 해야 한다. 우리는 우리가 제안한 인센티브 제도에서 가장 우려되는 점으로 세 가지를 꼽았다. 바로 또래 압력, 사회 규범, 마사이족 남성이다. 이 문제에 대한 해결책을 고민했다.

또래 압력. 대다수 여성이 할례를 받는 현재 상황에서 할례를 받지 않기는 쉽지 않다. 따돌림을 당하는 여성들은 여전히 '아이'로 여겨지고, 그들의 의견은 진지한 것으로 받아들여지지 않는다.[7] 다른 여성들은 할례를 받지 않은 여성을 가리켜 '결혼하기에 적합하지 않은 창녀'라고 부른다. 어느 곳에서도 따돌림을 견디기는 결코 쉬운 일이 아니지만, 공동체의 일원이 되는 것을 필수적으로 여기는 마사이족 안에서는 더더욱 견디기 힘들다.

할례를 받지 않은 여성이 공동체로부터 받는 또래 압력을 끝내기 위해 FGM 프로젝트는 공동체의 많은 소녀를 의도적으로 동시에 겨냥한다. 우리는 프로그램을 실시할 학교를 통틀어서 프로젝트에 참여할 소녀의 수가 1,200명에 육박할 것으로 예상한다. 프로젝트의 목표는 여성 할례 전통에 불을 붙이는 또래 압력을 차단하는 것이다.

사회 규범. 4년의 학업 기간이 끝났을 때 어머니가 딸에게 할례를 시키지 못하도록 막을 수 있는 수단은 무엇일까? 많은 고등학교 졸업생이 할례를 받지 않고도 여전히 공동체의 결혼 시장에서 큰 가치를 인정받고 있다는 증거를 예로 들 수 있다. 게다가 케냐 기숙학교는 할례를 공개적으로 비난하는 입장을 취하고 있으며, 이곳 교사들은 할례가 건강에 미치는 결과와 위험에 관해 가르친다. 소녀들은 고등학교에서 4년을 보내고 자기 권리를 깨달으면서 할례의 위험성을 인식한다. 이러한 소녀들은 18세 무렵이 되면 설사 부모들이 할례를 강요하더라도 성공적으로 저항할 가능성이 훨씬 크다. 마사이족 소녀들은 18세를 넘기면 더는 가족에게 할례를 강요받지 않아도 된다. 따라서 FGM 프로젝트는 여성을 18세까지 신체 손상 없이 안전하게 성장하게 하는 것을 목표로 삼고 있다.

우리는 심바 스카우트가 마사이족 소년들의 통과의례가 되어가듯, FGM 프로젝트가 고등학교 졸업이라는 형태로 대체적인 통과의례를 제공함으로써 소녀들에게 장기적인 영향을 미치고 사회 규범을 긍정적인 방향으로 바꾸리라고 믿는다. 고등학교 교육을 받은 여성들이 자신의 딸들에게 할례를 시행하지 않음으로써 전통의 유해한 순환 고리를 끊고 여성들에게 힘을 실어주는 고리를 새롭게 형성할 것이다.

마사이족 남성. 마사이족이 전통을 중요하게 여긴다는 점을 고려할 때 FGM 프로젝트가 그리는 그림에 마사이족 남성들이 어떻게 맞춰질지 의아할지 모르겠다. 마사이족이 가부장 제도를 따르기는 하지만 여성에게 할례를 시행할지 말지 결정하는 것은 전적으로 어머니의 권한이다. 마사이족 남성이 할례를 받은 아내를 선호하는 것은, 아내가 공동체의 일원으로 받아들여지기를 바라기 때문이다.

마사이족 남성은 할례를 받지 않은 여성과 결혼하고 싶어 할까? 이런 질문을 받았을 때 나오는 반응은 살짝 엇갈렸다. 마사이족 남성은 아내가 자신과 갖는 성관계를 즐기기를 원하고, 할례를 받음으로써 아내가 겪을 부정적인 건강 문제를 피하고 싶어 했다. 하지만 다른 한편으로는 공동체 안에서 아내의 사회적 지위를 매우 우려했다. 이런 이유로 마사이족 남성 대부분이 할례를 받은 여성과 결혼하는 것을 선호했던 것이다.

할례를 받은 아내가 더 높은 사회적 지위를 누리고 공동체에서도 받아들여지기 때문이다.

FGM 프로젝트는 이런 딜레마를 해결하고 남성들이 더욱 쉽게 결정할 수 있도록 인센티브를 바꿔나가고 있다. 교육받은 여성은 자기 경력을 추구하고 수입원을 갖추므로 할례와 상관없이 높은 사회적 지위를 누릴 것이다. FGM 프로젝트가 가동하면 마사이족 남성은 이 모든 혜택을 누릴 수 있다. 할례를 받지 않았지만 고등학교 교육을 받은 여성과 결혼하면 아내는 성생활을 즐기고, 건강을 유지하고, 공동체 안에서 높은 사회적 지위를 확보할 것이기 때문이다.

우리는 지금까지 요약한 제안에 우리가 세운 인센티브 계획을 반영했고, 이제 앞으로 몇 년 안에 실험을 시작하기 위해 보조금과 연구 허가를 신청하는 과정을 밟고 있다. 만약 이 프로젝트의 중요성에 아직 공감하지 못했다면 게임 트리와 도표는 모두 잊고 잠깐 케냐에 발을 디디고 난기니를 만나보자. 다섯 남매 중 둘째로 태어난 난기니는 혼란한 삶에서 벗어나려고 하루하루를 힘겹게 버티고 있다. 학교는 그녀의 유일한 피난처다. 그녀는 아직 어리지만 이미 다른 사람을 돕는 일에 관심을 두고 간호사가 되고 싶다는 의지가 확고하다. 난기니가 맞이할 가능성이 있는 두 가지 미래, 즉 개입이 있는 미래와 개입이 없는 미래를 상상해보자.

난기니에겐 어떤 미래가 기다리고 있을까?

FGM 프로젝트를 시작할 준비가 끝났다. 케냐에 있는 파트너들은 희망에 차 있고, 단계마다 우리와 협력해 일하고 있다. 그들 모두 인센티브를 사용해 난기니를 포함한 마사이족 소녀 수천 명의 삶을 바꿀 수 있기를 희망한다.

요점

당사자들이 되도록 많이 동참할 수 있도록 인센티브를 설계하라.

7부

협상할 때
어떤 신호를
보내야 하는가

샌디에이고에 있는 꿈에 그리던 직장에 막 일자리를 얻었다고 상상해보자. 마음은 환상적으로 펼쳐진 라호야 해변을 걷고 있다. 하지만 몸은 여전히 시카고에 있고, 이사를 가기 위해 해결해야 할 두 가지 문제가 남아 있다. 가장 시급하고 중대한 일은 집을 파는 것이다. 2012년에 하이드공원에 들어서 있는 멋진 회색 석조주택을 사서 지금껏 살았다. 그 후 집값이 올랐고 그 지역에서 리모델링을 한 몇 안 되는 집이기도 해서 현재는 정확한 가격을 추정하기 어렵다. 다만 상당량의 조사를 해본 결과 75만 달러에서 80만 달러 정도에 팔 수 있으리라고 합리적으로 추정하고 있다.

몇 년 동안 쌓아놓기만 했던 온갖 쓰레기를 두 주 동안 말끔히 치우고 집을 시장에 내놓을 준비를 마쳤다. 8월의 마지막 토요일이다. 집을 공개하는 날, 밖으로 걸어 나가서 상쾌한 아침 공기를 맡다 보니 일이 잘 풀리리라는 믿음이 생기며 미소가 새어나온다. 처음 한 시간 동안 두 사람이 다녀간다. 그들은 집 안을 잠시 둘러보고 몇 가지 질문을 정중하게 하고는 떠난다. 집을 살 생각을 진지하게 하지 않는 것이 분명하다.

그 후 한 젊은 여성이 걸어 들어와 자신을 제니퍼라고 소개한다. 안내받아 거실로 들어온 제니퍼는 테이블 위에 가방을 올려놓더니 당신을 보면서, 집을 보러 오는 길에 우연히 멋진 농산물 시장에 들렀다고 신이 나서 말한다. 당신은 미소를 머금으며 제니퍼의 말을 듣는다.

길모퉁이에 있는 농산물 시장은 당신이 지난 12년 동안 토요일 아침마다 들렀던 곳이고, 이웃에서 당신이 가장 좋아하는 장소의 하나이기도 하다. 당신은 마음속으로 행운이 따르기를 바라면서 제니퍼가 그 시장을 좋아하는 만큼 당신 집을 좋아해주기를 희망한다.

제니퍼는 집 안을 걸어 다니며 구석구석 살핀다. 당신은 제니퍼가 들떠 있음을 감지한다. 당신이 샌디에이고에서 매수하고 싶다고 신청한 작은 해변 콘도에 서서 바깥 경치를 보았을 때 느꼈던 종류의 감정이다. 집을 둘러보고 나서 제니퍼는 회색 석조가 마음에 든다면서 당신 집에 관심이 많다고 말한다.

이제 협상을 시작할 시간이다. 당신은 가급적 비싸게 집을 팔고 싶고, 제니퍼는 되도록 싸게 집을 사고 싶다. 이런 협상은 어떻게 시작해야 할까? 첫째, 집을 기꺼이 팔 수 있는 최저 가격, 즉 '유보 가격 reservation price'을 염두에 두어야 한다. 당신에게 유보 가격은 75만 달러다. 물론 훨씬 더 높은 가격에 집을 팔고 싶을 것이다. 하지만 많은 협상에서 그렇듯 상대방, 즉 제니퍼가 그 가격을 기꺼이 지불할 의향이 있는지는 알 수 없다.

합의가 이루어진다고 가정할 때, 이런 유형의 협상은 '제로섬 상호작용 zero-sum interaction'이 이루어진다. 즉 거래로 얻는 이익의 양이 고정되어 있다. 당신이 입는 손실의 양은 제니퍼가 얻는 이익의 양과 정확히 같다. 당연히 당신은 파이에서 더 큰 조각을 차지하고 싶을 것이다.

집을 내놓기 전에 내려야 할 중요한 결정이 있다. 호가로 얼마를 제시해야 할까? 첫 호가는 그다지 중요하지 않다고 여길 수도 있다. 하지만 공격적이면서도 합리적인 호가를 제시해야 한다. 그러면서 당신은 호가를 통해 매수자에게 몇 가지 매우 중요한 신호를 보내게 된다. 즉 매수자의 후속 행동에 영향을 미칠 가능성이 큰 신호를 보낸다.

7부에서는 첫 호가의 신호 가치에 영향을 미치는 네 가지 행동 원칙을 설명하려고 한다. **닻 내림과 불충분한 조정, 대비 효과, 가격 신호의 질, 호혜성 규범**이다. 이 원칙들이 어떻게 작동하는지 사례를 들어 살펴보자. 7부의 마지막 장까지 읽으면 이런 형태의 협상에서는 첫 제안을 제대로 해야 자신에게 이롭다는 사실을 깨닫게 될 것이며, 바람직하게는, 그 이유까지도 설명할 수 있을 것이다.

25

전문가도 속일 수 있는 제안

닻 내림 효과와 불충분한 조정

닻 내림 효과는 매수자가 인식하는 해당 대상물의 가치가 협상 자체와 동떨어져 정해지는 것이 아니라고 시사한다. 회색 석조주택 사례에서 제니퍼가 기꺼이 지불하려는 최대 매수가는 매도인이 제시한 첫 호가와 양의 상관관계가 있다.

1974년에 아모스 트버스키와 대니얼 카너먼이 수행한 고전적인 실험에 나오는 닻 내림 효과의 좋은 예를 살펴보자. 실험 참가자들에게 '수레바퀴 모양의 원판wheel of fortune'을 돌리게 했다. 그런 다음 UN에서 아프리카 국가들이 차지하는 비율과 원판을 돌려 나온 무작위 수를 비교해서 어느 쪽이 높다고 생각하는지 물었다. 그리고 나서 마지막으로 "UN에서 아프리카 국가들이 차지하는 비율은 몇 퍼센트인가요?"라고 물었다.

나를 포함해 사람들 대부분이 이 질문의 답을 모른다. 트버스키와 카너먼은 이 실험으로 흥미로운 사실을 발견했다. 참가자들이 추측한 답이 원판을 돌려 얻은 수와 유의미한 상관관계가 있다는 사실이었다. 높은 기준점(원판을 돌려 나온 더 큰 숫자)을 제시한 사람이 추측한 비율은 낮은 기준점을 제시한 사람보다 상당히 더 높았다. 어떤 참가자도 원판을 돌려서 얻은 수가 UN에서 아프리카 국가들이 차지하는 비율과 관계가 있다고 생각하지 않았는데도 그랬다. 간단히 말해서 원판을 돌려 나온 수가 클수록 추측한 비율도 높았다. 트버스키와 카너먼은 이런 현상을 '닻 내림 효과'라고 지칭했다.[1]

'전문가인 내가 속을 리 만무하지!'

전문가라면 초기 제안에 영향을 받을 리 만무하지 않을까? 이 질문에 답하려고 실험자들은 닻 내림 현상이 전문가들에게 미치는 영향을 시험했다.[2] 실험자들은 1983년에 우대금리가 약 11퍼센트일 때 금융계 관리자 집단에 6개월 안에 우대금리가 얼마나 될지 추정하라고 요청했다. 대답은 평균 10.9퍼센트였다. 실험자는 다른 관리자 집단에 방식을 약간 달리해 같은 질문을 던졌다. 먼저 6개월 안에 우대금리가 8퍼센트 이상이 되리라고 예측하는지, 아니면 이하가 되리라고 예측하는지 물었다. 그런 후에 우대금리를 추정하라고 요청했다. 이러한 조건 아래에서 대답은 평균 10.5퍼센트였다.

두 번째 집단 전문가들이 추정한 수치가 더 작았다. 추정하기 전에 들었던 8퍼센트라는 수치에 인식이 고정되었기 때문이다. 전문가들에게 제시한 8퍼센트가 신호로 작용해 미래 금리에 대한 기대치에 영향을 미친 것이다. 실험 참가자들은 우대금리가 6개월 안에 현재의 11퍼센트보다 훨씬 낮아지지는 않으리라 예측하고 추정치를 8퍼센트보다 높여 조정하되 그리 많이 높이지는 않았다. 추정치가 이전에 들었던 8퍼센트 쪽으로 여전히 하향 편향해 있었기 때문이다. 이러한 현상을 **닻 내림과 불충분한 조정**이라고 부른다.

이와 비슷한 예를 들어보자. 부동산 중개사는 전문가지만 제니퍼와 마찬가지로 당신이 제시한 호가(이 책에서 첫 제시가로 언급했다)를 기준으로 유보 가격을 추정할 가능성이 크다. 당신이 첫 호가를 제시하면 아마도 제니퍼는 이 호가가 약간 높다고 추측하고 가격을 더 낮추려고 할 것이다. 제니퍼는 첫 호가를 듣고 나서, 자신이 애초에 예상했던 것보다 높은 가격을 당신이 기대한다는 신호를 받고 가격을 조정하지만, 당신의 입장에서 생각할 때 그 조정 폭은 아마도 불충분할 것이다. 결과는 어떨까? 매수인은 첫 호가 쪽으로 기울어진 상태로 매도인의 유보 가격을 추정할 것이다.

부동산의 가치가 달라진다

애리조나주에서 활동하는 부동산 중개사들에게 상당량의 서면 정보, 부동산 답사, 호가를 바탕으로 애리조나주 소재 부동산의 가치를 평가해달라고 요청했다.[3] 모든 부동산 중개사는 호가를 제외하고는 같은 정보를 받았다. 그러자 호가는 닻으로 작용했다. 실험이 끝나고 실시한 인터뷰에서 모든 부동산 중개사는 호가가 가치 평가에 전혀 영향을 미치지 않았다고 주장했다. 즉 매도인의 호가를 신호로 사용하지 않았다고 말했다. 하지만 그 결과는 달랐다.

매도인에게 더 높은 호가를 제시받은 중개사들과 비교했을 때 더 낮은 호가를 제시받은 중개사들의 부동산 평가액이 현저히 더 낮았다. 참고할 다른 정보가 많이 있었는데도 호가가 신호로 작용하면서 평가에 영향을 미쳤던 것이다. 즉 신호로서 닻 내림의 가치는 비전문가는 물론이고 전문가에게도 영향을 미친다. 부동산 중개사는 매일 부동산 가격을 추정하면서도 여전히 닻의 영향을 받았다.

매수인인 제니퍼와 벌일 협상으로 돌아가 보자. 방금 설명한 실험의 결과를 고려할 때 매도인인 당신은 제니퍼가 닻 내림 현상의 영향을 받으리라고 예상한다. 매도인이 제시하는 호가는 협상 테이블에서 닻으로 작용해서 매도인이 무엇을 기대하는지 신호를 보낸다. 매수인은 매도인의 유보 가격을 추정하려고 하지만 이때 추정 가격은 닻 쪽으로 기운다. 매도인이 첫 호가를 높게 책정하면 매수인의 추정 가격은 그 높은 가격 쪽으로 기울어서 매수 희망가를 높일 것이다.

그렇다면 첫 호가를 얼마나 높게 책정해야 할까? 다시 말하지만 호가는 높으면서도 합리적이어야 한다. 호가를 200만 달러에서 시작한다고 치자. 그러면 매도인의 기대치가 현실적이지 않거나, 매도인이 실정을 잘 모른다는 신호를 상대방에게 보낼 것이다. 그러면 매수인은 아마도 정중하게 인사하고 곧장 협상 자리를 뜰 것이다. 따라서 첫 호가는 낙관적이어야 한다. 매수자가 예상을 벗어났다고 느낄 정도로 높고, 다시 돌아와 희망 매수가를 제시할 정도로 합리적이어야 한다.

요점

당신의 첫 제안은 상대방의 반대 제안에 영향을 미칠 것이다. 그러니 당신이 많이 기대한다는 신호를 보내자.

26
선물을 받은 것 같은 기분

대비 효과

높지만 합리적인 첫 제안은 상대방의 인식에 기준을 심어줄 뿐 아니라 협상 내내 유리하게 작용한다. 말하자면 **대비 효과**를 발휘한다. 대비 효과의 기본 원리를 설명하기 위해 내가 어렸을 때 부모님에게서 들은 우화를 예로 들어보자.

옛날에 한 가난한 남자가 어머니, 아내, 여섯 아이와 방 하나짜리 작은 오두막에 살았다. 어느 날 남자는 아무리 생각해도 오두막이 너무 시끄럽고, 정신없고, 비좁아서 랍비에게 조언을 구하기로 결심했다.

남자의 말을 들은 랍비는 턱수염을 쓸어내리며 생각에

잠기더니 마침내 이 가난한 남자에게 닭, 수탉, 거위를 모두 데리고 들어가 오두막에서 가족과 함께 살게 하라고 조언했다. 가난한 남자는 이 조언이 터무니없다고 생각했지만 어쨌거나 랍비가 하는 말이라 순순히 따랐다.

얼마 뒤 가난한 남자는 상황이 좋아지기는커녕 더 심각해졌다는 사실을 깨달았다. 이제 가족들이 울고불고 툭하면 싸우는 것은 물론이고 꼬꼬, 꺽꺽, 꽉꽉 소리까지 합세했다. 가는 곳마다 새들이 발길에 차이고 깃털이 사방에 흩어져 밟혔다. 새들을 집 안으로 데리고 들어왔더니 혼란만 심해지고 가족이 생활할 공간은 더 좁아졌다.

그래서 가난한 남자는 랍비에게 다시 가보기로 마음먹었다. 랍비는 이번에도 언뜻 생각해도 터무니없는 조언을 했다. 염소까지 오두막에 데리고 들어가라는 것이다. 가난한 남자는 이번에도 랍비 말을 따랐다. 그리고 끔찍한 환경에서 일주일을 지내고 나서 이제 마지막이라고 다짐하며 세 번째로 랍비를 찾아갔다.

랍비의 이번 조언은 남자의 귀에 음악처럼 들렸다. 동물을 전부 오두막 바깥으로 내보내라고 했기 때문이다. 가난한 남자는 기쁜 마음으로 랍비의 조언을 따랐다.

그날 밤 가난한 남자와 가족은 모처럼 평화롭게 잠을 잤다. 꼬꼬, 꺽꺽, 꽉꽉 소리가 들리지 않았다. 공간도 꽤 넓었다. 가난한 남자는 오두막 안에 가족만 있다고 생각하니 오두막이 조용하고 평화롭고 넓게 느껴졌다.

높고 낙관적인 첫 호가, 예를 들어 87만5천 달러는 매수자에게 닻으로 작용할 뿐 아니라 이후에 뒤따를 모든 호가의 기준점으로 작용해서, 결국 최종 판매가에 영향을 미친다. 높고 낙관적인 첫 호가는 계속 받는 선물과 같다. 협상 후반부에 등장하는 모든 호가가 첫 호가와 비교되고 대조될 것이다. 이러한 자동적인 비교를 **대비 효과**라고 부른다.

대비 효과를 입증하려고 실시하는 기본 실험은 매우 간단해서 누구나 직접 시도해볼 수 있다. 닭과 염소를 데려다가 방을 가득 채울 필요도 없다. 왼손을 얼음물 양동이에, 오른손을 따뜻한 물 양동이에 집어넣는다. 그렇게 두 손을 양동이에 1분 정도 담근 채 둔다. 그런 다음 두 손을 꺼내 미지근한 물이 담긴 세 번째 양동이에 집어넣는다. 이때 미지근한 물의 온도는 몇 도일까?

오른손과 왼손이 느끼는 온도는 다를 것이다. 두 손을 같은 양동이에 넣었더라도 느끼는 온도는 매우 다르다. 얼음물에 담갔던 왼손은 물이 따뜻하다고 느낀다. 반면 따뜻한 물에 담갔던 오른손은 물이 차갑다고 느낀다. 느낌은 이렇게 야릇하다. 미지근한 물이 특정 온도를 가리킨다는 사실을 안다고 하더라도 뇌는 각각의 손에서 다른 신호를 받는다. 미지근한 물을 담은 양동이에 담긴 두 손은 각각 전에 담겼던 양동이와 상대적인 온도 차이를 느낀다. 두 손이 뇌에 보내는 신호는 '양동이에 있는 물의 온도가 섭씨 23도'라는 사실이 아니라 '상대적으로 따뜻하거나 차갑다'는 느낌이다.

사물을 절대적 잣대로 판단하지 않고 상대적으로 판단하는 것은, 특정 사물의 가치가 그 준거 집단에 영향을 받지 않는다는 규칙에 모순된다. 경제학자들이 자주 주장하는 이 규칙은 달리 표현하면 선택의 가치가 관련 없는 대안에 좌우되지 않는다는 뜻이다. 양동이 예에서 본다면 물의 온도는 손이 전에 어디 담겨 있었는지에 따라 달라지지 않는다. 우리 뇌는 무언가에 대해 생각할 때 그것을 '이해한다.' 하지만 우리 손은 대비 효과에 영향을 받으므로 다르게 **느낀다**.

대비 효과는 정신물리학 실험에만 나타나는 것이 아니다. 대비 효과는 경제학자들이 기대하는 것과 달리 경제적 결정을 내릴 때 종종 발생한다. 우리는 뇌에 대해 알고 있는 지식을 활용해서 뇌에 보내는 신호를 조절함으로써 경제적 선택을 어느 정도 더 매력적으로 만들 수 있다.

대비 효과가 어떻게 작용하는지 설명하기 위해 부동산 업계 사례를 하나 더 들어보자. 여기서 줄리아라고 부를 친구는 크게 성공한 부동산 중개업자다. 우리는 새로 채용한 교수들에게 줄리아를 소개해준다. 줄리아는 정직하고 인내심이 많은 데다 인맥이 탄탄하고 매수자를 밀어붙이지 않는다.

신규 교수들은 대개 주택을 고를 때 지역, 크기, 가격 등의 매개변수를 정한다. 그러면 줄리아는 이런 매개변수를 기준으로 시장에 매물로 나와 있는 주택의 목록을 검토한 후에 매수자가 관심을 보일 법한 주택을 골라 보여준다. 신규 교수들은 도시에 며칠 동안 머무르면서, 줄리아가 미리 선정해서 방문할 수 있도록 사전에 조율해둔 집들을 몰아서 돌아본다.

나는 친구이자 교수진에 새로 합류한 마틴에게 줄리아를 소개해주고, 이를 계기로 그녀가 일하는 광경을 볼 수 있었다. 어느 화창한 봄날 마틴과 나는 줄리아가 사전에 조율해둔 집들을 같이 보러 다녔다. 마틴이 가장 중요하게 생각하는 점은 집의 지리적 위치였다. 마틴은 어린아이가 둘 있었으므로 대학교에서 그리 멀지 않은 교외에 있는 집을 구하고 싶어 했다.

우리가 처음 본 집은 상대적으로 오래됐고 관리가 부실했다. 집에 세 들어 살던 대학생들이 집을 제대로 유지하고 보수하지 못했던 것이다. 집의 위치도 그다지 좋지 않았다. 대학교에서 약간 멀리 떨어져 있기도 했고 고속도로와 지나치게 가까워서 시끄러웠다. 이 두 가지 단점을 차지하고서라도 집 가격이 상대적으로 비쌌다. 그 집을 나오고 나서 마틴은 한마디도 하지 않았고 얼굴에는 실망한 기색이 역력했다.

두 번째로 본 집은 훨씬 나았다. 조용한 지역에 있을뿐더러 멋진 뒤뜰이 있고, 관리도 상당히 양호했다. 줄리아가 가격을 말하자 마틴의 표정이 금세 환해졌다. 심지어 첫 번째 집보다 훨씬 쌌다!

마틴이 미소 짓는 것을 보니 나도 덩달아 기뻤다. 그런데 바로 그때 데자뷔를 느꼈다. 몇 년 전 줄리아와 집을 보러 다닐 때 나도 비슷한 경험을 했던 기억이 났다. 아내와 내가 샌디에이고에서 첫 집을 사려고 돌아다닐 때였다. 줄리아가 맨 처음 우리를 데려간 집도 상태가 불량했다. 마틴을 호텔에 내려주고 나서 돌아오는 길에 곰곰이 생각했다. 이것이 우연일까?

그렇지 않았다. 라호야로 돌아오는 차 안에서 줄리아는 흔쾌히 인정했다. 결코 우연이 아니었던 것이다. 줄리아는 상태가 상대적으로 불량한 집을 의도적으로 먼저 보여준다고 했다. 왜 그럴까? 대비 효과를 노렸기 때문이다. 상태가 불량한 집이 기대치를 설정한다. 즉 상태가 불량한 집은 아마도 주택 시장에 매물로 나온 집들이 가격도 비싸고 상태도 특별히 좋지 않다는 신호를 보낼 것이다. 그러다 보니 다음 집은 첫 집과 비교해서 훨씬 좋아 보이므로 매수인은 훨씬 쉽게 만족한다.

줄리아는 신호를 조절하고 대비 효과를 활용하는 방법을 알고 있다. 매수인들이 나중에 보는 집을 상태가 불량한 첫 집과 비교하리라는 사실을 아는 것이다. 나중에 보는 집들은 첫 집과 비교해 훌륭하다. 속담도 있듯 행복의 비결은 낮은 기대다.

당신은 잠재적 매수인인 제니퍼가 당신 집을 보러 오기 전에 어떤 집을 볼지는 통제할 수 없지만 그래도 대비 효과는 활용할 수 있다. 당신은 닻으로 작용할 첫 호가를 정하고, 당신이 자기 집의 가치를 높게 평가하고 있어서 유보 가격이 높으리라는 신호를 매수인에게 보낸다. 첫 호가는 모든 후속 호가와 비교될 것이다. 첫 호가를 높게(제니퍼는 탐탁지 않게 생각할 것이다) 책정해 협상을 시작하면, 나중 호가에 대한 매수인의 평가를 인위적으로 높일 수 있다. 매수인은 더 높은 첫 호가와 비교한 후에 더 낮은 후속 호가를 받아들일 가능성이 크다.

대비 효과는 매수인의 결정에 영향을 미칠 뿐 아니라 매수인의 만족도에도 직접적으로 영향을 미친다. 대학생을 대상으로 실시한 실험도 이런 점을 입증했다. 실험에서는 참가자들에게 다음과 같은 정보를 제시했다.

> 당신이 대학원에서 커뮤니케이션을 전공하고 막 석사 학위를 받고, 잡지사 두 군데와 1년 계약을 맺을까 생각 중이라고 가정해보자.
>
> A 잡지사는 월급을 3만5천 달러로 제시한다. 하지만 당신과 같은 수준으로 교육받고 경험을 쌓은 다른 직원은 3만8천 달러를 받고 있다.

B 잡지사는 월급을 3만3천 달러로 제시한다. 하지만 당신과 같은 수준으로 교육받고 경험을 쌓은 다른 직원은 3만 달러를 받고 있다.

전체 학생의 절반에게 "당신이라면 어떤 직장을 선택하겠습니까?"라고 물었다. 예측할 수 있듯 84퍼센트가 월급을 더 많이 주는 A를 선택했다. 나머지 절반에게는 "당신은 어떤 직장에서 더 행복할까요?"라고 물었다. 이때 나온 반응이 흥미롭다. 이런 질문을 받자 학생의 62퍼센트가 B를 선택했다. 절대적인 월급이 더 적더라도 동료와 비교해 상대적으로 더 많으면 더 행복하겠다고 생각한 것이다.

학생들이 돈을 더 많이 벌고 싶어 한다고 가정해보자. 일반적으로 A 잡지사를 선택해 2천 달러를 더 받으면 틀림없이 더 행복하리라고 추측할 것이다. 그렇다면 동료의 월급이 구체적으로 얼마인지는 중요하지 않아야 했다. 따라서 이 논리는 만족감을 주는 상대적인 급여의 중요성을 잘못 추측한 것이다.

제니퍼와 협상할 때도 이 점이 문제가 될 수 있다. 협상이 두 가지 방식으로 진행된다고 상상해보자. 시나리오 A에서는 매도인이 87만5천 달러를 부르고, 협상 끝에 82만5천 달러에 거래를 체결한다. 시나리오 B에서는 매도인이 80만 달러를 부르고, 가격을 조금도 깎아줄 수 없다고 단호하게 거절한 끝에

80만 달러에 집을 판다.

　매수인은 어떤 시나리오에서 더 행복할까? 매수인이 5만 달러를 깎을 수 있었던 시나리오 A일까, 아니면 조금도 양보할 여지를 보이지 않는 완고한 매도인을 상대해야 했던 시나리오 B일까? 제니퍼는 아마도 시나리오 A에서 더 행복했을 것이다. 바로 대비 효과 때문이다. 제니퍼는 첫 호가인 87만5천 달러와 82만5천 달러를 비교하고, 결과적으로 82만5천 달러를 더 호의적으로 생각할 것이다.

요점

우리 뇌는 대비를 사용해 가치를 평가한다. 그러니 첫 제안과 크게 대비되는 제안을 하라.

27

가격은 품질을 대변하는 신호다

낮은 정가와 높은 할인가의 차이

처음에 제시하는 높은 닻이 첫 신호를 보내고, 뒤따르는 대비 효과가 두 번째 신호를 보낸다. 펠로톤의 CEO인 존 폴리는 오늘날 곳곳에 보급되어 있는 운동용 자전거의 가격을 설정할 당시에 시행착오를 겪었다. 그는 이 과정에서 세 번째 신호를 발견했다. 2018년에 야후!파이낸스와 가진 인터뷰에서 폴리는 이렇게 회상했다.

우리는 여러 시도 끝에 소비자의 흥미진진한 심리를 알아냈습니다. 초창기였어요. 처음 두 달 동안 펠로톤 자전거에 1,200달러를 매겼죠. 그런데 무슨 일이 있었는지 짐작하시겠어요? 자전거 가격이 1,200달러인 것을 보니 자전거를 제대로 만들지 않은 것이 틀림없다고 고객이 말하더군요. 그래서 가격을 2천 달러로 높였더니 글쎄 매출이 늘어나더라고요. 사람들이 그제야 '이 자전거는 틀림없이 질이 좋겠군'이라고 생각했기 때문이죠.[1]

이 사례는 소비자가 어떻게 가격을 품질의 신호로 받아들이는지를 잘 나타낸다. 소비자는 펠로톤 고객들과 마찬가지로 **가격과 질이 같다**고 가정한다. 연구 결과를 보더라도 소비자는 종종 그렇게 믿어서 비싼 제품이 질도 더 좋으리라고 판단한다.[2]

다음 시나리오를 생각해보자. 오늘은 당신의 생일이다. 당신은 멋진 와인을 한 병 사서 집에 가져가 생일을 축하하고 싶다. 보통 때는 한 병에 20달러 정도 하는 와인을 마신다. 하지만 오늘은 특별한 날이므로 50달러의 가격표가 붙은 와인을 사기로 마음먹는다. 특정 와인을 염두에 둔 것은 아니다. 그저 50달러짜리 와인이 20달러짜리 와인보다 더 맛있으리라고 가정할 뿐이다.

이런 일화와 같은 맥락에서 나는 에일렛 그니지, 도미니크 라우가와 함께 캘리포니아주 테메큘라에서 와인 농장을 운영하는 조에게 의뢰를 받아 2009년 여름에 간단한 실험을 하나 했다.[3] 조는 농장에서 생산한 와인에 최상의 가격을 책정하고 싶다면서 우리에게 조언을 구했다. 우리는 기꺼이 이 기회를 잡았다. 좋은 와인을 마시면서 가격 정책 전략을 의논하는 작업을 누군들 마다하겠는가?

조의 와인 농장을 방문한 소비자는 구매할 와인을 고르기 전에 여러 종류의 와인을 맛볼 수 있다. 일반적으로 소비자는 와인을 시음하려고 찾은 특정 지역에서 와인 농장을 차례로 둘러보며 그곳의 와인을 시음해본 뒤 와인을 산다.

우리가 실험한 와인은 2005년산 까베르네 소비뇽으로, '블루베리 파이, 블랙 커런트 리큐어, 아카시아꽃, 흑연심 연필을 깎을 때 나오는 나뭇조각, 달콤한 숲속 바닥의 풍미가 복합적으로 어우러진 훌륭한 와인'이라는 평가를 받았다. (우리는 흑연심 연필을 깎을 때 나오는 나뭇조각의 풍미가 어떤지 알 수 없었지만 미숙한 시인이라면 틀림없이 알았을 것이다.) 조는 해당 와인의 가격을 10달러로 책정했고 와인은 꽤 잘 팔렸다.

우리는 가격과 질이 같다고 생각하는 현상을 조사하기 위해 몇 주 동안 날을 바꿔가며 까베르네 소비뇽 가격을 10달러, 20달러, 40달러로 조작했다. 조는 매일 방문객을 맞으며 와인의 풍미를 설명했다. 조의 설명을 듣고 난 방문객은 카운터로 가서 시음을 진행하는 사람을 만나 병당 8~60달러인 와인 아홉 종의 이름과 가격이 적힌 인쇄물 한 장을 건네받았다. 방문객은 이 중에서 여섯 종을 선택해 시음할 수 있었다.

시음용 와인의 목록은 대부분의 와인 농장에서 하듯 '가벼운 와인부터 무거운 와인까지'로 구성되어 있었다. 시음은 화이트 와인에서 시작해 레드 와인으로 옮겨갔다가 디저트 와인으로 마무리했다. 방문객은 일반적으로 목록의 순서대로 와인을 선택하는데 까베르네 소비뇽은 항상 일곱 번째에 자리했다. 방문객은 15~30분 걸리는 시음을 끝내고 어떤 와인을 살지 결정한다.

단순히 가격을 바꾸었을 뿐인데, 결과를 보고 조는 깜짝 놀랐다. 가격을 10달러에서 20달러로 올렸는데 판매량이 거의 50퍼센트나 늘어났기 때문이다. 즉 와인 가격을 인상하자 오히려 인기가 높아졌던 것이다. 이러한 가격 조정을 통해 조는 총수익이 11퍼센트 늘어나는 효과를 거두었다. 이 실험 덕분에 조는 추측하지 않고 실험을 통해 가격을 결정하는 법을 배웠다.

앞에서 소개한 예에서 당신은 제니퍼와의 협상에서 이미 높은 호가를 이용해 이런 연상을 만들어낸 바 있다. 높은 호가는 높은 품질을 대변하는 신호다. 만약 더 낮은 호가, 즉 유보 가격 80만 달러에 훨씬 가까운 금액을 호가로 제시하면서 협상을 시작했다고 상상해보자. 제니퍼는 '와, 정말 조건이 좋군.'이라고 생각하지 않을 것이다. 오히려 낮은 호가를 집에 문제가 있다는 신호로 해석할 수 있다. 밤에 이웃들이 시끄럽게 돌아다니나? 마룻바닥에 곰팡이가 피었나? 다락방에 다람쥐 집이 있나? 제니퍼의 상상은 마구 가지를 뻗으며 번질 것이다. 최종 판매가와 상관없이 예상보다 낮은 호가를 제시하면 매수인들은 자신이 애초에 집 가격을 과대평가했다고 생각할 수 있다.

대비 효과가 만족에 영향을 미치는 것과 마찬가지로, 가격은 소비자의 믿음과 기대에 영향을 미치고, 이후에는 주관적인 경험에 영향을 미칠 수 있다. 조의 와인 농장에서 실험하는 동안 우리는 시음한 각 와인을 고객이 얼마나 좋아하는지 묻는 조사를 추가했다. 결과적으로 까베르네 소비뇽의 가격을 비싸게 책정할수록 소비자는 더 좋아하는 것으로 나타났다.

헬스장 회원을 대상으로 실험했을 때도 비슷한 결과가 나왔다.[4] 참가자들에게 운동하기 전과 운동하는 동안 마시라며 에너지 음료를 제공했다. 한 집단에는 음료의 가격이 2.89달러이고 정가에 샀다고 말했다. 다른 집단에는 음료의 정가는 2.89달러지만, 단체 할인을 받아서 0.89달러 할인된 가격으로 샀다고 말했다. 운동한 후 참가자들은 운동의 강도와 피로도에 스스로 점수를 매겼다. 정가로 구매한 음료를 마신 참가자들이 매긴 점수를 해석하면, 할인 가격으로 구매한 음료를 마신 참가자들보다 운동 강도는 더 크고 피로도는 더 작았다.

이처럼 가격이 높으면 질이 더 높고 따라서 만족도도 더 크다는 효과는 제니퍼와 벌이는 협상과 어떤 관계가 있을까? 제니퍼에게 상품, 즉 당신 집을 비싸다고 생각하게 하면 할수록 유보 가격에 관한 인식을 바꿀 수 있을 뿐만 아니라 새로 구매한 상품에서 더 큰 기쁨을 누리게 할 수 있다.

요점

가격은 품질을 가리킨다. 따라서 올바른 인상을 심어주어야 한다.

28

받은 만큼 보답한다

호혜성 규범

당신이 제시한 높은 호가는 제니퍼에게 닻으로 작용하고, 대비 효과를 활용하며, 높은 품질을 가리킨다. 이 장에서 살펴보려는 마지막 심리적 요소는 호혜성, 즉 인간은 본질적으로 호의에 보답하도록 태어났다는 속성에 관한 것이다. 누군가가 자신에게 친절하게 행동하면 우리는 그에 대한 보답으로 친절하게 행동할 의무감을 느낀다.

1974년에 브리검영대학교 사회학자 필립 쿤즈는 간단한 실험을 했다. 인근 몇 개 도시의 전화번호부에서 무작위로 600명을 선정해 크리스마스카드를 보내는 실험이었다. 카드를 보내고 2주가 지나자 일면식도 없는 사람들에게서 200통이 넘는

크리스마스카드가 왔다. 무엇 때문일까? **호혜성 규범** 때문이다.[1]

이것은 문화에 매우 깊이 배어 있어서 우리는 호의에 보답할 의무감을 느낀다. 설사 자신이 알지 못하거나 좋아하지 않는 사람과 얽히거나, 애당초 친절한 태도를 원하지 않았던 상황일 때도 그렇다. 호혜성 규범을 확인하는 유명한 실험이 있다.

이 실험에서, 참가자들은 예술 감상 실험에 참여해서 그림에 점수를 매기는 것이 자신에게 주어진 임무라고 생각했다. 이 실험에서 참가자들은 동료 참가자와 짝을 이루었는데, 실제로는 연구자가 동료 참가자로 행세했다. 한 가지 조건에서 연구자(짐이라고 부르자)는 방을 나갔다가 몇 분 후에 돌아오며 동료 참가자들에게 무료로 줄 콜라를 가지고 왔다. 다른 조건에서는 그저 방을 떠났다가 잠시 뒤에 돌아왔지만 콜라를 가지고 오지는 않았다.

짐과 참가자들은 모두 그림에 점수를 매겼고, 짐은 참가자들에게 경품 응모권을 사라고 말했다. 어떤 참가자가 응모권을 더 많이 구매했을까? 무료 콜라를 받은 참가자가 무료 콜라를 받지 않은 참가자보다 두 배 더 많았다. 콜라를 받았던 참가자들은 짐에게 신세를 졌다고 느껴 애당초 콜라를 마시고 싶다고 말하지 않았더라도 호의에 보답하고자 더 높은 구매율을 나타냈다.

성공적인 영업 사원들은 매출을 높일 목적으로 호혜성 규범을 오랫동안 사용하고 있다. 애리조나주립대학교의 로버트 치알디니가 대표 저서 《설득의 심리학》에서 펼친 주장에 따르면, 최초의 친절이 진심에서 우러나온 것이 아니라 보답용 호의를 끌어낼 목적으로 가장한 것이라고 하더라도 호의를 끌어낸다고 한다.[2] 치알디니는 꽃을 나눠주고 잠시 뒤에 기부를 요청하는 하레 크리슈나 교도들을 예로 들었다.

호혜성의 영향력은 강력하다. 제니퍼와 협상할 때 호혜성이 어떻게 작용할지 생각해보라. 당신이 첫 호가를 꽤 높게 제시하고 협상을 시작했다고 가정해보자. 이 경우 당신은 많이 깎아줄 것처럼 행동하면서 제니퍼에게 '너그러운' 사람으로 비칠 여지를 남길 수 있다. 첫 호가로 87만5천 달러를 불렀다고 치자. 제니퍼가 이 가격을 받아들이리라고는 기대하지 않지만 여하튼 협상의 발판을 만들었다.

이제 제니퍼의 인식에 닻을 내리면서 당신이 매물의 품질을 높게 생각한다는 신호를 보낸다. 그러면 모든 후속 호가는 87만5천 달러와 비교되고 대조된다. 이제 제니퍼는 훨씬 낮은 매수가를 제시해서 첫 호가에 맞선다. 당신은 첫 호가를 높게 책정했으므로 이제 가격을 많이, 예를 들어 3만 달러를 깎아줄 수 있다. 그래서 84만5천 달러를 제시한다.

이 금액은 당신의 유보 가격을 훨씬 웃돌지만, 첫 호가와 비교하면 여전히 매수인의 구미를 당기는 가격이다. 당신이 통

크게 가격을 깎아주었다는 신호를 보내면 이제 매수인이 보답할 차례다. 당신이 보낸 신호는 아마도 제니퍼의 반응에도 영향을 미칠 것이다. 사실 제니퍼는 두 번째 호가를 평가할 때 당신이 3만 달러를 깎아주었다는 사실에 영향을 받아서는 안 된다. 하지만 누구나 그렇듯 제니퍼는 사회 규범에 영향을 받으므로 이렇게 큰돈을 깎아준 '호의'에 보답해야 할 의무감을 느낄 것이다. 그래서 두 번째 호가를 받아들이거나 매도인에게 좀 더 유리한 제안을 할 가능성이 크다.

협상에서는 이처럼 호의를 주고받는 것이 '공정'한 태도로 여겨진다. 내가 한발 물러서면 상대방도 한발 물러서는 것이다.

첫 호가를 좀 더 높게 부르면, 매수인이 수락할 때까지 호가를 조금씩 낮춰 부르며 줄다리기를 할 수 있다. 하지만 첫 호가를 낮게, 즉 80만 달러로 부르고 협상을 시작하면 매도인 입장에서는 첫 세 가지 신호는 물론이고 네 번째 신호도 활용할 수 없다. 당신은 가격을 많이 깎아줄 수 없고, 제니퍼는 훨씬 더 낮은 반대 제안을 거둬들이지 않으려고 할 것이다. 그러면 양측 모두 씁쓸한 심정으로 협상 테이블을 떠날지 모른다. 이것은 결코 바람직한 결과가 아니다.

앞에서 호가는 '공격적이지만 합리적'이어야 한다고 말했다. 하지만 합리적인 호가의 조건은 무엇일까? 앞에서 말했듯 호가가 너무 높아서 매수인이 달아나면 어떤 신호도 소용이 없다. 매수인이 들어서 놀라더라도 협상 테이블을 떠나지 않아야 합리적인 호가다. 《성공하는 리더를 위한 합리적 협상법》의 공동 저자인 마거릿 닐이 말했듯 첫 호가는 '그냥 미친 쪽'이어야 한다.[3]

협상 전술을 설명할 때 나는 당시 아홉 살이었던 아들 론과 빠진 이에 관한 이야기를 즐겨 인용한다. 우리 부부는 이빨요정의 존재를 아들이 더는 믿지 않는다는 사실을 뻔히 알면서도, 딸들을 키울 때처럼 이빨요정이 되기로 했다. 자러 가려는 론에게 빠진 이를 베개 밑에 넣어두라고 일러두면서 이빨요정이 얼마를 줄 것 같으냐고 물었다. 아들은 잘 모르겠다는 뜻으로 어깨를 으쓱하면서 잠옷을 입으러 갔다.

두 시간 뒤 아내, 즉 이빨요정이 3달러를 들고 아들 방에 들어갔다. 아들의 베개 밑에 손을 뻗어 이를 찾았는데 그 옆에 아래와 같은 내용의 쪽지가 놓여 있었다.

안녕하세요, 이빨요정님.

제게 적어도 20달러는 주셔야 해요. 부탁이에요. 부탁을 들어주시면 제 이를 특별히 잘 돌볼게요. 하지만 부탁을 들어주시지 않으면 이제 당신을 절대 믿지 않을 테고, 금요일까지 이를 닦지 않을 거예요! (추신: 이를 조금 썩게 만들어서 미안해요.)

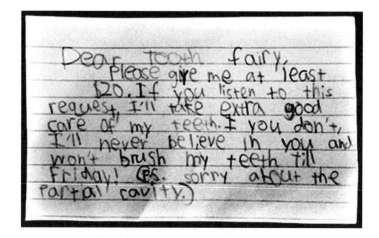

아내가 들고 나온 쪽지를 읽고 우리는 한바탕 웃었다. 그러고는 아들이 창의성을 발휘했으므로, 20달러를 받을 만하다고 판단했다. 아들은 완벽한 호가를 찾았던 것이다. 만약 아들이 더 큰 금액을 요구했다면 우리는 아마도 '시도는 좋았어.'라고 일축하며 원래 주려고 했던 3달러를 베개 밑에 넣었을 것이다. 아들이 5달러를 요구했다면 우리는 망설이지 않고 2달러를 더 넣었을 것이다. 아들은 20달러를 요구해서 우리를 놀라게 했지만 어쨌거나 우리를 협상 테이블에 붙들어놓았다. 아들은 높지만, 거절당할 만큼 높지는 않은 호가를 제시함으로써 결과적으로 17달러를 추가로 벌었다.

물론 '높지만 합리적인' 기준은 맥락마다 문화마다 다를 수 있다. 예를 들어 중동의 시장에서 흥정하는 판매자라면 처음부터 유보 가격의 몇 배 이상을 부를 수 있다. 하지만 당신이 회색 석조주택을 매도할 때는 이러한 전략이 잘 먹히지 않을 것이다. 이런 경우에는 아마도 예상 판매가의 20퍼센트 이상을 초과하지 않는 가격으로 집을 내놓는 것이 더 나을 것이다. 그렇지 않으면 신빙성 있는 신호를 보내지 못할 위험성이 있다. 협상의 여지가 적은 일부 산업에서는 1퍼센트도 이미 터무니없이 높을 수 있기 때문이다.

이 장은 첫 호가를 부르는 행위에 숨은 '과학'적인 측면에 초점을 맞췄다. 첫 호가를 당면한 상황에 맞춰 조정하는 것은 협상의 '예술'에 속한다. 그러려면 준비, 데이터 수집, 경험, 직관이 필요하다. 하지만 이때 활용할 수 있는 좋은 경험칙이 하나 있다. 상대방이 (화를 내거나 "계약서를 주시면 당장 서명하겠습니다." 라고 말하지 않고) 반대 제안을 들고 협상 테이블로 돌아오면 당신이 첫 호가를 공격적으로 부르지 않았다는 뜻이다.

요점

협상에서 첫 호가를 부를 때 그 호가가 보내는 신호를 고려하라. 협상에 닻을 고정하고, 대비 효과를 만들어내고, 인식된 가치를 늘리고, 호혜성을 불러일으키는 데 유용할 수 있다.

결론

엇갈린 신호에서 명백한 신호로

나는 코로나19 바이러스가 기승을 부릴 때 차고를 개조한 작업실에 앉아서, 세계적으로 유행하는 질병 때문에 세계가 실제 행동 실험실로 바뀐 과정을 곰곰이 되짚어보면서 이 책의 대부분을 썼다. 세상 사람들은 이 책의 주제와 관련된 핵심 질문들을 던지고 실시간으로 토론했다. 몇몇 질문은 현실적이었다. 백신 접종률을 높이기 위해 인센티브를 사용할 수 있을까? 이런 인센티브가 보내는 신호를 어떻게 통제할 수 있을까? 윤리적인 측면에 좀 더 비중을 둔 질문도 있었다. 설사 인센티브를 사용하고 신호를 통제할 수 있다고 하더라도, 과연 그래야 할까?

2021년 봄으로 되돌아가 보자. 드디어 백신을 사용할 수 있게 되었다. 그래서 잠깐 한숨을 돌릴 여유가 생겼다. 이때 세계는 너 나 할 것 없이 안도의 한숨을 쉬었다. 하지만 축하하기에는 시기상조라는 사실이 이내 분명히 드러났다. 백신을 맞지 않으려는 사람이 많았던 것이다. 기관들은 백신을 맞도록 인센티브를 주는 방법에 점차 관심을 기울이기 시작했다.

미국 정부가 주축이 되어 이런 노력을 주도했다. 2021년 5월 25일에 재무부는 다음과 같은 최신 소식을 발표했다. 주 정부들은 복권, 현금 지급, 비금전적 혜택을 포함한 코로나바이러스 구제 패키지에 수십억 달러를 쓸 수 있도록 승인을 받았다. 여기에 따른 조건은 인센티브가 백신 접종을 늘린다고 '합리적으로 예상'할 수 있어야 하고, 비용에 '합리적으로 비례해서' 공중 보건에 유익을 안기리라고 예상할 수 있어야 한다는 것이었다.

연방 정부와 주 정부가 백신 접종을 장려하기 위해 수억 달러를 인센티브로 지급하기로 하자, 많은 민간 기업도 같은 행보를 보였다. 기업들은 백신 접종을 장려하고 사업을 활성화하고자 백신 접종 고객들에게 경품을 제공할 기회를 포착했다. 코로나 백신에 대한 입장과 상관없이 개인도 조직도 인센티브에 관심을 쏟는 흥미진진한 시기였다.

〈뉴욕타임스〉 기자인 세라 머보시는 최초의 복권 인센티브

중 하나에 관해 '백만장자가 되고 싶은가? 오하이오주에서는 그저 행운과 코로나 백신만 있으면 된다'라는 제목의 기사를 발표했다. 해당 기사는 오하이오주가 구상했던 '백스어밀리언 Vax-a-Million'을 다루었다. 이는 백신을 1회 이상 접종한 주민에게 당첨금이 100만 달러인 복권 한 장을 주는 구상이었다. 오하이오주 한 카운티에서 보건 관리자로 일하는 잭 페퍼는 머보시와 인터뷰하는 자리에서, 이전에는 파리만 날렸던 시골의 백신 클리닉에서 벌어진 광경을 이렇게 묘사했다.

> 정말 오랜만에 처음으로 사람들이 문 앞에 줄을 서기 시작했어요. 어떻게 해야 남는 백신을 맞힐 수 있을지 궁리하며 전략을 세우던 공무원들이 일제히 동원되었죠. 제가 가는 곳마다 사람들은 "나는 언제 100만 달러를 벌 수 있나요?"라고 농담을 던졌어요.[1]

실제로 행운의 당첨자가 나왔다. 신시내티 근처에 사는 오하이오주 실버턴 주민인 애비게일 버겐스크가 첫 100만 달러를 받았다. 애비게일, 정말 축하해요!

오하이오주 주지사 마이크 드와인은 프로그램의 결과에 흥분을 감추지 못하며 이렇게 말했다. "이루 말할 수 없이 기쁩니다. 눈에 띄게 현격한 변화가 나타났습니다." 그리고 이런 변화는 실제로 연방 정부 관리의 귀에도 들어갔다. 백악관 코비드 19 대책 수석 고문인 앤디 슬래빗은 오하이오주 주지사를 칭찬했다. "마이크 드와인이 빗장을 풀었습니다. 사람들은 코로나를 걱정하지만 다른 것들도 걱정합니다."**2** 뒤이어 메릴랜드, 뉴욕, 콜로라도, 오리건과 같은 다른 주들도 비슷한 프로그램을 채택했다.

나는 누군가가 인센티브의 '빗장을 푸는' 광경을 볼 때마다 늘 기쁘다. 인센티브가 가동하는 광경을 지켜보는 것을 좋아하고, 사람들이 인센티브를 도구의 일부로 무장할 수 있다는 사실을 배울 때 감사한다. 물론 '그러나'라고 의문을 제기하는 순간을 맞을 수도 있다.

백스어밀리언에 얽힌 일화가 재밌기는 하지만, 과연 복권 인센티브가 효과를 낼지는 훨씬 더 복잡한 문제다. 드와인은 하루 1만5천 명이었던 백신 접종자가 복권 인센티브를 실시한 후에 하루 2만6천 명으로 급증했다고 언급하면서, 복권 인센티브 제도가 성공했다고 결론을 내렸다.

하지만 이런 결론에 문제가 내재해 있음을 쉽게 알아차릴 수 있다. 인센티브를 받지 않은 사람으로 구성한 대조군이 없었던 것이다. 대조군이 없으므로 복권 인센티브의 효과를 분리할 수 없다. 백신 접종률이 급등한 것은 복권 인센티브를 실시한 시기에 더 나은 인프라를 실행했기 때문이거나, 같은 시기에 12세 아동에게 백신 접종을 허용했기 때문이거나, 그 밖에 많은 다른 이유 때문일 수 있다. 대조군이 없는 경우에는 복권의 영향을 동시에 일어난 다른 사건과 분리할 수 없다. 현실 세계는 복잡하다.3

드와인이 내린 결론이 시기상조라고 보는 데에는 중요한 이유가 몇 가지 더 있다. 드와인은 복권의 즉각적인 여파를 관찰했을 뿐 인센티브가 어떤 역효과를 불러올지는 고려하지 않았다. 지금 시점에 이르러서는 이 잠재적인 역효과는 잘 알려져 있다. 이 사례를 함께 검토해보자.

한 의과대학교가 새로운 백신을 시험하면서 임상 시험 참가자들에게 50달러를 제공한다고 해보자. 참가자가 서명하는 동의서에는 알려진 부작용은 경미할 뿐이고 백신은 안전하다고 적혀 있다. 임상 시험에 참가하는 행위가 더 큰 선을 이루는 데 기여한다고 여기는 사람이 많다. 실제로 현재 의약 연구는 이런 방식을 채택하며 진행되고 있다.

이제 같은 시나리오이되 이번에는 참가자에게 50달러가 아니라 5만 달러를 준다고 해보자. 참가자는 어떤 반응을 보일까? 아마도 "잠깐만, 잠깐만요. 제가 대체 무슨 일에 말려든 거죠?"라고 반응할 것 같다.

이러한 맥락에서 거액의 인센티브는 참가자들에게 연구자들이 정보를 제대로 알리지 않고 보류하고 있다는 신호를 보낸다. 나라면 처음에는 돈 때문에 임상 시험에 참가하기로 했더라도 이 시점에서 멈칫할 것 같다. 100만 달러 복권 인센티브에도 같은 현상이 일어날 수 있다. 백신에 문제가 있다는 신호를 무의식중에 일부 사람에게, 특히 백신과 정부를 이미 의심하고 있는 사람들에게 보낸다. 그렇지 않고서야 주 정부가 백신을 접종하라면서 그토록 많은 돈을 줄 리가 없지 않은가?

모든 사람이 거액의 인센티브 제도를 받아들이면서, 팬데믹의 심각성을 고려할 때 이 인센티브 제도가 합리적이라고 생각한다고 가정해보자. 그렇더라도 복권 인센티브가 장기적으로 역효과를 낼 수 있다는 우려는 여전히 남는다. 복권 프로그램을 지속하는 동안 백신 접종률이 높아지면 좋은 일이다. 하지만 복권 인센티브를 종료한 뒤에도 사람들이 자발적으로 백신을 접종하려고 할까? 만약 이때 접종률이 낮아지면 애당초 주 정부가 복권 인센티브를 제공하지 않았던 편이 더 나았을 수 있다.

코로나 백신 접종을 유도하려는 노력은 인센티브에 배어 있는 신호가 어떻게 사람마다 다른 방식으로 작동하는지 완벽하게 보여주는 사례다. 인센티브와 관련해 사람들을 일반적인 세 가지 범주로 분류할 수 있다.

첫째 범주는 주어진 과제를 수행하는 데 인센티브가 필요하지 않은 사람이다. 백신 시나리오에서 이들은 과학을 따르고,

백신을 접종하지 않았을 때 따를 위험성이 백신을 접종했을 때 발생할 수 있는 위험성보다 크다고 믿는다.

둘째 범주는 인센티브가 무엇이든 상관없이 과제를 수행하지 않을 사람이다. 백신 시나리오에서 이들은 과학이나 정부를 믿지 않는다. 왜냐하면 빌 게이츠가 무고한 사람들에게 마이크로 칩을 이식하기 위해 백신을 사용한다고 생각하기 때문이다. 어떤 인센티브를 제공하더라도 이 집단에는 백신을 맞게 할 수 없다. 설사 100만 달러짜리 복권 인센티브를 제공한다고 하더라도 말이다.

셋째 범주는 회의적이거나 혼란스러워서 어느 쪽으로든 움직일 수 있는 사람들을 포함한다. 이들은 인센티브를 시도할 표적으로 삼을 수 있는 부류이고, 또 무엇을 할지 결정하기 위해 자신이 사용할 수 있는 모든 신호를 찾을 사람이다. 이들에게는 방금 언급한 일련의 이유로 거대한 보상이 나쁜 신호가 될 수 있다.

분명히 말하자면 인센티브로 복권을 사용하는 것이 문제가 아니다. 100만 달러짜리 복권보다 훨씬 더 효과가 있었던 것으로 보이는 복권을 예로 들어보자. 2021년 5월에 뉴저지주 주지사 필 머피는 '뉴저지여름작전Operation Jersey Summer'을 시행했다. 무엇을 상으로 주었을까?

상은 바로 주지사 부부와 저녁 식사를 하는 것이었다. 코로나 백신을 1회 이상 접종한 주민에게 복권 추첨에 참여할 자격이 주어진다. 설사 필 머피를 좋아하더라도 달러 가치로 당첨 가치를 환산하면 당연히 100만 달러 미만이다. 하지만 주지사가 백신 접종을 중요하게 생각한다는 신호를 보냈으므로 이 인센티브는 100만 달러짜리 복권보다 바람직하고 똑똑한 방법이었다. 또 주지사가 백신 접종에 진지하게 관심을 쏟고 있으며 접종률을 높이기 위해 자기 시간을 기꺼이 기부한다는 신호를 보냈다.

기업들이 제공한 복권들도 성공을 거뒀다. 로스앤젤레스 카운티는 레이커스팀이 출전하는 경기의 입장권 두 장을 경품으로 걸고 복권을 배포했다. 다음 주 백신 접종자들이 그 대상이었다. 레이커스팀은 입장권을 협찬하는 것으로 홍보 효과를 톡톡히 거뒀다. 게다가 입장권을 건 것은 관중이 모인 경기장에서 경기를 다시 시작하고 싶다는 신호를 보냈으므로 더욱 중요했다. 그러려면 관중이 백신을 맞아야 하기 때문이다.

당첨금이 100만 달러인 복권 인센티브가 좋은 화젯거리를 제공하고 대중과 언론의 관심을 끄는 것은 확실하다. 하지만 나는 액면가가 더 낮더라도 머피가 제공한 인센티브와 마찬가지로 일부 공공 기관과 민간 단체가 제공한 수수한 형태의 인센티브를 더 선호한다. 예를 들어 뉴저지주는 백신을 접종한 주민에게 주립 공원 무료 입장권을 제공했다.

내가 이 인센티브를 좋아하는 이유는 올바른 신호를 보내기 때문이다. 레이커스팀이 출전하는 경기의 입장권과 마찬가지로 이 인센티브는 주립 공원이 다시 문을 열려면 사람들이 백신을 맞아야 한다는 신호를 보낸다. 주립 공원 무료 입장이라는 인센티브는 사람들이 백신 접종을 했을 때만 안전하게 할 수 있는 일과 직접적으로 관계가 있다. 뉴저지주 공원 및 임업 책임자인 존 세실의 말을 인용해보자.

우리는 올해 여름 방문객을 맞이하기를 고대하고 있습니다. 또 많은 사람이 팬데믹을 종식하는 데 기여하는 올바른 일을 하면서 돈도 절약하는 이 기회를 활용하기를 진심으로 바랍니다.[4]

전국적으로 비슷한 인센티브가 백신 접종자들에게 제공되었다. 뉴저지주와 이웃한 뉴욕주는 뉴욕시 수족관, 뉴욕 식물원, 뉴욕시 페리 등의 이용권을 배포했다.

내가 좋아하는 코로나 백신 접종 인센티브는 백신 접종과 지역 사업체의 성공을 묶는 것이다. 아마도 자택 대기 명령 기간에 지역 사업체들이 한숨짓고 있으리라고 생각한 사람이 많았을 것이다. 그래서 나는 이런 메시지를 좋아한다. "당신이 거주하는 지역의 카페, 음식점, 서점이 팬데믹 기간에 얼마나 고통받는지 생각해보세요. 그들을 도우려면 백신을 접종하고 그곳을 다시 찾아야 합니다."

이런 맥락에서 공공 기관과 민간 단체는 백신 접종을 장려하려고 지역 사업체를 지원하는 운동과 현금성 인센티브를 묶었다. 2020년 5월 말에 코네티컷주 주지사 네드 라몬트는 백신 접종자에게 운동에 참여하고 있는 지역 음식점에서 무료 음료를 제공하겠다고 발표했다.[5] 그러면서 "시민에게 백신을 접종하고 음식점에 가도록 인센티브를 제공하고자 우리는 온갖 수단을 총동원하고 있습니다."라고 설명했다. 코네티컷 레스토랑 협회의 전무이사인 스콧 돌치는 이렇게 언급했다.

이것은 일종의 감사를 표현하는 방법입니다. 사람들이 일제히 힘을 합해 우리 업계를 도와주려고 발 벗고 나서지 않으면 이런 날을 맞이할 수 없을 겁니다. 사람들은 우리가 중요한 것을 보호하고 이번 여름에 정상 상태로 되돌아가는 데 백신이 유용하다는 사실을 알고 있어서 백신을 접종하는 것이니까요.[6]

이것이야말로 인센티브를 사용해서 바람직한 신호를 보내는 방법이다. 크리스피크림은 이런 메시지를 잘 전달해서, 백신 접종 카드를 제시하는 고객에게 오리지널 글레이즈 도넛 하나를 무료로 제공했다. 이와 비슷하게 쉐이크쉑도 '백신을 접종하고 쉑을 드세요Get Vaxxed Get Shack' 운동을 펼쳤다.7 이런 유형의 인센티브가 초래할 수 있는 역효과를 생각하기는 어렵다. 올바른 신호를 보내는 현명한 인센티브이기 때문이다.

지금까지 살펴본 백신 접종 인센티브는 대중이 받아들이기가 상대적으로 쉬웠다. 백신을 접종하도록 격려하는 것이 목적이었으므로, 백신 접종을 하지 않겠다고 선택한 사람들에게 손해를 입히지 않고서도 목적을 대부분 달성했기 때문이다. 여기서 '대부분'이라는 단어를 쓴 것은 '백신 접종이 당신과 다른 사람들을 보호한다.'라는 말로 인센티브를 규정하려면 대가가 따르기 때문이다.

사업체들이 백신을 맞으라고 사람들을 격려할 때도 마찬가지다. 이런 메시지는 백신 접종을 하지 않겠다고 선택한 사람들은 다른 사람을 배려하지 않는다는 뜻을 이면에 담고 있다. 나는 개인적으로는 과학을 믿으며 사람들이 백신을 맞아야 한다고 생각한다. 하지만 인센티브를 사용해서 믿음을 강요하는 것은 위험천만한 일이다.

이처럼 미접종자에게 비난의 굴레를 씌우는 행위가 용인될 수 있을지 결정하는 문제는 사소하지 않다. 백신 접종은 많은 공공 기관과 민간 단체가 기꺼이 입장을 발표했을 만큼 중요했고 지금도 중요한 문제다. 하지만 입장 발표를 주저한 조직도 있었다.

일부 단체는 인센티브로 가장한 규제를 도입했다. 그중에서 가장 눈에 띄는 인센티브는 전 세계 많은 지역에서 음식점, 쇼, 헬스장 등을 출입하는 사람들에게 요구한 '보건 출입증health pass'이다. 보건 출입증은 백신 접종을 주저하는 사람들의 생활을 점점 더 힘들게 만들어서 백신을 접종하게 만드는 방법으로 작용한다. 백신 미접종자는 며칠마다 검사를 받아야 하거나 실내 입장이 금지되었다. 이런 규제는 건강에 대한 우려에서 생겨났지만 백신 접종을 꺼리는 사람들에게 접종을 밀어붙이는 부정적인 인센티브로 설계되었다.

물론 어떤 시점에 이르렀을 때 인센티브는 정책으로 바뀔 수 있다. 즉 백신 접종 사례에서는 백신 접종 의무화로 바뀔 수 있다. 백신 접종 의무화에 찬성하는 사람들의 주장은 분명하다. 사람들은 병원에 갔을 때 백신 미접종 의료진에게 치료받고 싶지 않다. 비행기로 여행할 때 백신 미접종 승무원에게 프레츨을 받고 싶지도 않다. 강의실에 들어갔을 때 백신 미접종 교수나 또래에게 감염될까 봐 걱정하고 싶지 않다. 하지만 의무화를 찬성하는 주장만큼이나 법적·윤리적 측면에서 반대하는 주장도 명백하다.[8]

이런 종류의 반대는 새로 등장한 것이 아니다. 안전벨트 착용을 의무화할 당시에도 비슷한 일이 있었다. 대니얼 애커먼은 〈비즈니스인사이더〉에서 1880년대 안전벨트 착용 의무화에 반대했던 움직임을 소개하고, 이를 좀 더 최근에 일어난, 코로나 백신 접종 의무화에 반대했던 경우와 비교하는 흥미로운 기사를 썼다.

미국에서 안전벨트 착용은 1980년대까지만 해도 순전히 자발적으로 이루어졌다. 1956년에는 포드 자동차 구매자의 2퍼센트만이 27달러 상당의 안전벨트 옵션을 선택했고, 그 당시 사망자 수는 증가하는 추세였다. 안전벨트가 생명을 구하는 데 효과적이라는 증거가 그 후 몇 십 년 동안 더욱 명확히 드러났지만, 1983년만 해도 안전벨트를 꾸준히 착용한다고 보고한 미국인은 전체의 15퍼센트를 밑돌았다. 뉴욕주에서 안전벨트 착용을 의무화하는 법이 1984년에 최초로 통과되었고, 이후 다른 주에서도 해당 법이 뒤따라 통과되었다. 하지만 애커먼이 썼듯 대중은 내키지 않아 했다.

1984년 7월에 실시된 갤럽 여론 조사에서 미국인의 65퍼센트가 안전벨트 착용 의무화에 반대하는 결과가 나왔다. 자동차 잔해 안에 갇히는 것보다는 잔해에서 튕겨져 나오는 것이 더 안전하다는 주장과 마찬가지로 백신 접종에 대해 제기하는 일부 반대 주장은 단순히 통계상으로만 잘못된 것이었다. 애커먼이 인용한 다른 반대 의견들은 윤리적인 성격을 띠었다. 1987년에 한 반대자는 〈시카고트리뷴〉의 사설에 이렇게 썼다. "이 나라에서는 자유를 구하는 것이 입법으로 생명을 통제하는 것보다 중요하다." 사람들은 자기 자동차에서 안전벨트를 잘라내며 항의하기도 하고, 안전벨트 착용 의무화 법을 놓고 법정에서 다투기도 했다. 그들은 개인의 자유를 옹호하는 강경한 입장을 취하면서 "미국인을 안전벨트로 구속할 수 없다."라고 주장했다.[9]

안전벨트 의무화와 마찬가지로 백신 접종 의무화는 여기에 대항하는 움직임이 워낙 거세서 강력한 신호를 보낸다. 내 어린 시절에는 자동차 뒷좌석에 안전벨트가 없었다. 오늘날이라면 감히 상상조차 할 수 없는 일 아닌가? 안전벨트를 일상으로 끌어들이려는 노력은 성공했다. 통계를 보면 오늘날 미국인의 90퍼센트 이상이 차에 타면 으레 안전벨트를 맨다.

애커먼이 주장하듯 이런 변화를 이루려면 시간이 걸리고, 공공 서비스 운동을 펼쳐야 하고, 법을 집행해야 하고, 심지어 안전벨트를 착용하라고 자동차 자체에서 운전자에게 정기적으로 알려주어야 한다. 이런 갖은 노력은 안전벨트를 매는 행동이 생명을 구하기 위해 얼마나 중요한지를 알려주는 신호로 작용한다. 입법자들은 이런 법을 쉽게 의무화하지 않는다. 이와 비슷하게 자동차 제조사는 소비자가 원한다고 생각해서 자동차에 성가신 소음 기능을 추가하지 않았다. 하지만 결국 자동차 제조사가 안전벨트를 매도록 알림 기능을 넣기로 선택했다는 사실은 안전벨트를 매는 행동이 중요하다는 명백하고도 강력한 신호를 보낸다. 안전벨트를 매도록 행동을 바꾸는 데는 수십 년이 걸렸지만(안전벨트가 발명되고 나서 의무화가 실행되기까지 꼬박 100년이 걸렸), 백신을 접종하도록 행동을 바꾸는 속도는 아마도 더 빠를 것이다.

2021년 7월에 바이든 대통령이 "죽지 않아도 되는 사람들이 죽어가고 있으며 또 앞으로 죽을 것이므로" 새로 백신을 접종하는 사람에게 100달러를 지급하라고 주 정부에 촉구한 것은 바로 이런 맥락에서 이해해야 한다. 바이든 대통령은 "더 많은 사람이 백신을 접종하면 우리 모두가 혜택을 봅니다."라고 강조했다. 그는 여기서 그치지 않고 연방 노동자들에게 안전 정책을 더욱 엄격하게 적용하기로 해서 백신 접종 증명서를 제시하거나 의무적으로 검사를 받고 마스크를 쓰라고 요구했다. 아울러 금전적 인센티브에만 의존할 때 생기는 단점을 인정하고, 백신 접종의 중요성에 관해 더 비중이 큰 메시지를 보내는 좀 더 엄격한 조치도 강구했다. 안전벨트 착용 사례와 마찬가지로 인센티브와 극단적인 메시지가 일치할 때 의무화가 미치는 전반적인 영향은 더욱 커질 것이다.[10]

의무화는 극단적인 조치다. 그러므로 이 조치는 행정부가 백신의 중요성을 그만큼 강력하게 믿는다는 신호를 보낸다. 다른 사례를 통해 우리는 이런 강력한 신호가 효과적이라는 사실을 알고 있다. 리처드 탈러와 캐스 선스타인의 저서 《넛지》에서 강력한 신호와 세금에 관한 사례를 찾아보자.

스웨덴에서 탄소 가격은 현재 톤당 약 130달러로 세계에서 가장 비싸다. 탄소에 세금을 처음으로 부과한 1991년 당시에는 세금이 톤당 약 28달러였다. 그러다가 점차 증가해 현재 수준에 이르렀고, 다른 OECD 회원국 대비 실질 GDP는 83퍼센트 증가했으나 탄소 배출량은 27퍼센트 감소했다. 세금 부과로 휘발유 가격이 인상되었지만, 세금에 대한 반응으로 끌어낸 행동 변화의 정도는 휘발유 가격의 인상만으로 끌어낼 수 있는 정도보다 훨씬 컸다.

여기에는 일반적인 교훈이 담겨 있다. 세금을 심각한 문제에 대한 대응책으로 이해한다면, 사람들은 순수한 경제적 인센티브에 대응하는 정도를 넘어설 수 있다. 이런 맥락에서 사람들은 온실 가스 배출량을 줄이는 것이 좋다는 신호를 감지할 수 있고, 자신에게 경제적 이익이 돌아오지 않더라도 온실 가스 배출을 자발적으로 줄이려고 할 것이다. 인간은 원래 그렇다.[11]

탄소세는 궁극적인 목표를 분명하게 부각했다. 세금은 행정부의 우선순위를 나타내기 때문이다.

강력한 신호의 다른 예로 일회용 비닐봉지에 붙는 사용료가 있다. 이스라엘은 2017년에 법을 제정해서, 대형 소매업체는 일회용 비닐봉지 사용료를 고객에게 부과하고, 이렇게 거둬들인 돈은 환경 보호에만 사용하도록 규정했다. 이 법을 제정한 취지는 이렇다.

> 이 법을 제정한 목적은 운반용 봉지의 사용을 줄이고, 운반용 봉지를 사용함으로써 발생하는 쓰레기를 줄이고, 이 쓰레기가 환경에 미치는 부정적인 영향을 줄이는 것이다. 운반용 봉지의 판매에 추가 요금을 부과함으로써 건강한 환경을 보장하고, 생물 다양성을 지키고, 환경상·건강상 위험을 예방하는 동시에 쓰레기를 줄이고, 삶의 질과 환경을 향상하고, 대중과 미래 세대를 보호한다.[12]

3센트는 소액이지만 이 추가 요금이 보내는 신호는 상당히 강력하다. 추가 요금은 환경이 무엇보다 우선이라는 메시지를 보낸다. 스웨덴의 예처럼 경제적 가치만 보더라도 인센티브의 효과는 예상보다 훨씬 컸다. 법을 시행한 해에 푸드 체인 고객은 비닐봉지 사용량을 80퍼센트 줄였다. 해당 자료를 보면 비닐봉지 판매량은 법이 통과되기 전인 2016년에는 17억5,300만 개였지만 2017년에는 3억7,800만 개로 감소했다. 그리고 절약한 비닐봉지의 총무게는 7,091톤이었다. 다른 나라에서도 이런 법이 통과된 후에 비슷한 변화가 나타났다.

이스라엘의 새로운 법이 크게 성공한 원인은 무엇이었을까? 해당 법이 메시지를 명확하게 전달하면서 훨씬 강력한 신호로 작용했기 때문이다. 일회용 비닐봉지를 사용하는 것은 나쁘고, 사용하지 말아야 한다는 것을 국민에게 성공적으로 전달했다. 일회용 비닐봉지를 덜 사용하기 위해서는 약간의 비용을 지출해야 하지만 사람들은 이렇게 반응했다. '잠깐만요. 우리는 돈은 필요 없어요. 환경을 보호하고 싶어요.'

* * *

양자역학과 관련된 문제가 생기면 물리학자와 상의한다. 치아 뿌리에 문제가 생기면 치과의사를 찾는다. 자동차 엔진이 말썽을 부리면 정비사에게 연락한다. 이런 경우에는 모두 전문가와 상의해야 한다. 하지만 전문적인 지식과 기술이 그다지 필요하지 않은 문제가 발생하면 당신이 손수 해결하려고 덤벼들 수 있다.

나는 우리 집 데크를 손수 설치하려고 했던 적이 있었다. 글을 몇 편 읽고 유튜브 영상을 두 편 보고 나서 열심히 손을 놀렸다. 전문가를 고용하는 것보다 시간이 훨씬 더 걸렸고 돈도 더 들었다. 게다가 그렇게 만들어놓은 데크는 덜컹댔다. 하지만 나는 그때의 경험으로 데크를 설치하는 방법을 배웠다. 2년 후에 전문가에게 약간의 조언을 듣고 데크를 설치하는 일에 다시 도전했다. 결과적으로 처음보다 구조가 좀 더 탄탄한 데크를 만들 수 있었고, 나는 결과물에 무척 자부심을 느꼈다.

내가 말하려는 요점은, 문제를 해결하려고 할 때 얼마간의 전문지식이 필요한 경우가 자주 있다는 것이다. 인센티브를 설계할 때도 마찬가지다. 인간의 행동을 바꾸려고 할 때는 자신이 아는 지식에만 의존해서는 안 된다. 경험이 풍부한 사람에게 배우며 연구하려고 하는 태도가 필요하다. 인센티브를 설계하려면 지식을 습득해야 한다. 끈 이론string theory(만물의 최소 단위는 점 입자가 아니라 끈이라는 물리학 이론)을 이해하는 만큼은 어렵지 않더라도 지식과 경험을 어느 정도는 갖춰야 한다는 것이다. 이 책을 쓴 건 이런 도움을 주기 위해서였다.

* * *

이 책을 읽어준 것에 감사한다. 내가 이 책을 쓰며 즐거웠던 만큼 당신도 이 책을 읽으며 즐거웠기를 바란다. 나는 인센티브에 관해 생각하고, 인센티브가 세상을 만들어가는 방식에 관해 생각하는 것이 취미이자 일이어서 두말할 나위 없이 행복하다. 나는 이런 사고를 하며 다른 사람과 나 자신에 관해 많이 배웠다. 직원에게 동기를 부여하든, 아이에게 배변 훈련을 하든, 이 책이 인센티브의 의미와 실생활에서 인센티브를 활용하는 방식에 관해 생각할 수 있도록 당신에게 영감을 주었으면 한다. 이 책을 읽고 나서 꼭 기억해야 할 사항이 하나 있다. 인센티브는 신호를 보내며, 당신의 목표objective는 이 신호가 당신의 여러 목적goals과 일치하는지 확인하는 것이다.

감사의 글

이 책을 집필하는 과정은 재미있고 보람찬 여정이었다. 여러 해 동안 공동 저자들, 학생들과 함께 연구한 결과를 바탕으로, 이 책을 썼다. 책을 쓰는 여정 내내 정말 많은 사람의 우정과 지지를 얻는 행운을 누렸다.

케이티 바카모츠와 했던 초기 토론이 이 책의 방향을 잡는 데 기여했다. 샌디 캠벨은 여태껏 제가 만난 독자 중에서 가장 비판적인 독자다. 대학을 졸업한 직후부터 나와 함께 연구하기 시작한 캠벨은 결코 주저하지 않고 자기 의견을 내놓았다. 윌리엄 왕과 노엄 그니지는 원고를 처음부터 끝까지 샅샅이 읽고 뛰어난 의견을 제시했다. 케이티, 샌디, 윌리엄, 노엄 모두

고맙습니다!

편집자인 세스 디치크는 이 책이 전하는 메시지를 뽑아내고, 내가 그 메시지에 계속 초점을 맞출 수 있도록 결정적인 도움을 주었다. 디치크에게 특별히 감사하고, 나를 믿어준 예일대학교 출판부 직원 모두에게 감사의 마음을 전한다. 레빈 그린버그로스탄 저작권 에이전시의 제임스 레빈은 내가 책을 쓰는 내내 전문적으로 지원하고 집필 방향을 탁월하게 제시해주었다. 책의 삽화를 그린 루이지 세그레와 함께 작업하는 과정은 즐거웠다.

친구들은 내 곁을 오래 지켜준 공동 저자인 내 아내 에일렛에게 훈장이라도 줘야 한다고 말한다. 맞는 말이다. 에일렛을 비롯해 우리 부부의 결실인 노엄, 네타, 론은 내게 최고의 선물이다. 인센티브의 한계를 깨닫게 해준 아이들에게도 고맙다는 말을 하고 싶다.

|주|

서론 | 내 행동을 따르지 말고 내 말을 따르라

1 Sally Black, "Do You Lie about Your Kids to Get Family Vacation Deals?," *Vacation-Kids*, September 16, 2013, https://www.vacationkids.com/Vacations-with-kids/bid/313333/Do-You-Lie-About-Your-Kids-To-Get-Family-Vacation-Deals.

2 더 많은 사례와 심리학 문헌을 살펴보려면 참고하라. Emre Soyer and Robin Hogarth, *The Myth of Experience* (New York: Public Affairs, 2020).

3 Trif Alatzas, "Coke's Price Gouging," *Baltimore Sun*, October 12, 2018.

4 Paul Seabright, *The Company of Strangers: A Natural History of Economic Life* (Princeton, NJ: Princeton University Press, 2010), chap. 1.

5 예를 들어, 다음을 참고하라. George A. Akerlof and Rachel E. Kranton, "Economics and Identity," *Quarterly Journal of Economics* 115, no. 3 (2000): 715–53; Roland Bénabou and Jean Tirole, "Incentives and Prosocial Behavior," *American Economic Review* 96, no. 5 (2006): 1652–78.

6 Daniel Pink, *Drive: The Surprising Truth about What Motivates Us* (New York: Riverhead, 2009), 뒤표지.

1부 | 신호는 어떻게 시장을 장악하는가

1 Linda Ghent, Alan Grant, and George Lesica, "The Deal," *The Economics of Seinfeld*, 2010, http://yadayadayadaecon.com/.

1장 | 문신은 강력한 신호를 보낸다

1 Henry Farrell, "With Your Tattoos and Topknots, Who Do You Think You Are?," *Washington Post*, July 28, 2015, https://www.washingtonpost.com/news/monkey-cage/wp/2015/07/28/with-your-tattoos-and-topknots-who-do-you-think-you-are/.

2 Michael Spence, "Job Market Signaling," *Quarterly Journal of Economics* 87 (1973): 355–74.

2장 | 도요타는 승리할 수밖에 없었다

1 Alternative Fuels Data Center, "U.S. HEV Sales by Model," accessed December 2, 2020, https://www.afdc.energy.gov/data/10301.

2 Micheline Maynard, "Say 'Hybrid' and Many People Will Hear 'Prius,'" *New York Times*, July 4, 2007, https://www.nytimes.com/2007/07/04/business/04hybrid.html.

3 Robert J. Samuelson, "Prius Politics," *Washington Post*, July 25, 2007, https://www.washingtonpost.com/wp-dyn/content/article/2007/07/24/AR2007072401855.html.

3장 | "그것이 바로 나야!"

1 Ayelet Gneezy, Uri Gneezy, Gerhard Riener, and Leif D. Nelson, "Pay-What-You-Want, Identity, and Self-Signaling in Markets," *Proceedings of the National Academy of Sciences* 109, no. 19 (2012): 7236–40.

2 Eric Garland, "The 'In Rainbows' Experiment: Did It Work?," NPR, November 17, 2009, https://www.npr.org/sections/monitormix/2009/11/the_in_rainbows_experiment_did.html.

3 Brad VanAuken, "Toyota Prius–Vehicular Self-Expression," *Branding Strategy Insider*, July 10, 2007, https://www.brandingstrategyinsider.com/toyota-prius-ve/.

4   Robert Slonim, Carmen Wang, and Ellen Garbarino, "The Market for Blood," *Journal of Economic Perspectives* 28, no. 2 (2014): 177–96.

5   Dan Tracy, "Blood Is Big Business: Why Does It Cost So Much?," *Orlando Sentinel*, April 5, 2010.

6   Richard Titmuss, *The Gift Relationship: From Human Blood to Social Policy* (London: Allen and Unwin, 1970).

7   Timothy C. Bednall and Liliana L Bove, "Donating Blood: A Meta-Analytic Review of Self-Reported Motivators and Deterrents," *Transfusion Medicine Reviews* 25, no. 4 (2011): 317–34.

8   Robert Slonim, Carmen Wang, and Ellen Garbarino, "The Market for Blood," *Journal of Economic Perspectives* 28, no. 2 (2014): 177–96.

9   Nicola Lacetera and Mario Macis, "Social Image Concerns and Prosocial Behavior: Field Evidence from a Nonlinear Incentive Scheme," Journal of Economic Behavior and Organization 76, no. 2 (2010): 225–37.

10 Robert Slonim, Carmen Wang, Ellen Garbarino, and Danielle Merrett, "Opting-In: Participation Bias in Economic Experiments," *Journal of Economic Behavior & Organization* 90 (2013): 43–70.

11 Alois Stutzer, Lorenz Goette, and Michael Zehnder, "Active Decisions and Prosocial Behaviour: A Field Experiment on Blood Donation," *Economic Journal* 121 (2011): F476–493.

2부 | 엇갈린 신호는 어떤 혼란을 일으키는가

1   Bengt Holmstrom and Paul Milgrom, "Multitask Principal-Agent Analyses: Incentive Contracts, Asset Ownership, and Job Design," *Journal of Law, Economics, & Organization* 7 (1991): 24–52.

4장 | 운전자가 사고를 내고 의사가 실수를 한다

1 Linda Hall Library, "The Pacific Railway, A Brief History of the Pacific Railway," The Transcontinental Railroad, 2012, https://railroad.lindahall. org/essays/brief-history.html. 듀란트와 그가 인센티브를 사용해 펼치는 능숙한 속임수에 관해 좀 더 알고 싶다면 AMC에서 방영하는 텔레비전 시리즈 '헬 온 휠즈Hell on Wheels'를 참고하라고 강력하게 추천한다.

2 James D. Gwartney, Common Sense Economics: *What Everyone Should Know about Wealth and Prosperity* (New York: St. Martin's, 2016).

3 Austan Goolsbee, "Buses Th at Run on Time," *Slate*, March 16, 2006, https://slate.com/business/2006/03/buses-that-run-on-time.html.

4 Ryan M. Johnson, David H. Reiley, and Juan Carlos Munoz, "'The War for the Fare': How Driver Compensation Affects Bus System Performance," *Economic Inquiry* 53, no. 3 (2015): 1401 – 19.

5 Nicole Tam, "A Millennial Investigates: Why Would Anyone Take a Taxi Instead of Uber or Lyft?," *Hawaii Business Magazine*, March 8, 2019, https://www.hawaiibusiness.com/a-millennial-investigates-why-would-anyone-take-a-taxi-instead-of-uber-or-lyft/.

6 Scott Wallsten, "Has Uber Forced Taxi Drivers to Step Up Their Game?," *Atlantic*, July 24, 2015, https://www.theatlantic.com/business/archive/2015/07/uber-taxi-drivers-complaints-chicago-newyork/397931/.

7 Alice Park, "Your Doctor Likely Orders More Tests than You Actually Need," *Time*, March 24, 2015, https://time.com/3754900/doctors-unnecessary-tests/.

8 Robert A. Berenson and Eugene C. Rich, "US Approaches to Physician Payment: The Deconstruction of Primary Care," *Journal of General Internal Medicine* 25, no. 6 (2010): 613 – 18.

9 Marshall Allen, "Unnecessary Medical Care: More Common than You Might Imagine," NPR, February 1, 2018, https://www.npr.org/sections/

healthshots/2018/02/01/582216198/unnecessary-medical-care-more-common-than-you-might-imagine.

10   Peter G. Peterson Foundation, "How Does the U.S. Healthcare System Compare to Other Countries?," July 14, 2020, https://www.pgpf.org/blog/2020/07/how-does-the-us-healthcare-system-compare-to-other-countries.

11   Lorie Konish, "This Is the Real Reason Most Americans File for Bankruptcy," CNBC, February 11, 2019, https://www.cnbc.com/2019/02/11/this-is-the-real-reason-most-americans-file-for-bankruptcy.html.

12   Kristen Fischer, "There Are Some Benefits to C-Sections, Researchers Say," *Healthline*, April 5, 2019, https://www.healthline.com/health-news/some-benefits-to-c-sections-researchers-say.

13   Emily Oster and W. Spencer McClelland, "Why the C-Section Rate Is So High," *Atlantic*, October 17, 2019, https://www.theatlantic.com/ideas/archive/2019/10/c-section-rate-high/600172/.

14   Shankar Vedantam, "Money May Be Motivating Doctors to Do More C-Sections," NPR, August 30, 2013, https://www.npr.org/sections/health-shots/2013/08/30/16479305/money-may-be-motivating-doctors-to-do-more-c-sections.

15   Jonathan Gruber and Maria Owings, "Physician Financial Incentives and Cesarean Section Delivery," *RAND Journal of Economics* 27, no. 1 (1996): 99–123.

16   Scott Hensley, "About a Third of Births, Even for First-Time Moms, Are Now by Cesarean," NPR, August 31, 2010, https://www.npr.org/sections/health-shots/2010/08/31/129552505/cesarean-sections-stay-popular/.

17   Erin M. Johnson and M. Marit Rehavi, "Physicians Treating Physicians: Information and Incentives in Childbirth," *American Economic Journal*:

Economic Policy 8, no. 1 (2016): 115 -41.

18 Joshua T. Cohen, Peter J. Neumann, and Milton C. Weinstein, "Does Preventive Care Save Money? Health Economics and the Presidential Candidates," *New England Journal of Medicine* 358, no. 7 (2008): 661-63.

19 Centers for Disease Control and Prevention, "Up to 40 Percent of Annual Deaths from Each of Five Leading US Causes Are Preventable," December 9, 2020, https://www.cdc.gov/media/releases/2014/p0501-preventable-deaths.html.

20 Shankar Vedantam, "Host, Hidden Brain," NPR, December 3, 2020, https://www.npr.org/people/137765146/shankar-vedantam. 이 책은 다음과 같다. Vivian Lee, *The Long Fix: Solving America's Health Care Crisis with Strategies That Work for Everyone* (New York: Norton, 2020).

21 Michael Hewak and Adam Kovacs-Litman, "Physician Compensation Structures and How They Incentivize Specific Patient Care Behaviour," *University of Western Ontario Medical Journal* 84, no. 1 (2015): 15-17.

22 NEJM Catalyst, "What Is Pay for Performance in Healthcare?," March 1, 2018, https://catalyst.nejm.org/doi/full/10.1056/CAT.18.0245.

23 Joshua Gans, "Episode 205: Allowance, Taxes and Potty Training," *Planet Money*, NPR, July 6, 2012, https://www.npr.org/sections money/2012/07/06/156391538/episode-205-allowance-taxes-and-potty-training.

5장 | 아무도 모험하지 않는다

1 Moral Stories, "Learning from Mistakes," October 8, 2019, https://www.moralstories.org/learning-from-mistakes/.

2 Franklin Institute, "Edison's Lightbulb," May 19, 2017, https://www.fi.edu/history-resources/edisons-lightbulb.

3 Dean Keith Simonton, Origins of Genius (Oxford: Oxford University Press, 1999).

4   Bob Sutton, "Why Rewarding People for Failure Makes Sense: Paying 'Kill Fees' for Bad Projects," *Bob Sutton Work Matters* (blog), October 4, 2007, https://bobsutton.typepad.com/my_weblog/2007/10/why-rewarding-p.html.

5   Arlene Weintraub, "Is Merck's Medicine Working?," *Bloomberg*, July 30, 2007, https://www.bloomberg.com/news/articles/2007-7-9/is-mercks-medicine-working.

6   Astro Teller, "The Unexpected Benefit of Celebrating Failure," TED, 2016, https://www.ted.com/talks/astro_teller_the_unexpected_benefit_of_celebrating_failure?language=en.

7   Rita Gunther McGrath, "Failure Is a Gold Mine for India's Tata," *Harvard Business Review*, April 11, 2011, https://hbr.org/2011/04/failure-is-a-gold-mine-for-ind.

8   Ben Unglesbee, "A Timeline of Blockbuster's Ride from Megahit to Flop," *Retail Dive*, October 7, 2019, https://www.retaildive.com/news/a-timeline-of-blockbusters-ride-from-megahit-to-flop/564305/.

9   Andy Ash, "The Rise and Fall of Blockbuster and How It's Surviving with Just One Store Left," *Business Insider*, August 12, 2020, https://www.businessinsider.com/the-rise-and-fall-of-blockbuster-video-streaming-2020-1.

10 Greg Satell, "A Look Back at Why Blockbuster Really Failed and Why It Didn't Have To," *Forbes*, September 21, 2014, https://www.forbes.com/sites/gregsatell/2014/09/05/a-look-back-at-why-blockbuster-really-failed-and-why-it-didnt-have-to/.

11 "Timeline of Netflix," Wikipedia, accessed April 23, 2022, https://en.wikipedia.org/wiki/Timeline_of_Netflix.

12 "Richard Branson," Wikipedia, accessed November 30, 2020, https://en.wikipedia.org/wiki/Richard_Branson.

13 Catherine Clifford, "What Richard Branson Learned When Coke Put Virgin Cola out of Business," CNBC, February 7, 2017, https://www.cnbc.com/2017/02/07/what-richard-branson-learned-when-coke-put-virgin-cola-out of-business.html.

14 "14 Virgin Companies That Even Richard Branson Could Not Stop Going Bust," Business Insider, May 31, 2016, https://www.businessinsider.com/richard-branson-fails-virgin-companies-that-went-bust-2016-5.

6장 | 주가와 시험 성적이 오른다

1 Newman Ferrara LLP, "Corporate Governance Expert Tackles Acquisition Violation," December 22, 2014, https://www.nyrealestatelawblog.com/manhattan-litigation-blog/2014/december/professor-kicks-bazaarvoices-butt/.

2 Office of Public Aff airs, US Department of Justice, "Justice Department Files Antitrust Lawsuit against Bazaarvoice Inc. Regarding the Company's Acquisition of PowerReviews Inc.," January 10, 2013, https://www.justice.gov/opa/pr/justice-department-files-antitrust-lawsuit-against-bazaarvoice-inc-regarding-company-s.

3 Tomislav Ladika and Zacharias Sautner, "Managerial Short-Termism and Investment: Evidence from Accelerated Option Vesting," Harvard Law School Forum on Corporate Governance, July 17, 2019, https://corpgov.law.harvard.edu/2019/07/17/managerial-short-termism-and-investment-evidence-from-accelerated-option-vesting/.

4 Alex Edmans, Vivian W. Fang, and Katharina A. Lewellen, "Equity Vesting and Investment," Review of Financial Studies 30, no. 7 (2017): 2229-71.

5 Lucian Bebchuk and Jesse Fried, Pay without Performance: The Unfulfilled

Promise of Executive Compensation (Cambridge, MA: Harvard University Press, 2004); Lucian A. Bebchuk and Jesse M. Fried, "Paying for Long-Term Performance," *University of Pennsylvania Law Review* 158 (2010): 1915–59.

6 Caroline Banton, "Escrow," Investopedia, March 9, 2021, https://www.investopedia.com/terms/e/escrow.asp.

7 Glenn Davis and Ken Bertsch, "Policy Overhaul—Executive Compensation," Harvard Law School Forum on Corporate Governance, November 30, 2019, https://corpgov.law.harvard.edu/2019/11/30/policy-overhaul-executive-compensation/.

8 Ellen R. Delisio, "Pay for Performance: What Are the Issues?," *Education World*, accessed April 23, 2022, https://www.educationworld.com/a_ssues/issues/issues374a.shtml.

9 Elaine McArdle, "Right on the Money," Harvard Graduate School of Education, 2010, https://www.gse.harvard.edu/news/ed/10/01/right-money.

10 Robin Chait and Raegen Miller, "Getting the Facts Straight on the Teacher Incentive Fund," Center for American Progress, June 13, 2009, https://www.americanprogress.org/issues/education-k-12/reports/2009/07/13/6390/getting-the-facts-straight-on-the-teacher-incentive-fund/.

11 US Department of Education, "Teacher Incentive Fund," September 27, 2016, https://www2.ed.gov/programs/teacherincentive/funding.html.

12 "No Child Left Behind Act," Wikipedia, accessed December 4, 2020, https://en.wikipedia.org/wiki/No_Child_Left_Behind_Act.

13 Rachel Tustin, "I'm a Teacher and Here's My Honest Opinion on Standardized Tests," Study.com, November 2017, https://study.com/blog/i-m-a-teacher-and-here-s-my-honest-opinion-on-standardized-tests.

html.

14 Diane Stark Rentner, Nancy Kober, and Matthew Frizzell, "Listen to Us: Teacher Views and Voices," Center on Education Policy, May 5, 2016, https://www.cep-dc.org/displayDocument.cfm?DocumentID=1456.

15 PBS, "Finland: What's the Secret to Its Success?," *Where We Stand* (blog), September 5, 2008, https://www.pbs.org/wnet/wherewestand/blog/globalization-finland-whats-the-secret-to-its-success/206/.

16 Uri Gneezy and John List, *The Why Axis: Hidden Motives and the Undiscovered Economics of Everyday Life* (New York: Public Affairs, 2013).

7장 | "그 공은 내가 찰 거야!"

1 Bill Taylor, "Great People Are Overrated," *Harvard Business Review*, June 20, 2011, https://hbr.org/2011/06/great-people-are-overrated.

2 "Tom Brady," Wikipedia, accessed April 23, 2022, https://en.wikipedia.org/wiki/Tom_Brady.

3 Greig Finlay, "Why Did Tom Brady Leave New England Patriots? Move to Tampa Bay Buccaneers Explained after Super Bowl 2021 Victory," *Scotsman*, February 8, 2021, https://www.scotsman.com/sport/other-sport/why-did-tom-brady-leave-new-england-patriots-move-tampa-bay-buccaneers-explained-after-super-bowl-2021-victory-3127497.

4 FC Barcelona, "Lionel Messi," accessed December 4, 2020, https://www.fcbarcelona.com/en/players/4974.

5 Marcel Desailly, "Messi's in a Mess and Doesn't Seem to Fit into the Argentina Collective," *Guardian*, June 28, 2018, https://www.theguardian.com/football/blog/2018/jun/28/lionel-messi-argentina-france-world-cup.

6 Rory Marsden, "Lionel Messi Has 'Different Attitude' with Argentina, Says Daniel Passarella," *Bleacher Report*, March 25, 2019, https://

bleacherreport.com/articles/2827673?fb_comment_id=22449946055625 20_2246297898765524.

7   Hayley Peterson, "A War Is Breaking Out between McDonald's, Burger King, and Wendy's—and That's Great News for Consumers," *Business Insider*, October 15, 2015, https://www.businessinsider.in/A-war-is-breaking-out-between-McDonalds-Burger-King-and-Wendys-and-thats-great-news-for-consumers/articleshow/49387367.cms.

8   Gary Bornstein and Uri Gneezy, "Price Competition between Teams," *Experimental Economics* 5 (2002): 29–38.

9   Reuben Pinder, "Paul Pogba and Alexis Sanchez's Goal Bonuses Have Caused Dressing Room Row at Manchester United," *JOE*, May 12, 2019, https://www.joe.co.uk/sport/paul-pogba-alexis-sanchez-goal-bonus-row-231299.

10 Joe Morphet, "Premier League Players' Jaw-Dropping Bonuses Revealed," *BeSoccer*, May 12, 2018, https://www.besoccer.com/new/premier-league-players-jaw-dropping-bonuses-revealed-426953.

11 Ken Lawrence, "Sanchez and Pogba at Heart of Man Utd Rift over Lucrative Goal Bonuses," *Sun*, May 11, 2019, https://www.thesun.co.uk/sport/football/9054278/sanchez-pogba-man-utd-goal-bonus-rift/.

12 Morphet, "Premier League Players' Jaw-Dropping Bonuses Revealed."

13 Joe Prince-Wright, "How Much? Zlatan's Goal Bonus Reportedly Leaked," *NBC Sports*, May 10, 2017, https://soccer.nbcsports.com/2017/05/10/how-much-zlatans-goal-bonus-reportedly-leaked/.

14 Michael Reis, "Next Time Firmino Scores He Receives £45000. From 11th Goal on £65000, from 16th £85000," Twitter, December 10, 2016, https://twitter.com/donreisino/status/ 807590847680233474?s=20.

15 Josh Lawless, "Roberto Firmino's Incredible Bonuses Have Been Revealed," *Sport Bible*, June 6, 2017, https://www.sportbible.com/

football/news-roberto-firminos-incredible-bonuses-have-been-revealed-20170511.

16 Grant Wahl, "How Do MLS Financial Bonuses Work? A Look at One Player's Contract," *Sports Illustrated*, November 23, 2015, https://www.si.com/soccer/2015/11/23/mls-player-contract-bonuses.

17 Zach Links, "PFR Glossary: Contract Incentives," *Pro Football Rumors*, June 19, 2018, https://www.profootballrumors.com/2018/06/nfl-contract-incentives-football.

18 Mark Graban, "Individual NFL Player Incentives—Why Are They Necessary? Do They Distort the Game?," *Lean Blog*, January 2, 2011, https://www.leanblog.org/2011/01/individual-nfl-player-incentives-why-are-they-necessary-do-they-distort-the-game/.

19 "Terrell Suggs," Wikipedia, accessed December 4, 2020, https://en.wikipedia.org/wiki/Terrell Suggs.

20 NFL, "2019 Performance-Based Pay Distributions Announced," 2019, https://nflcommunications.com/Pages/201-PERFORMANCE-BASED-PAY-DISTRIBUTIONS-ANNOUNCED.aspx.

3부 | 인센티브는 어떻게 이야기를 만드는가

8장 | 나쁜 것은 없느니만 못하다

1 Bethany McLean, "How Wells Fargo's Cutthroat Corporate Culture Allegedly Drove Bankers to Fraud," *Vanity Fair*, May 31, 2017, https://www.vanityfair.com/news/2017/05/wells-fargo-corporate-culture-fraud.

2 Jackie Wattles, Ben Geier, Matt Egan, and Danielle Wiener-Bronner, "Wells Fargo's 20-Month Nightmare," *CNN Money*, April 24, 2018,

https://money.cnn.com/2018/04/24/news/companies/wells-fargo-timeline-shareholders/index.html.

3   Matt Egan, "Wells Fargo Admits to Signs of Worker Retaliation," *CNN Money*, January 23, 2017, https://money.cnn.com/2017/01/23/investing/wells-fargo-retaliation-ethics-line/index.html?iid=EL.

4   Uri Gneezy and Aldo Rustichini, "A Fine Is a Price," *Journal of Legal Studies* 29, no. 1 (2000): 1-17.

5   "Fining Parents 'Has No Eff ect on School Absence in Wales,'" *BBC News*, May 10, 2018, https://www.bbc.com/news/uk-wales-44054574.

6   Cecile Meier, "Mum Charged $55 for Being One Minute Late for Daycare Pickup," *Essential Baby*, August 2, 2018, http://www.essentialbaby.com.au/toddler/childcare/mum-charged-55-for-being-one-minute-late-for-daycare-pickup-20180801-h13ewo.

7   Sam Peltzman, "The Effects of Automobile Safety Regulation," *Journal of Political Economy* 83, no. 4 (1975): 677-725. 비판적인 분석 결과 펠츠만 모델은 많은 측면에서 오류가 있는 것으로 밝혀졌다. 〈슬레이트〉의 최근 기사에서는 코비드19 기간에 사용한 안전 조치를 이 개념과 연결했다. 일단 안전 조치가 도입되면 사람들은 좀 더 위험을 감수한다. 하지만 이런 심리적 영향은 안전 분야에서 이룩한 기술적 향상의 영향보다 작다. 다음을 참고하라. Tim Requarth, "Our Worst Idea about Safety.'" *Slate*, November 7, 2021.

8   Steven E. Landsburg, *The Armchair Economist* (New York: Macmillan, 1993).

9   Shay Maunz, "The Great Hanoi Rat Massacre of 1902 Did Not Go as Planned," *Atlas Obscura*, June 6, 2017, https://www.atlasobscura.com/articles/hanoi-rat-massacre-1902.

10 Michael Vann, "Of Rats, Rice, and Race: Th e Great Hanoi Rat Massacre, an Episode in French Colonial History," *French Colonial History* 4 (2003):

191-204. 오늘날 흔히 하노이 쥐 대학살The Great Hanoi Rat Massacre 로 일컫는 사건은 특유한 현상이 아니다. 비슷한 사건들이 다른 곳에서 도 발생했다. 예를 들어 식민지 인도의 영국인 주지사가 코브라를 죽이 는 사람에게 인센티브를 제공하자, 지역 사업가들은 코브라 농장을 세우 는 것으로 대처했다. 다음을 참고하라. "The Cobra Effect," episode 96, *Freakonomics* (podcast), October 11, 2012, https://freakonomics.com/ podcast/the-cobra-effect-2/.

11 "Puglia's Trulli," *The Thinking Traveller*, accessed December 4, 2020, https://www.thethinkingtraveller.com/italy/puglia/trulli.

12 Tony Traficante, "The Amazing 'Trulli,'" *Italian Sons and Daughters of America*, March 21, 2017, https://orderisda.org/culture/travel/the-amazing-trulli/.

13 Alex A., "Trulli: The Unique Stone Huts of Apulia," *Vintage News*, January 14, 2018, https://www.thevintagenews.com/2018/01/04/trulli-apulia/.

14 Italian Tourism, "The History of Alberobello's Trulli," accessed December 4, 2020, http://www.italia.it/en/discover-italy/apulia/poi/the-history-of-alberobellos-trulli.html.

15 UK Parliament, "Window Tax," accessed December 4, 2020, https://www.parliament.uk/about/living-heritage/transformingsociety/towncountry/towns/tyne-and-wear-case-study/about-the-group/housing/window-tax/; "Window Tax," Wikipedia.org.

16 "When Letting in Sunshine Could Cost You Money," *History House*, accessed December 4, 2020, https://historyhouse.co.uk/articles/window_tax.html.

17 Wallace E. Oates and Robert M. Schwab, "The Window Tax: A Case Study in Excess Burden," *Journal of Economic Perspectives* 29, no. 1 (2015): 163-80.

18 Tom Coggins, "A Brief History of Amsterdam's Narrow Canal Houses,"

The Culture Trip, December 7, 2016, Theculturetrip.com.

19 Karen Kingston, "Why Dutch Stairs Are So Steep," *Karen Kingston's Blog*, August 15, 2013, https://www.karenkingston.com/blog/why-dutch-stairs-are-so-steep/.

20 Nanlan Wu, "The Xiaogang Village Story," China.org.cn, March 6, 2008, http://www.china.org.cn/china/features/content 11778487.htm.

9장 | 더 얻을 것인가, 덜 잃을 것인가

1 Teke Wiggin, "Redfin CEO Glenn Kelman: Low Commission Fees Aren't 'Rational,' " Inman, June 30, 2015, https://www.inman.com/2015/06/30/redfin-ceo-glenn-kelman-low-commission-fees-arent-rational/.

2 Richard Thaler, "Transaction Utility Theory," *Advances in Consumer Research* 10 (1983): 229-32.

2 Richard Thaler, "Mental Accounting Matters," *Journal of Behavioral Decision Making* 12 (1999): 183-206.

3 Johannes Abeler and Felix Marklein, "Fungibility, Labels, and Consumption," *Journal of the European Economic Association* 15, no. 1 (2017): 99-127.

4 Uri Gneezy, Teck-Hua Ho, Marcel Bilger, and Eric A. Finkelstein, "Mental Accounting, Targeted Incentives, and the Non-fungibility of Incentives"(unpublished paper, 2019).

5 Roland Fryer, Steven D. Levitt, John List, and Sally Sadoff , "Enhancing the Efficacy of Teacher Incentives through Loss Aversion: A Field Experiment"(NBER Working Paper 18237, National Bureau of Economic Research, 2012).

6 학생들은 주 성취도 시험과 제휴한 표준화 진단 도구인 '싱크링크 예측 평가ThinkLink Predictive Assessment'로 시험을 봤다.

7 Daniel Kahneman and Amos Tversky, "Prospect Theory: An Analysis

of Decision under Risk," *Econometrica* 47, no. 2 (1979): 263-91; Amos Tversky and Daniel Kahneman, "Loss Aversion in Riskless Choice: A Reference-Dependent Model," *Quarterly Journal of Economics* 106, no. 4 (1991): 1039-61.

8 Tanjim Hossain and John A. List, "The Behavioralist Visits the Factory: Increasing Productivity Using Simple Framing Manipulations," *Management Science* 58 (2012): 2151-67.

10장 | 당신은 복권을 끊을 수 없다

1 S. Lock, "Sales of State Lotteries in the U.S. 2009 – 2019," *Statista*, March 31, 2020, https://www.statista.com/statistics/215265/sales-of-us-state-and-provincial-lotteries/.

2 Daniel Kahneman and Amos Tversky, "Prospect Theory: An Analysis of Decision Making under Risk," *Econometrica* 47 (1979): 263 – 91.

3 Marcel Zeelenberg and Rik Pieters, "Consequences of Regret Aversion in Real Life: The Case of the Dutch Postcode Lottery," Organizational Behavior and Human Decision Processes 93, no. 2 (2004): 155-68.

4 Zeelenberg and Pieters.

5 Eric Van Dijk and Marcel Zeelenberg, "On the Psychology of 'If Only': Regret and the Comparison between Factual and Counterfactual Outcomes," *Organizational Behavior and Human Decision Processes* 97, no. 2 (2005): 152-60.

6 Linda L. Golden, Th omas W. Anderson, and Louis K. Sharpe, "The Effects of Salutation, Monetary Incentive, and Degree of Urbanization on Mail Questionnaire Response Rate, Speed, and Quality," in *Advances in Consumer Research*, vol. 8, ed. Kent S. Monroe (Ann Arbor, MI: Association for Consumer Research, 1980), 292-98; James R. Rudd and E. Scott Geller, "A University-based Incentive Program to Increase Safety

Belt Use: Toward Cost-Effective Institutionalization," *Journal of Applied Behavior Analysis* 18, no. 3 (1985): 215–26.

7 Kevin G. Volpp, George Loewenstein, Andrea B. Troxel, Jalpa Doshi, Maureen Price, Mitchell Laskin, and Stephen E Kimmel, "A Test of Financial Incentives to Improve Warfarin Adherence," *BMC Health Services Research* 8 (2008): 272.

11장 | "나는 좋은 사람인 것 같아!"

1 Uri Gneezy and Aldo Rustichini, "Pay Enough or Don't Pay at All," *Quarterly Journal of Economics* 115, no. 3 (2000): 791–810.

2 Ron Roy, "Volunteer Firefighters: Why We Do What We Do," *Fire Engineering*, January 23, 2020, https://www.fireengineering.com/2020/01/23/483462/volunteer-firefighters-why-we-do-what-we-do/.

3 Ben Evarts and Gary P. Stein, "NFPA's 'U.S. Fire Department Profile,'" NFPA, February 2020, https://www.nfpa.org/News-and-Research/Data-research-and-tools/Emergency-Responders/US-fire-department-profile.

4 "Volunteer Fire Department," Wikipedia, accessed December 8, 2020, https://en.wikipedia.org/wiki/Volunteer_fire_department.

5 Alex Imas, "Working for the 'Warm Glow': On the Benefits and Limits of Prosocial Incentives," *Journal of Public Economics* 114 (2014): 14–18.

6 Stephanie Cliff ord, "Would You Like a Smile with Th at?," *New York Times*, August 6, 2011, https://www.nytimes.com/2011/08/07/business/pret-a-manger-with-new-fast-food-ideas-gains-a-foothold-in-united-states.html?pagewanted=all.

12장 | 매우 드물게, 많은 사람이 보는 데서

1 Eulalie McDowell, "Medal of Honor Winner Says Feat Was Miracle,"

Knoxville News-Sentinel, October 12, 1945, accessed at https://www. newspapers.com/clip/40200051/the-knoxville-news-sentinel/.

2 Erin Kelly, "The True Story of WWII Medic Desmond Doss Was Too Heroic Even for 'Hacksaw Ridge,'" *All That's Interesting*, September 20, 2017, https://allthatsinteresting.com/desmond-doss.

3 Kelly.

4 Uri Gneezy, Sandy Campbell, and Jana Gallus, "Tangibility, Self-Signaling and Signaling to Others"(unpublished paper, 2022).

5 Matt Straz, "4 Ways Innovative Companies Are Celebrating Their Employees," *Entrepreneur*, August 17, 2015, https://www.entrepreneur. com/article/249460.

6 "Navy Cross," Wikipedia, accessed December 5, 2020, https://en. wikipedia.org/wiki/Navy_Cross.

7 Tom Vanden Brook, "Almost 20% of Top Medals Awarded Secretly since 9/11," *USA Today*, February 29, 2016, https://www.usatoday.com/story/ news/nation/2016/02/29/almost-20-top-medals-awarded-secretly-since-911/81119316/.

8 Lin Edwards, "Report Claims Wikipedia Losing Editors in Droves." Phys. org, November 30, 2009, https://phys.org/news/2009-11-wikipedia-editors-droves.html.

9 "Wikipedia: Awards," Wikipedia, accessed December 9, 2020, https:// en.wikipedia.org/wiki/Wikipedia:Awards.

10 Jana Gallus, "Fostering Public Good Contributions with Symbolic Awards: A Large-Scale Natural Field Experiment at Wikipedia," *Management Science* 63, no. 12 (2017): 3999-4015.

11 "Top Five Most Diffi cult Sports Trophies to Win," CBS Miami, July 1, 2014, https://miami.cbslocal.com/2014/07/01/top-five-most-difficult-sports-trophies-to-win/.

12 Carly D. Robinson, Jana Gallus, and Todd Rogers, "The Demotivating Effect (and Unintended Message) of Awards," *Organizational Behavior and Human Decision Processes*, May 29, 2019.

13 Melia Robinson, "The Unbelievable Story of Why Marlon Brando Rejected His 1973 Oscar for 'The Godfather,'" *Business Insider*, February 24, 2017, https://www.businessinsider.com/marlon-brando-rejected-godfather-oscar-2017-2.

14 Oscars, "Marlon Brando's Oscar Win for 'The Godfather,'" YouTube, October 2, 2008, https://www.youtube.com/watch?v=2QUacU0I4yU&ab_channel=Oscars.

15 "Sacheen Littlefeather," Wikipedia, accessed December 5, 2020, https://en.wikipedia.org/wiki/Sacheen Littlefeather.

16 Becky Little, "Academy Award Winners Who Rejected Their Oscars," History, February 26, 2018, https://www.history.com/news/brando-oscar-protest-sacheen-littlefeather-academy-award-refusal.

17 Gallus, "Fostering Public Good Contributions."

18 Golden Globes, "The Cecil B. DeMille Award," accessed December 5, 2020, https://www.goldenglobes.com/cecil-b-demille-award-0.

19 Zainab Akande, "Denzel Washington So Earned the DeMille Award," *Bustle*, December 10, 2015, https://www.bustle.com/articles/128808-who-is-the-2016-cecil-b-demille-award-winner-this-years-winner-completely-deserves-the-honor.

20 Meena Jang, "Golden Globes: Denzel Washington Accepts Cecil B. DeMille Award," *Hollywood Reporter*, January 10, 2016, https://www.hollywoodreporter.com/news/golden-globes-2016-denzel-washington-853375.

21 Tom Shone, "The Golden Globes Are More Fun than the Oscars—and They Pick Better Winners, Too," *Slate*, January 13, 2012, https://slate.

com/culture/2012/01/golden-globes-better-than-the-oscars.html.

4부 | 인센티브로 어떤 문제를 발견할 수 있을까

1 Jessica Firger, "12 Million Americans Misdiagnosed Each Year," CBS News, April 17, 2014, https://www.cbsnews.com/news/12-million-americans-misdiagnosed-each-year-study-says/.

13장 | 시험은 시험일 뿐

1 "Effort, Not Ability, May Explain the Gap between American and Chinese Pupils," *Economist*, August 17, 2017, https://www.economist.com/news/united-states/21726745-when-greenbacks-are-offer-american-schoolchildren-seem-try-harder-effort-not.

2 National Center for Education Statistics, "Program for International Student Assessment (PISA)—Overview," accessed December 5, 2020, https://nces.ed.gov/surveys/pisa/index.asp.

3 Organisation for Economic Co-operation and Development, "PISA 2015 Results in Focus," 2018, https://www.oecd.org/pisa/pisa-2015-results-in-focus.pdf.

4 Sotiria Grek, "Governing by Numbers: The PISA 'Effect' in Europe," *Journal of Education Policy* 24 (2009): 23-37.

5 Organisation for Economic Co-operation and Development, "PISA 2012 Results: What Students Know and Can Do, Student Performance in Mathematics, Reading and Science, Volume I," 2014, https://www.oecd.org/pisa/keyfindings/pisa-2012-results-volume-I.pdf.

6 Sam Dillon, "Top Test Scores from Shanghai Stun Educators," *New York Times*, December 7, 2010, https://www.nytimes.com/2010/12/07/

education/07education.html.

7 Martin Carnoy and Richard Rothstein, "What Do International Tests Really Show about U.S. Student Performance?," *Economic Policy Institute*, January 28, 2013, https://www.epi.org/publication/us-student-performance testing/; Harold W. Stevenson and James W. Stigler, *The Learning Gap: Why Our Schools Are Failing and What We Can Learn from Japanese and Chinese Education* (New York: Summit Books, 1992); Eric A. Hanushek and Ludger Woessmann, "How Much Do Educational Outcomes Matter in OECD Countries?," *Economic Policy* 26, no. 67 (2011): 427–91.

8 Uri Gneezy, John A. List, Jeff rey A. Livingston, Xiangdong Qin, Sally Sadoff , and Yang Xu, "Measuring Success in Education: The Role of Effort on the Test Itself," *American Economic Review*: Insights 1, no. 3 (2019): 291–308.

9 Ben Leubsdorf, "Maybe American Students Are Bad at Standardized Tests Because They Don't Try Very Hard," Wall Street Journal, November 27, 2017, https://blogs.wsj.com/economics/2017/11/27/maybe-american-students-are-bad-at-standardized-tests-because-they-dont-try-very-hard/.

14장 | 내 기부금의 행방

1 National Philanthropic Trust, "Charitable Giving Statistics," accessed December 5, 2020, https://www.nptrust.org/philanthropic-resources/charitable-giving-statistics/.

2 Dan Pallotta, "The Way We Think about Charity Is Dead Wrong," TED, March 2013, https://www.ted.com/talks/dan_pallotta_the_way_we_think_about_charity_is_dead_wrong.

3 Jonathan Baron and Ewa Szymanska, "Heuristics and Biases in Charity," in *The Science of Giving: Experimental Approaches to the Study of Charity*, ed. Daniel M. Oppenheimer and Christopher Y. Olivola (New York: Psychology Press, 2011), 215–36; Lucius Caviola, Nadira Faulmuller, Jim A. C. Everett, Julian Savulescu, and Guy Kahane, "The Evaluability Bias in Charitable Giving: Saving Administration Costs or Saving Lives," *Judgment and Decision Making* 9 (2014): 303-16.

4   Uri Gneezy, Elizabeth A. Keenan, and Ayelet Gneezy, "Avoiding Overhead Aversion in Charity," Science 346, no. 6209 (2014): 632-35.

5   Lise Vesterlund, "Why Do People Give?," in *The Nonprofit Sector: A Research Handbook*, 2nd ed., ed. Walter W. Powell and Richard Steinberg (New Haven, CT: Yale University Press, 2006), 568-88.

6   Aleron, "Why Charities Should Look at New Ways of Measuring Impact," 2013, https://aleronpartners.com/why-charities-should-look-at-new-ways-of-measuring-impact/.

7   charity:water, "The 100% Model: Charity: Water," accessed December 9, 2020, https://www.charitywater.org/our-approach/100-percent-model.

15장 | 의욕 없는 직원을 확인하고 싶다면

1   Jim Edwards, "This Company Pays Employees $25,000 to Quit—No Strings Attached—Even If They Were Just Hired," *Business Insider*, June 20, 2014, https://www.businessinsider.com/riot-games-pays-employees-25000-to-quit-2014-6.

2   Jim Edwards, "Amazon Pays Employees Up to $5,000 to Quit," *Slate*, April 10, 2014, https://slate.com/business/2014/04/amazon-jeff-bezos-shareholder-letter-the-company-pays-workers-up-to-5000-to-quit.html.

3   Ian Ayres and Giuseppe Dari-Mattiacci, "Reactive Incentives: Harnessing the Impact of Sunk Opportunity Costs" (Columbia Law and Economics

Working Paper 612, 2019).

4 Bill Taylor, "Why Zappos Pays New Employees to Quit—And You Should Too," *Harvard Business Review*, March 19, 2008, https://hbr.org/2008/05/why-zappos-pays-new-employees.

5 Christopher G. Harris, "The Effects of Pay-to-Quit Incentives on Crowdworker Task Quality," in *Proceedings of the 18th ACM Conference on Computer Supported Cooperative Work & Social Computing* (New York: Association for Computing Machinery, 2015), 1801-12.

6 Harris.

16장 | 자신에게 뇌물을 준다

1 Institute of Medicine, Committee on the Learning Health Care System in America, Mark Smith, Robert Saunders, Leigh Stuckhardt, and J. Michael McGinnis, eds., *Best Care at Lower Cost: The Path to Continuously Learning Health Care in America* (Washington, DC: National Academies Press, 2013).

2 John N. Mafi , Ellen P. McCarthy, Roger B. Davis, and Bruce E. Landon, "Worsening Trends in the Management and Treatment of Back Pain," *JAMA Internal Medicine* 173, no. 17 (2013): 1573-81.

3 Colette DeJong, Th omas Aguilar, Chien-Wen Tseng, Grace A. Lin, W. John Boscardin, and R. Adam Dudley, "Pharmaceutical Industry-Sponsored Meals and Physician Prescribing Patterns for Medicare Benefi ciaries," *JAMA Internal Medicine* 176, no. 8 (2016): 1114-22.

4 Rickie Houston, "Your Financial Advisor's Confl icts of Interest," *SmartAsset*, January 16, 2020, https://smartasset.com/financial-advisor/financial-advisor-conflicts-of-interest.

5 Uri Gneezy, Silvia Saccardo, Marta Serra-Garcia, and Roel van Veldhuizen, "Bribing the Self," *Games and Economic Behavior* 120 (2020):

311-24.

6 Charles Ornstein, Mike Tigas, and Ryann Grochowski Jones, "Now There's Proof: Docs Who Get Company Cash Tend to Prescribe More Brand-Name Meds," *ProPublica*, March 17, 2016, https://www.propublica.org/article/doctors-who-take-company-cash-tend-to-prescribe-more-brand-name-drugs.

5부 | 인센티브는 어떻게 행동을 변화시키는가

1 Olivia B. Waxman, "Trying to Get in Shape in 2020? Here's the History behind the Common New Year's Resolution," *Time*, January 8, 2020, https://time.com/5753774/new-years-resolutions-exercise/.

2 Nadra Nittle, "How Gyms Convince New Members to Stay Past January," *Vox*, January 9, 2019, https://www.vox.com/the-goods/2019/1/9/18175978/planet-fitness-crunch-gyms-memberships-new-years-resolutions.

3 Stefano DellaVigna and Ulrike Malmendier, "Paying Not to Go to the Gym," *American Economic Review* 96, no. 3 (2006): 694-719.

4 See https://www.vizerapp.com/.

5 Uri Gneezy, Agne Kajackaite, and Stephan Meier, "Incentive-Based interventions," in *The Handbook of Behavior Change*, ed. Martin S. Hagger, Linda D. Cameron, Kyra Hamilton, Nelli Hankonen, and Taru Lintunen (Cambridge: Cambridge University Press, 2020), 523-36. 이 논문은 관련 문헌에 관한 좀 더 자세한 설명을 포함하고 있다. 다음도 참고하라. Alain Samson, ed., *The Behavioral Economics Guide 2019*, introd. Uri Gneezy (Behavioral Science Solutions, 2019), https://www.behavioraleconomics.com/the-be-guide/the-behavioral-economics-guide-2019/.

17장 | 변화는 한 번에 하나씩

1 Gary Charness and Uri Gneezy, "Incentives to Exercise," Econometrica 77 (2009): 909-31.

2 Dan Acland and Matthew Levy, "Naivete, Projection Bias, and Habit Formation in Gym Attendance," *Management Science* 61, no. 1 (2015): 146-60.

3 "Commitment Device," Wikipedia, accessed December 8, 2020, https://en.wikipedia.org/wiki/Commitment_device.

4 Heather Royer, Mark Stehr, and Justin Sydnor, "Incentives, Commitments, and Habit Formation in Exercise: Evidence from a Field Experiment with Workers at a Fortune-500 Company," *American Economic Journal: Applied Economics* 7, no. 3 (2015): 51-84.

5 Philip S. Babcock and John L. Hartman, "Networks and Workouts: Treatment Size and Status Specific Peer Effects in a Randomized Field Experiment"(NBER Working Paper 16581, National Bureau of Economic Research, 2010).

6 Simon Condliffe, Ebru Işı, and Brynne Fitzgerald, "Get Thee to the Gym! A Field Experiment on Improving Exercise Habits," *Journal of Behavioral and Experimental Economics* 70 (2017): 23-32.

7 Wendy Wood and Dennis Runger, "Psychology of Habit," *Annual Review of Psychology* 67 (2016): 289-314.

8 John Beshears, Hae Nim Lee, Katherine L. Milkman, Robert Mislavsky, and Jessica Wisdom, "Creating Exercise Habits Using Incentives: The Trade-Off between Flexibility and Routinization," *Management Science* 67, no. 7 (2021): 3985-4642.

18장 | 나쁜 행동을 차버린다

1 Centers for Disease Control and Prevention, "Tobacco-Related Mortality,"

accessed December 8, 2020, https://www.cdc.gov/tobacco/data_statistics/ fact_sheets/health_ effects/tobacco_related_mortality/index.htm.

2   Centers for Disease Control and Prevention, "Cigarette Smoking among Adults—United States, 2000," *MMWR: Morbidity and Mortality Weekly Report* 51, no. 29 (2002): 642–45; Centers for Disease Control and Prevention, "Annual Smoking-Attributable Mortality, Years of Potential Life Lost, and Productivity Losses—United States, 1997–2001," *MMWR: Morbidity and Mortality Weekly Report* 54, no. 25 (2005): 625-28.

3   Kevin G. Volpp et al., "A Randomized, Controlled Trial of Financial Incentives for Smoking Cessation," *New England Journal of Medicine* 360 (2009): 699-709.

4   John R. Hughes, Josue Keely, and Shelly Naud, "Shape of the Relapse Curve and Long-Term Abstinence among Untreated Smokers," *Addiction* 99 (2004): 29-38.

5   SRNT Subcommittee on Biochemical Verification, "Biochemical Verification of Tobacco Use and Cessation," *Nicotine & Tobacco Research* 4 (2002): 149-59.

6   Richard J. Bonnie, Kathleen R. Stratton, and Robert B. Wallace, *Ending the Tobacco Problem: A Blueprint for the Nation* (Washington DC: National Academies Press, 2007); Centers for Disease Control and Prevention, "Smoking during Pregnancy," accessed December 8, 2020, https://www. cdc.gov/tobacco/basic_information/health_effects/pregnancy/index.htm.

7   Daniel Ershoff, Trinita H. Ashford, and Robert Goldenberg, "Helping Pregnant Women Quit Smoking: An Overview," *Nicotine and Tobacco Research* 6 (2004): S101—S105; C. L. Melvin and C. A. Gaffney, "Treating Nicotine Use and Dependence of Pregnant and Parenting Smokers: An Update," *Nicotine and Tobacco Research* 6 (2004): S107-S124.

8   Carolyn Davis Cockey, "Amanda's Story," Healthy Mom & Baby, accessed

December 8, 2020, https://www.health4mom.org/amandas-story/.

9   Stephen T. Higgins, Yukiko Washio, Sarah H. Heil, Laura J. Solomon, Diann E. Gaalema, Tara M. Higgins, and Ira M. Bernstein, "Financial Incentives for Smoking Cessation among Pregnant and Newly Postpartum Women," *Preventive Medicine* 55 (2012): S33-S40.

10 Xavier Gine, Dean Karlan, and Jonathan Zinman, "Put Your Money Where Your Butt Is: A Commitment Contract for Smoking Cessation," *American Economic Journal: Applied Economics* 2 (2010): 213-35.

11 Nava Ashraf, Dean Karlan, and Wesley Yin, "Tying Odysseus to the Mast: Evidence from a Commitment Savings Product in the Philippines," *Quarterly Journal of Economics* 121, no. 2 (2006): 635-72.

12 Scott D. Halpern, Benjamin French, Dylan S. Small, Kathryn Saulsgiver, Michael Harhay, Janet Audrain-McGovern, George Loewenstein, Troyen Brennan, David Asch, and Kevin Volpp, "Randomized Trial of Four Financial-Incentive Programs for Smoking Cessation," *New England Journal of Medicine* 372, no. 22 (2015): 2108-17.

13 "Why Are 72% of Smokers from Lower-Income Communities?," Truth Initiative, January 24, 2018, https://truthinitiative.org/research-resources/targeted-communities/why-are-72-smokers-lower-income-communities.

14 Jean-Francois Etter and Felicia Schmid, "Effects of Large Financial Incentives for Long-Term Smoking Cessation: A Randomized Trial," *Journal of the American College of Cardiology* 68, no. 8 (2016): 777-85.

19장 | "나는 지금 당장 원해!"

1   Katherine Milkman, Julia A. Minson, and Kevin G. M. Vlopp, "Holding the Hunger Games Hostage at the Gym: An Evaluation of Temptation Bundling," *Management Science* 60, no. 2 (2014): 283-99.

2 Daniel Read and Barbara van Leeuwen, "Predicting Hunger: The Effects of Appetite and Delay on Choice," *Organizational Behavior and Human Decision Processes* 76, no. 2 (1998): 189–205.

3 Stephan Meier and Charles Sprenger, "Present-Biased Preferences and Credit Card Borrowing," *American Economic Journal: Applied Economics* 2, no. 1 (2010): 193–210.

20장 | 강력한 동기보다 더 중요한 것

1 Centers for Disease Control and Prevention, "Benefits of Physical Activity," accessed December 8, 2020, https://www.cdc.gov/physicalactivity/basics/pa-health/index.htm.

2 Editorial Board, "Exercise and Academic Performance," *New York Times*, May 24, 2013, https://www.nytimes.com/2013/05/25/opinion/exercise-and-academic-performance.html.

3 Alexander W. Cappelen, Gary Charness, Mathias Ekstrom, Uri Gneezy, and Bertil Tungodden, "Exercise Improves Academic Performance"(NHH Department of Economics Discussion Paper 08, 2017).

4 Donna De La Cruz, "Why Kids Shouldn't Sit Still in Class," *New York Times*, March 21, 2017, https://www.nytimes.com/2017/03/21/well/family/why-kids-shouldnt-sit-still-in-class.html.

5 Tatiana Homonoff, Barton Willage, and Alexander Willen, "Rebates as Incentives: The Effects of a Gym Membership Reimbursement Program," *Journal of Health Economics* 70 (2020): 102285.

6 Hunt Allcott and Todd Rogers, "The Short-Run and Long-Run Effects of Behavioral Interventions: Experimental Evidence from Energy Conservation," *American Economic Review* 104, no. 10 (2014): 3003–37.

7 Alec Brandon, Paul J. Ferraro, John A. List, Robert D. Metcalfe, Michael K. Price, and Florian Rundhammer, "Do the Effects of Social Nudges

Persist? Theory and Evidence from 38 Natural Field Experiments"(NBER Working Paper 23277, National Bureau of Economic Research, 2017).

8 Thomas A. Burnham, Judy K. Frels, and Vijay Mahajan, "Consumer Switching Costs: A Typology, Antecedents, and Consequences," *Journal of the Academy of Marketing Science* 31, no. 2 (2003): 109-26.

9 T-Mobile, "How to Switch to T-Mobile," accessed December 8, 2020, https://www.t-mobile.com/resources/how-to-join-us.

10 Minjung Park, "The Economic Impact of Wireless Number Portability," *Journal of Industrial Economics* 59, no. 4 (2011): 714-45.

6부 | 인센티브로 나쁜 문화도 바꿀 수 있을까

21장 | 사자 포획자에서 사자 구조자로

1 "Maasai People," Wikipedia, accessed December 8, 2020, https://en.wikipedia.org/wiki/Maasai_people.

2 "Kenya: Country in Africa," Datacommons.org, accessed February 15, 2022, https://datacommons.org/place/country/KEN?utm_medium =explore&mprop=count&popt =Person&hl=en.

3 Rachel David, "Lion Populations to Halve in Most of Africa in Next 20 Years," New Scientist, October 26, 2015, https://www.newscientist.com/article/dn28390-lion-populations-to-halve-in-most-of-africa-in-next-20-years/.

4 Safaritalk, "Wildlife Environment Communities," accessed December 12, 2019, http://safaritalk.net/topic/257-luca-belpietro-the-maasai-wilderness-conservation-trust/.

5 Maasai Wilderness Conservation Trust, "Kenya Wildlife Conservation," accessed December 8, 2020, http://maasaiwilderness.org/.

6 Seamus D. Maclennan, Rosemary J. Groom, David W. Macdonald, and Laurence G. Frank, "Evaluation of a Compensation Scheme to Bring About Pastoralist Tolerance of Lions," *Biological Conservation* 142 (2009): 2419-27; Laurence Frank, Seamus Maclennan, Leela Hazzah, Richard Bonham, and Tom Hill, "Lion Killing in the Amboseli-Tsavo Ecosystem, 2001-2006, and Its Implications for Kenya's Lion Population"(unpublished paper, 2006), http://livingwithlions.org/AnnualReports/2006-Lion-killing-in-Amboseli-Tsavo-ecosystem.pdf.

22장 | "내가 왜 울타리를 고쳐야 하죠?"

1 "'The Sopranos': Whoever Did Th is," aired November 10, 2002, IMDb, accessed April 24, 2022, https://www.imdb.com/title/tt0705295/.

2 Maasai Wilderness Conservation Trust, "Predator Protection—Creating Harmony between Wildlife and Community," accessed December 8, 2020, http://maasaiwilderness.org/programs/predator-protection/.

24장 | 수천 명의 목숨을 구할 수 있다면

1 Kenya National Bureau of Statistics, "Kenya Demographic and Health Survey 2014," Demographic and Health Surveys Program, December 2015, https://dhsprogram.com/pubs/pdf/FR308/FR308.pdf.

2 Sarah Boseley, "FGM: Kenya Acts against Unkindest Cut," *Guardian*, September 8, 2011, https://www.theguardian.com/society/sarah-boseley-global-health/2011/sep/08/women-africa; World Health Organization, "Female Genital Mutilation," February 3, 2020, https://www.who.int/en/news-room/fact-sheets/detail/female-genital-mutilation.

3 World Health Organization, Department of Reproductive Health and Research, and UNAIDS, *Male Circumcision: Global Trends and Determinants of Prevalence, Safety and Acceptability* (Geneva: World Health

Organization, 2007).

4 R. Elise B. Johansen, Nafissatou J. Diop, Glenn Laverack, and Els Leye, "What Works and What Does Not: A Discussion of Popular Approaches for the Abandonment of Female Genital Mutilation," *Obstetrics and Gynecology International* 2013 (2013): 348248.

5 Damaris Seleina Parsitau, "How Girls' Education Intersects with Maasai Culture in Kenya," *Brookings*, July 25, 2017, https://www.brookings.edu/blog/education-plus-development/2017/07/25/how-girls-education-intersects-with-maasai-culture-in-kenya/.

6 Netta Ahituv, "Can Economists Stop Kenya's Maasai from Mutilating Their Girls?," *Haaretz*, March 14, 2016, https://www.haaretz.com/world-news/.premium.MAGAZINE-can-economists-stop-the-maasai-from-mutilating-their-girls-1.5415945.

7 UNICEF, *Changing a Harmful Social Convention: Female Genital Mutilation/Cutting*, technical report (Florence, Italy: UNICEF Innocenti Research Centre, 2005).

7부 | 협상할 때 어떤 신호를 보내야 하는가

25장 | 전문가도 속일 수 있는 제안

1 Amos Tversky and Daniel Kahneman, "Judgment under Uncertainty: Heuristics and Biases," *Science* 185, no. 4157 (1974): 1124-31.

2 J. Edward Russo and Paul J. H. Schoemaker, *Winning Decisions: Getting It Right the First Time* (New York: Currency, 2001).

3 Gregory B. Northcraft and Margaret A. Neale, "Experts, Amateurs, and Real Estate: An Anchoring-and-Adjustment Perspective on Property Pricing Decisions," *Organizational Behavior and Human Decision Process*

39 (1987): 84-97.

27장 | 가격은 품질을 대변하는 신호다

1 J. P. Mangalindan, "Peloton CEO: Sales Increased after We Raised Prices to $2,245 per Bike," Yahoo! Finance, June 5, 2019, https://finance.yahoo.com/news/peloton-ceo-says-sales-increased-raised-prices-2245-exercise-bike-132256225.html.

2 예를 들어 다음을 참고하라. Eitan Gerstner, "Do Higher Prices Signal Higher Quality?," *Journal of Marketing Research* 22 (1985): 209-15; Joel Huber and John McCann, "The Impact of Inferential Beliefs on Product Evaluations," *Journal of Marketing Research* 19 (1982): 324-33; Akashay R. Rao and Kent B. Monroe, "The Effect of Price, Brand Name, and Store Name on Buyers' Perceptions of Product Quality: An Integrative Review," *Journal of Marketing Research* 36 (1989): 351-57.

3 Ayelet Gneezy, Uri Gneezy, and Dominique Lauga, "Reference-Dependent Model of the Price-Quality Heuristic," *Journal of Marketing Research* 51, no. 2 (2014): 153-64.

4 Baba Shiv, Ziv Carmon, and Dan Ariely, "Placebo Effects of Marketing Actions: Consumers May Get What They Pay For," *Journal of Marketing Research* 42 (2005): 383-93.

28장 | 받은 만큼 보답한다

1 Phillip R. Kunz and Michael Woolcott, "Season's Greetings: From My Status to Yours," *Social Science Research* 5 (1976): 269-78.

2 Robert B. Cialdini, *Influence: Science and Practice*, 3rd ed. (New York: HarperCollins, 1993).

3 Stanford GSB Staff , "Margaret Neale: Why You Should Make the First Move in a Negotiation," Stanford Graduate School of Business, September

1, 2007, https://www.gsb.stanford.edu/insights/margaret-neale-why-you-should-make-first-move-negotiation.

결론 | 엇갈린 신호에서 명백한 신호로

1   Sarah Mervosh, "Who Wants to Be a Millionaire? In Ohio, You Just Need Luck, and a Covid Vaccine," *New York Times*, May 26, 2021.

2   Justin Boggs, "White House on Vax-a-Million Drawing: DeWine Has Unlocked a Secret," *Spectrum News* 1, May 25, 2021.

3   스웨덴에서 통제 실험을 실시한 결과 고무적인 증거가 나왔다. 백신 접종 자에게 24달러의 인센티브를 제공하자 백신 접종률이 기준 비율인 71.6 퍼센트에서 4.2퍼센트포인트 증가했다. Pol Campos-Mercade, Armando N. Meier, Florian H. Schneider, Stephan Meier, Devin Pope, and Erik Wengstrom, "Monetary Incentives Increase COVID-19 Vaccinations," *Science* 374 (2021): 879-82.

4   State of New Jersey, "Governor Murphy Announces New Incentives to Encourage COVID-19 Vaccinations, Including Free Entrance to State Parks and Free Wine at Participating Wineries," press release, May 19, 2021.

5   "Vaccinated Individuals Will Be Able to Get a Free Drink at Certain Restaurants," NBC CT, April 26, 2021, https://www.nbcconnecticut.com/news/coronavirus/vaccinated-individuals-will-be-able-to-get-a-free-drink-at-certain-restaurants/2474928/.

6   Rich Coppola and Samaia Hernandez, "'Drinks on Us': Participating CT Restaurants, Bars Offering Free Drinks with Proof of Vaccination Starting Th is Week," *WTNH*, April 26, 2021, https://www.wtnh.com/news/business/participating-ct-restaurants-and-bars-offering-free-drinks-

with-proof-of-vaccination/.

7 John Cheang, "Krispy Kreme Offers Free Glazed Donut to Those Who Show Covid Vaccine Card," *NBC News*, March 22, 2021, https://www. nbcnews.com/news/us-news/krispy-kreme-offers-free-glazed-donut-those-who-show-covid-n1261768.

8 Nicholas Tampio, "A Weakness in the Argument for Vaccine Mandates," *Boston Globe*, August 25, 2021.

9 Daniel Ackerman, "Before Face Masks, Americans Went to War against Seat Belts," *Business Insider*, May 26, 2020, https://www.businessinsider. in/Before-face-masks-Americans-went-to-war-against-seat-belts/ articleshow/76010870.cms.

10 "Covid-19: Biden Tells States to Offer $100 Vaccine Incentive as Cases Rise," *BBC News*, July 30, 2021, https://www.bbc.com/news/world-us-canada-58020090.

11 Richard H. Thaler and Cass R. Sunstein, *Nudge: The Final Edition* (New Haven, CT: Yale University Press, 2021).

12 "Plastic Shopping Bag," *Wikipedia* (in Hebrew), https://he.wikipedia.org/ wiki/%D7%A9%D7%A7%D7%99%D7%AA_%D7%A7%D7%A0%D7 %99%D7%95%D7%AA_%D7%9E%D7%A4%D7%9C%D7%AI%D7%9 8%D7%99%D7%A7.

**MIXED
SIGNALS**